网络文学前沿探索丛书
黄发有 主编

U0889790

网络文学内外

黄发有 著

INTERNET
LITERATURE

海峡出版发行集团 | 海峡文艺出版社

图书在版编目(CIP)数据

网络文学内外/黄发有著. --福州:海峡文艺出版社,2020.12
(网络文学前沿探索丛书/黄发有主编)
ISBN 978-7-5550-2356-2

Ⅰ.①网… Ⅱ.①黄… Ⅲ.①网络文学-文学研究-中国 Ⅳ.①I207.999

中国版本图书馆 CIP 数据核字(2020)第 161921 号

网络文学内外

黄发有 著
责任编辑 邱戊琴
出版发行 海峡文艺出版社
经　　销 福建新华发行(集团)有限责任公司
社　　址 福州市东水路 76 号 14 层　　邮编 350001
发 行 部 0591-87536797
印　　刷 福建新华印刷有限责任公司　　邮编 350011
厂　　址 福州市福新中路 42 号
开　　本 787 毫米×1092 毫米 1/16
字　　数 240 千字
印　　张 16.5
版　　次 2020 年 12 月第 1 版
印　　次 2020 年 12 月第 1 次印刷
书　　号 ISBN 978-7-5550-2356-2
定　　价 50.00 元

总　序

◎黄发有

进入21世纪以来，网络文学的生产与消费快速增长，新媒体的崛起带来了文学发展格局的变化，网络文学成为贯穿电影、电视、网络游戏、图书出版等产业链条的新兴文化现象。值得注意的是，网络文学研究相对滞后：一方面，一些网络文学研究者的文学理念形成了比较稳定的框架，对新生事物的接受较为迟缓，直接挪用长期形成的印刷文学和纯文学研究模式，忽略了网络文学的特殊性；另一方面，目前从事网络文学研究的学术队伍在数量、质量方面都有欠缺，对网络文学的研究还不够深入，对网络文学整体结构的把握较为薄弱。而且，随着网络文学的社会影响的日益增强，研究者应当加强对网络文学发展的正确引导。

作为一个新兴的学术领域，网络文学研究亟待拓展和深化。应该肯定的是，经过一批学人和评论家的辛勤耕耘，这片领地已经渐成气象。从网络文学的概念界定到评价标准讨论，从文学网站考察到网络文学生产机制探究，从网络文学新作评论到网络文学史研究，从网络文学题材类型分析到男频女频解读，从网络文学 IP 传播研判到网文出海观察，从网络文学历史脉络溯源到未来影响评估，从人工智能技术的运用到数字人文方法的引入……网络文学研究遍地开花，活力四射。

网络文学研究不是一块封闭的学术领域，研究者应当具有开放的视野。网络文学作为新生力量正在悄然改变当代文学整体生态，媒介技术革新与文化潮流转换是其生长、发展的时代土壤。同时，汉语网络文学从本土文学传统中不断汲取养料，从外来文化与外来文学中获得启示。在新的文化语境与媒介环境中，研究者不能把网络文学与印刷文学对立起来，不能把网络文学从社会文化潮流中剥离出来，而应该从其与周边世界纵横交错的关系中标识出它在时代坐标中的位置。学术界对于网络文学的描述，简单地贴标签的做法曾经盛行一时，不屑者讥之为“垃圾”，推崇者奉之为新创，两者逻辑如出一辙。在网络文学经历了 20 余年发展的今天，我们应当具有更大的包容度，研究也应当更加客观，更加理性，平心静气地开掘其丰富性与复杂性。在网络已经深度介入我们的生活的背景下，边缘的网络文学正在逐渐走向主流化，网络文学和所谓的传统文学逐渐融合，和网络完全绝缘的作家与文学新作变得越来越稀罕。在速度为王的时代氛围里，对网络文学的静态分析依然有其合法性，但更应加强的是动态分析，网络文学和不同的文学种类、周边的文化产品处于动态的关系结构中，相互制约、相互影响。

网络文学具有网络性和文学性，具有独特的内部结构与运行机制，作为文化产业中的新贵与商业资本有千丝万缕的联系，作为舆论场中的流量高地具有无法忽视的意识形态功能。因此，网络文学研究不仅仍然需要贴近作品的艺术分析，还需要突破学科壁垒的交叉透视，跨学科的文化研究大有用武之地。近年，一些社会学、新闻传播学、经济学、心理学、人工智能领域的新锐学者对网络文学的研究别出心裁，让我们看到了这个研究对象有可供开掘的巨大空间，这是一座值得我们深入探索的学术富矿。在某种意义上，网络文学对研究者形成了新的挑战，要求研究者更新知识结构，更新研究方法。

出版“网络文学前沿探索丛书”，就是为了及时向学术界推介网络文学研究领域的最新成果，动态呈现具有探索意义的学术轨迹。坦率地说，近年网络文学研究的成果数量激增，多数还是跟踪式的研究，尤其在研究生学位论文方面，低水平重复的现象比较突出，真正具有原创性的成果还不够多。所谓“前沿探索”，不仅要及时关注新进展和新现象，还要有真正的创新和突破，不是浮皮潦草地跑马圈地，而是稳扎稳打地向前推进，能够形成持续的学术积累。另一方面，网络文学研究的学术力量比较分散，交流不够充分。这套丛书的集中展示，有利于增强研究人员之间的协作和沟通，共同为网络文学研究的健康发展奉献力量。这套丛书的作者既有国内的领军学者，也有新锐评论家。如果能够坚持出版的话，希望可以陆续推出更为年轻的新锐学者的著作。网络文学研究要成熟和完善，应当形成一片学术的森林，而不断成长的新生力量是活力和希望的源泉。

是为序。

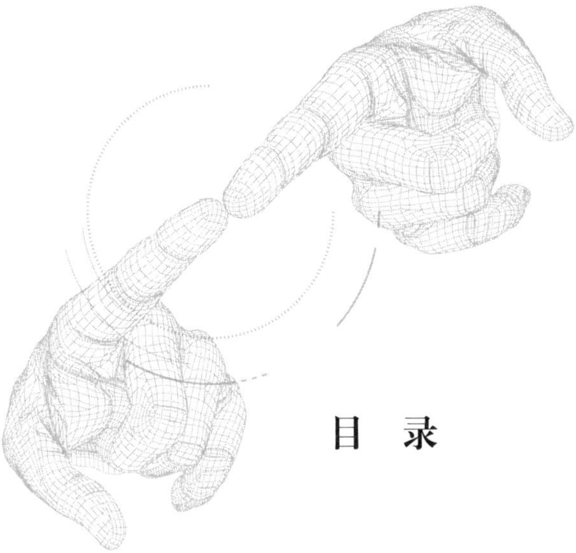

目　录

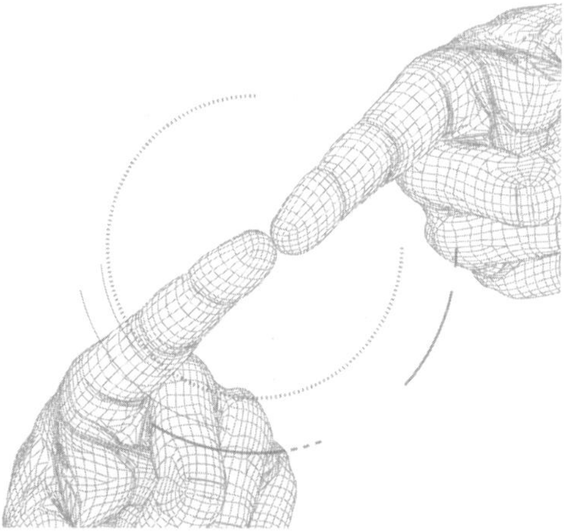

网络文学的现实关切

网络文学经过 20 余年的发展，已经成为具有中国特色的新兴文化现象，成为不断推进的改革开放实践在文化领域取得的重要成果，为满足人民更丰富的精神文化生活做出了重要贡献。值得注意的是，不少人认为网络文学是通俗文学的继承者，在某种意义上仅仅是通俗文学的网络版。也就是说，网络文学的审美形态和表现手法还显得比较单一，还不够丰富，审美可能性还没有得到充分的开掘。可喜的是，在最近几年的网络文学创作中，现实题材的作品显示出日益强劲的发展态势，数量节节攀高，总体的艺术质量不断提升。现实题材创作的强化与升级是网络文学发展的新潮流和新机会。作为影响网络文学未来走势的审美选择，网络作家聚焦现实题材，寻求新的挑战，是一种战略性的观念沉淀和美学调整。

深入开掘现实题材是网络文学突破发展瓶颈的有益探索。在网络文学的起步阶段，为了突出特色，发挥网络的传播优势，弥补纯文学作者长期忽略通俗性和娱乐性的市场缺口，网络作者以玄幻小说、仙侠小说、穿越小说、架空小说、言情小说等类型小说作为突破口，逐渐建构了相对稳定的叙事模式，在受众中拥有较高的关注度。在网络文学娱乐化的进程中，文化资本乘势而上，以类型文学生产与 IP 开发为经营重点，加速放大类型文学的商业价值。值得注意的是，缺乏克制的商业开发会损伤网络文学的艺术品质，片面追求创作数量的粗放模式抑制了创新的活力。幻想类的类型创作一度以陌生化的想象令网友耳目一新，但最近几年后继乏力，创新不足，不少作品是对现有文本的模仿与综合，总给人似曾相识的阅读印象，只要稍加留意，很容易从字里行间找到母本的踪迹。而且，一些网络大神的新作也难有新意，自我重复的现象具有一定的普遍性。在与网络游戏改编的联动机制中，打怪升级、“废柴”爆发成为玄幻小说的核心叙事模式，人物性格、情节线索的雷同和人为拉长的篇幅使得越来越多的粉丝兴味索然，纷纷离去。当幻想类网络文学渐显疲态之际，现实主义题材的创作异军突起。wanglong 的《复兴之路》、齐橙的《大国重工》和《材料帝国》、郭羽和刘波的《网络英雄传》、小桥老树的《奋斗者：侯沧海商路笔记》、阿耐的《大江东去》、小狐濡尾的《南方有乔木》等作品，既以敏锐的现实关切把握时代的脉动，又保留了网文活泼生动的文风。以唐家三少为代表的一批玄幻小说作家转向现实题材的审美实践，表明关注现实已经成为网文圈的新风尚，《守护时光守护你》《拥抱谎言拥抱你》《为了你我愿意热爱整个世界》展现了作者的另一种艺术面向和审美可能性。

深入开掘现实题材是内推外引的综合效果。一方面，寻找新的生长点的审美诉求是推动现实转向的内驱力。在最近几年的网络文学创作中，“技术流”的写作渐成气候。譬如《大医凌然》的作者为了真实再现医院环境，就多次深入医院，并查阅大量医学文献，作品的细节生动而逼真，表现出一种专业水准。这种写作中的求真精神是提升现实题材创作的内在保证。以《网络英雄传》《商藏》为代表的一批优秀作品，作者都以见证者与亲历者的角度，记录了大变革时代的风云变幻，笔下的现实打上了鲜活的生命烙印。作品不回避，不夸耀，不人为地添加主角光环，紧接地气，扎实地写出了小人物在奋斗中艰难成长的英雄情怀。另一方面，在现实题材创作渐成气候的背景下，制度引领顺势而为，为网络文学的转型与革新提供助力。国家新闻出版广电总局（国家新闻出版署）和中国作家协会联合组织开展的优秀网络文学原创作品推介活动已经连续举办了多届，现实题材创作一直是重点推介的板块。中国作协的年度中国网络小说排行榜和网络文学重点作品扶持活动，都优先扶持现实题材的网络文学创作。上海市新闻出版广电局与阅文集团联合举办的“中国网络文学原创现实主义作品征文大赛”更是目标明确，力推现实题材创作。在制度层面上，文化与文学管理部门逐步建立了现实题材的生产引导机制，不断推动现实题材的拓展和深化。

深入开掘现实题材是网络文学主流化的必由之路。一方面，在媒介融合的趋势下，“印刷文学/纯文学”与“网络文学/通俗文学”的对立性分工必然被瓦解。随着网络文学影响力的增强，越来越多的网络作者不再满足于偏居一隅的写作状态，不再把通俗和娱乐作为写作的核心目标，而是以挑战者的艺术雄心，提高创作的难度和厚度，向现实题材发起正面强攻。网络文学创作对现实题材的拓展与掘进，正在改变网络文学渐趋刻板单一的写作状态。某种题材或创作方法一家独大，容易形成僵化的格局。多种题材、多种创作方法的竞争互动，有利于激发网络文学的活力；幻想类、历史类和现实类的创作通过对话与交流，能够取长补短，使得幻想类创作避免陷入虚无缥缈的状态，使得历史类创作不戏说也不呆板，使得现实类创作厚重而灵动。另一方面，在网络媒介与印刷媒介深度融合的背景下，我们很难将作家区分为纸媒作家与网络作家，网络文学与纸媒文学的交融也将是必然的发展趋势。在网络文学的现实题材创作领域，网络文学与所谓的传统文学相互渗透，有不少作家跨界写作，他们既有作品在文学网站连载，也有作品在纸媒刊发。在创作手法和创作风格上，现实题材的网络文学创作与纯文学创作既各有侧重，又遥相呼应，前者偏重趣味性和时效性，后者偏重艺术性和思想性。当然，网络文学要真正地实现主流化，无法靠数量和声势取胜，关键还是要产出具有创造性的、划时代的大作品。

深入开掘现实题材给网络文学注入了新的艺术活力。越来越多的网络写作者将目光从虚拟空间中抽离出来，转向广阔的大地和沸腾的现实。他们不再满足于记录那些听来的故事，而是用自己的脚步去丈量现实的刻度，描绘那些与自己内心产生共鸣的鲜活图景。舞清影的《明月度关山》讲述一个支教老师和一个通信兵坚守贫困山区的感人故事，视角新颖，细节生动。罗晓的《大山里的青春》描写了一个支教的高才生、一个年轻的村主任和六个留守儿童的相遇与交织，在相濡以沫中迸发出情感的火花和人性的光芒。《写给鼹鼠先生的情书》《犯罪画师》和《韩警官》的主人公都是警官，作品分别讲述智勇双全的卧底缉毒警官、为罪犯模拟画像的刑警、基层警官的成长故事，既交相辉映，又别有洞天。沐清雨的《翅膀之末》双线并进，既写出了情感的波澜起伏，又展现了民航业的发展历程和民航人积极向上的精神风貌。蒋离子的《老妈有喜》以母亲怀二孩为中心情节，关注青春期女儿和遭遇中年危机的母亲的戏剧性冲突，以幽默风趣的笔触和正确的价值观，咀嚼现实中原生态的酸楚和喜悦，在磨合中达到平衡，在磕碰中共同成长。值得肯定的是，与幻想类作品相比，现实题材的网文作品在篇幅上较为节制，结构比较紧凑，表达也更为精炼。

必须注意的是，现实题材的网络文学创作必须避免题材撞车、文字粗糙、艺术同质化的通病。以京杭大运河主题为例，2018 年集中涌现了一批大同小异的作品，个别网站的作品标题都如孪生兄弟，缺乏审美辨识度。在这几年的网络文学征文活动中，有一些“冲奖文”主题先行，拼凑成文，堆砌空话套话，在某种程度上是与“现实”的一场碰瓷，缺乏对现实的深入接触与深刻理解。总体而言，近年现实题材的网络文学作品在反映现实的广度上不断有拓展，广泛涉猎不同阶层、不同行业的现实生活，但在表现现实的深度上亟待加强，有一些作品仅仅是对新闻报道的组合与改写，比较潦草，停留于对现象的匆促跟踪和对新人新事的简单铺陈。现实题材的网络文学创作要真正有一番作为，不仅不应该片面追求产量的快速增长，还应该警惕泡沫化的陷阱。现实题材的网文创作已经遍地开花，对于其后续发展而言，质的提升才是真正的考验。

（首刊于《人民日报》2019 年 4 月 19 日，发表时略有删节，原题为《现实题材成为网络文学新亮点》）

网络文学的可持续发展

王国维《宋元戏曲考》称："凡一代有一代之文学。"今日的流行文艺和20年以前的相比，已经面目全非。鸳鸯蝴蝶派的文学作品多以市民报刊为阵地，如聂云岚风行一时的《玉娇龙》在《今古传奇》等刊物发表；而如今流行文艺的主阵地是网络。由此可见，每一个时代的流行文艺，都会借助当时最为新潮的传播形式，而且文艺形式也会有所变化。譬如，纯文字在今日流行文艺中的地位正在下降，而和影像、视频、游戏等形式结合在一起，使文学作品的表现形态和传播形式都发生了明显的改变。本文以网络文学为中心，谈谈通俗文学如何做到"流行，但不流俗"。

由于网络技术起源于欧美，从BBS到博客，从Facebook到微博，中国网络文化繁荣在借鉴外来技术的前提下，其价值导向和时尚趣味不能不受到外来文化的渗透。但是，由于中国人传统的审美习惯依然在流行文艺的生产与接受过程中发挥着关键作用，因此，本土文学传统对网络文学的影响日益彰显。21世纪以来，在产业化与娱乐化的潮流中，随着类型小说成为网络文学创作的主流，中国传统的流行文类在网络空间中被再度激活。现在网上走红的玄幻小说、武侠小说、言情小说、官场小说、历史小说等类型小说，都能从晚清至民国的文学史上找到对应的文体类型。鸳鸯蝴蝶派的小说传统影响了一大批网络作家，一些题材和故事也被重新讲述。就单篇作品而言，还珠楼主（李寿民）的《蜀山剑侠传》的影响不容忽视，成了众多网络写手竞相模仿的范本。其"神魔大战"的叙事模式，影响了不少风行一时的玄幻小说和仙侠小说，常常被一些写手视为玄幻、仙侠和修真小说的鼻祖，像《诛仙》《佛本是道》《凡人修仙传》都闪动着《蜀山剑侠传》的影子。这部创作于民国时期的作品被反复改编成网络在线游戏，《仙剑奇侠传》《蜀山剑侠传》《蜀山online》《新蜀门》《梦幻蜀山》等让人目不暇接。被誉为“天下第一奇书”的《蜀山剑侠传》之所以能够在网络空间产生如此巨大的反响，和其作品的特点密切相关，其儒佛道三教合流的思想和“修仙进化论”成为不少玄幻小说和修真小说的核心理念。值得注意的是，网络文学的发展与突破要重视从本土文学资源中吸取营养，并以创造性的化用将其转换为源头活水。要实现这样的目标，写手们就不能满足于扮演搬运工，仅仅把古典元素作为一种粉饰的外衣和提味的调料。首先，要入乎其内，出乎其外。网络作者不能停留于简单的模仿，必须融入自己独特的生命体验，以个性化的思考进行创造性转换。其次，网络文学对本土文学传统的传承与再创造，必须有一种批判性的眼光。从金子的《梦回大清》开始，穿越到古代的现代女子有不少都如小薇一样卑躬屈膝，低眉顺眼，言语中流露出一副十足的奴才腔，在四爷和十三阿哥之间的取舍，也只能听天由命，像一只小蚂蚱一样，被紧紧攥在皇权和男权的手心。因此，网络文学对本土文化与文学传统的传承，也必须经历一种批判性的价值选择，而不是照单全收，以为只要是古董就能卖钱。

一方面，在全媒体传播的格局下，当前的网络文学被纳入“网络发表—付费阅读—印刷出版—在线游戏—影视剧本—动漫改编”的产业链条之中，影响力日益增强。自从盛大文学公司在 2012 年第一季度首次扭亏为盈，实现盈利，腾讯、百度、网易和新浪等互联网巨头都加快了向网络文学产业进军的步伐。在“粉丝经济”的推动下，大多数文学网站和网络作者都以受众的趣味为导向，趋时应变，针对特定的人群量身定制，以迎合阅读需求为出发点，进而通过制造热点来激发需求，显示出有别于传统文学的创作倾向。在市场需求的驱动下，对娱乐性的追求给网络文学带来了活力，产量急剧膨胀，使得读者有了更大的选择空间，使得文学生态变得更为丰富。另一方面，过度的商业化和遵照工业化流程的类型化写作，使得文学网站大同小异，网络文学作品在总体上缺乏原创性，同质化成为难以突破的瓶颈，陷入了繁而不荣的尴尬境地。

在大力发展文化产业的背景下，网络文学的发展迎来了难得的历史契机。作为文化产业的生力军，网络文学必须激发文化创造活力，追求风格与审美的多样性，走可持续发展的道路。网络文学的发展要有活力和后劲，就不能片面追求创作数量、点击率和经济效益，不能一味地跟风和模仿，更不能迎合恶俗趣味，否则，只能是涸泽而渔。网络文学到了改变粗放式的“人海战术”的关键时期，应该通过多方面的协调配合，通过转型升级，从野蛮生长的规模制胜，转向品质优先的创新战略，建立多元共生的文学生态，不断提升艺术质量。

首先，网站特色的提升。打开具有较大影响力的文学网站，譬如“起点中文网”“红袖添香”“晋江文学城”“17K 小说网”“纵横中文网”“幻剑书盟”等，不难发现其网站结构、栏目与板块都大同小异，“玄幻”“武侠”“言情”“都市”“穿越”“灵异”等类型小说，成为各家网站抢夺读者源的主战场。核心栏目、推荐榜和点击榜在网站首页的位置，也如出一辙。从“起点中文网”出走的管理层新建的“创世中文网”，简直就是“起点中文网”的翻版。在文体类型上，通俗的类型小说一枝独秀，其他文体大都被漠视。大多数网站的盈利模式也缺乏差异性，通过加速更新来积攒人气的方式，在某种程度上已经被推向极致，缺乏足够的增长空间。只有改变跟风炒作盛行的局面，走特色发展的道路，在网站风格、文体定位、作者队伍、传播策略、商业模式上都形成自己独特的个性，文学网站才能避免无序竞争的乱战，寻找新的增长点，开辟新的发展空间。

其次，作品质量的提升。近几年在阅读市场上走红的网络类型小说，其写手的日产量大都在万字以上。“起点中文网”上高点击率的玄幻小说《斗罗大陆》《盘龙》《星辰变》《恶魔法则》等，篇幅都在 300 万字以上。血红在接受《南方人物周刊》的采访时坦承：“保证更新的速度，就是持之以恒地写。作品质量嘛，其实很多时候不是作者写不出好东西了，而是懒得写好东西或者是因为外面的一些诱惑太大太多，都忙着玩耍去了，自然就写不出东西来了。”因为写手写得太快，“小白文”（又称“小白书”）在网上泛滥成灾。“小白文”专指那些平淡温馨、苍白肤浅、空洞无物的网络文字。对于“小白文”甚至“脑残文”的铺天盖地，不少网友也颇为不满。面对铺天盖地的注水文字，读者迟早会产生餍足心理。不少作者为了保证不“断更”，往往会延续自己的成功模式，导致严重的自我重复。反思网络文学的发展历程，不难发现网络文学作者的更新换代在不断加速，能够经得起时间考验的作者和作品寥寥可数。只有提升艺术质量，网络文学才能改变山寨化的低端模式，重塑形象，深化内涵，实施精品战略，强化艺术的生命力和文化的竞争力。当跨媒体的版权代理成为文学网站运营的核心模式时，精品路线是提高版权流通的效能的关键环节。不然，不同形式的改编都只能是低水平的重复。

再次，编辑素养的提升。被网友封为“起点第一神书”的《异天途》，据说其写作动机源自龙空论坛的一次打赌，作者高度怀疑“起点中文网”编辑的水平和责任感，认为“脑残”的小说同样能够通过审查甚至被“强推”（强力推荐）。这本书不仅在起点发表，还被“强推”上榜，直到连载至50多万字才被删除。这本书的文字完全错乱，譬如第一章有一句不断重复的文字：“恢复爹好看符合好和搞活上可是搞活上可控硅而后外搞活立刻告诉个我个就。”令人忍俊不禁的是，百度贴吧的“《异天途》吧”中还有不少网友热衷于破解这本天书，不断推出搞笑的解读文字。《网游之少爷天下》是主人公沉溺于网络游戏的过程记录和日常对白的拼凑，时空混乱，人物的语言颠倒无序，譬如：“王小明的父亲说：‘母亲要孝顺我的儿子。’”如果从语法角度来考察，称得上是语病连篇。《异天途》《网游之少爷天下》与《九转金身决》一起并称为“起点三大神书”，有网友将其共同的特点概括为“雷、白、脑残无下限”。这种写作不仅失去了写作的深度和难度，简直是在糟蹋文字。事实上，在文学网站片面追求更新率的环境中，现在一些网站的编辑的主要任务，就是提升热门作品的人气，编辑的功能和职责都处于失位状态。作为把关人的编辑，一方面必须拦截那些低俗的文字，另一方面应当有所选择，帮助作者提升作品的质量，使读者的阅读获得一种品质保证。文学网站必须改变放任自流的局面，发挥编辑跟踪前沿动态和提升质量水平的作用。作为一个合格的网站编辑，对资讯和文字必须具备一种专业性的敏感，更为重要的是，还应当具备一种责任意识。

最后，网络文学评论的提升。在当代文学评论的格局中，网络文学评论是一个薄弱环节。一方面，一些纯文学作家和评论家对于网络文学有一种潜在的偏见，认为网络文学少精品，不值一说。另一方面，专业批评家和网络文学作者很难进行有效的沟通，批评家苦口婆心，但网络作者认为这些高深理论不切实际，不为所动地坚持自己的写作套路。此外，有个别评论家对网络文学的鼓吹，是一种无原则的褒扬，其判断受到人情乃至利益的干扰。网络文学的发展要突破瓶颈，必须建立相对完善的评价机制，而健康的文学评论就是其中重要的一环。网络文学在短暂的发展历程中，还缺乏经典性的作品。深受鸳鸯蝴蝶派影响的张爱玲，其创作独具魅力，超越了鸳鸯蝴蝶派的通俗趣味。随着网络文学的逐渐完善，它的审美可能性将不断呈现，也有可能出现类似于张爱玲的集大成者。批评家应该放弃先入为主的傲慢，以接地气的姿态，关注网络文学的动态进程。而网络文学要提高文学地位和文学话语权，只能以质取胜。

网络文学的可持续发展是一项系统工程，也是一项需要耐心的工程。构建网络文学可持续发展的模式，提升其综合品质，不仅是当前网络文学发展的迫切任务，而且是改善当代文学的整体生态的重要课题。

（首刊于《人民日报》2014 年 7 月 4 日，发表时略有删节，原题为《释放网络文学新的可能性　不能片面追求创作数量》）

媒介融合与网络文学的前景

网络对文学的影响，确实是一个重要的研究议题。在 20 世纪初的中国，报刊的崛起对于文学的转型发挥了重要作用。我们应该思考的是网络媒体对于 21 世纪中国文学发展的综合影响，而不是沿袭二元对立的思维，将文学分为网络文学和非网络文学。现在有一种想当然的流行观点，即网络文学的特殊性源于网络媒介的特殊性，而非网络文学则与网络绝缘。事实上，在网络接近全覆盖的网络环境中，印刷文学已经无法屏蔽网络的影响。作为新媒介的网络与纸面媒介的重大区别在于其综合性，电影、电视、游戏、漫画、书籍、报纸、杂志的内容都可以在网络平台上呈现。网络有力地推动了媒体融合的进程，不仅改变了媒体的生产方式，还改变了媒体的消费模式，重新塑造生产者与消费者之间的关系。媒介融合对于文学生产与文学消费的影响，主要表现在三个方面：首先是文学内容在不同形式的媒体平台之间的跨越性流动；其次是期刊、报纸、图书、电影、电视、游戏等媒介形式及其相关产业之间的联合与协作；再次是读者、受众为了寻找不同形式的阅读体验和娱乐感受，在文学与其他内容之间游荡，在不同风格之间切换，在图书、网络与其他媒介之间迁移。这种融合是一种持续的、渐进的过渡与转型。正如亨利·詹金斯所言：“媒体融合并不只是技术方面的变迁这么简单。融合改变了现有的技术、产业、市场、内容风格以及受众这些因素之间的关系。融合改变了媒体业运营以及媒体消费者对待新闻和娱乐的逻辑。记住这一点：融合所指的是一个过程，而不是终点。”①

一、新旧媒介的博弈

要对网络文学的未来走向做出预判，历史的经验可供借鉴。网络文学强调娱乐性和通俗性，其趣味至上的路线表现出较为明显的商业化倾向，这与民国时期的鸳鸯蝴蝶派文学确有相通之处。当然，世易时移，媒介格局也产生了翻天覆地的变化，我们不应当把网络文学视为鸳鸯蝴蝶派文学的简单的翻版。鸳鸯蝴蝶派文学的繁荣，其背景是报刊媒介的快速成长，报人作家群的写作方式和文学趣味都带有新闻化的痕迹，连载小说的文体特性与报刊的传播特性真可谓斗榫合缝，相得益彰。长篇报章小说“随著随刊，既省笔墨之劳，又节刊印之资，而阅者又无不易终篇之憾”②。媒体的变革拓宽了思想文化的传播渠道，强化了传播效果，让那些长期尘封的文人著述得以重见天日。《国学萃编》发布的“征求名家遗稿”广告宣称：“大雅宏达，著述等身，每以经济困难，无力刊版，后人宝守遗编，藏弆箧笥。徒饱枯蟫，终归泯灭，半生心血所在，著者有知，宁不悲恫。昔李穆堂云，刻人遗稿，如拾枯骼。”③

报纸、杂志在百余年前也是新媒体，而报章文学的境遇与网络文学的命运遥相呼应，在萌发期都遭到具有保守复古倾向的文人的抵制与鄙视。今日一些学者对于网络文学的态度，与章太炎对“报章小说”的评价极为相似。章太炎在《菿汉微言》中认为：“问：桐城义法何其隘邪？答曰：此在今日亦为有用。何者？明末猥杂佻侻之文，雾塞一世，方氏起而廓清之，自是以后，异喙已息，可以不言流派矣。乃至今日，而明末之风复作。报章小说，人奉为宗，幸其流派未

① ［美］亨利·詹金斯，《融合文化：新媒体和旧媒体的冲突地带》，杜永明译，商务印书馆2012年版，第47页。

② 姚鹏图，《论白话小说》，陈平原，《二十世纪中国小说理论资料》第1卷，北京大学出版社1997年版，第150页。

③ 《本社简章》，《国学萃编》1908年第1期。

亡，稍存纲纪，学者守此，不至堕入下流节故可取也。若谛言之，文足达意，远于鄙倍可也，有物有则，雅驯近古，是亦足矣，派别安足论！然是为中人以上言尔，桐城义法者，佛家之四分律也，虽未与大乘相齿，用以摧伏磨外，绰然有余，非以此为极致也。”① 章太炎认为“新文体”远不如桐城古文，而桐城古文与魏晋文章相比又远为逊色，以一种复古主义的文学观点排斥新兴的文学现象。陈子展的评价颇为中肯：“章炳麟所说的‘报章小说，人奉为宗’，正是这种风行一时的文体。他以为这种文体还不如他所轻视的桐城派。其实这种文体正从桐城派、八股文以及其他古体文解放而来，比桐城派古文更为有用，更为适合于时代的需要。而且这种解放是‘文学革命’的第一步，是近代文学发展上必经的途径。不过这种初创的文体，做得不好，也有浮薄，叫嚣，堆砌，缴绕，种种毛病。”② 吕思勉在《国文教学祛弊》一文中也宣称：“而今之偏主白话者，又谓文言绝不足学，日以报章小说及无聊之新诗授人，枉费功夫，难期进益，甚矣，其蔽也。”③ 由此可见，报章小说在 20 世纪初期的中国，在主流文化的视野中往往被轻慢，被视为不登大雅之堂的雕虫小技。吴虞在 1912 年正月十四的日记中记载：“雨。此后上半日看新学书，下半日看旧学书，晚看报章或小说，以娱散情志。”④

从文体层面来看，清末报刊常用的“报章文体”也经历了一个生成、兴盛与消散的过程。在王韬和梁启超等人的倡导与推动之下，报章体发展成平易晓畅、条理清楚的政论文体，以自由的文风突破成规的束缚。梁启超认为：“自报章兴，吾国之文体，为之一变，汪洋恣肆，畅所欲言，所谓宗法家法，无复问者；夫宗派家法，固不足言，然藩篱既决，而芜杂鄙俗之弊，亦因之而起。”⑤ 维新变法、语言变革与媒体变迁形成了一种连锁反应。“报章文体”确实留下了报纸传播

---

① 章太炎，《菿汉三言》，辽宁教育出版社 2000 年版，第 56 页。

② 陈子展，《中国近代文学之变迁·最近三十年中国文学史》，上海古籍出版社 2013 年版，第 75—76 页。

③ 吕思勉，《国文教学祛弊》，《新教育》1925 年第十卷第三期。

④ 《吴虞日记》上册，四川人民出版社 1984 年版，第 23 页。

⑤ 梁启超，《中国各报存佚表》，《清议报》第 100 册，1901 年 12 月 21 日。

的烙印，但这一文体的发展无法脱离当时特殊的历史文化背景，是多种因素共同作用的结果。晚清的“报章文体”给“五四”的随感录提供了精神滋养，并逐渐发展为知识分子评议时政的现代杂文。就晚清报章体的创作而言，集大成者无疑是梁启超，其纵览天下的气度和不忧不惧的气质为报章体注入了内在的激情和奔腾的活力。也就是说，报章为这种文体的孕育与成熟提供了历史的契机，但其文化生命力主要来自于知识分子介入现实、匡扶正道的人文情怀。

近代中国报刊媒体与白话文的联手，有力地推动了中国文学的现代转型。而网络媒体的突飞猛进，必将成为重组当代文学版图的核心变量。在21世纪初期的中国文学界，网络文坛与印刷文坛之间的对垒是一种颇为奇异的文学景观。这种局面的形成有着复杂的成因。印刷文坛以各级文联、作家协会为依托，以文学期刊和文学出版机构为主要阵地，以纯文学创作为核心理念，在文学运行机制中以作家和作品为本位，讲究文脉传承，追求协调有序。网络文坛利用媒介变革所激发的动能，在网络空间掀起波涛不息的时尚潮流，它贴近市场，其运转以文化资本为纽带，网络文体有明显的应时而动的时文色彩，紧跟受众趣味和流行热点。网络写手的出身五花八门，他们熟稔草根阶层的人生经验与内在关切，自觉地将通俗性、娱乐性、商业性作为写作的审美目标。在网络文学的成长阶段，一方面，“网络”的审美力量被推动者无限夸大，通过哗众取宠的商业造势来吸引眼球；另一方面，有不少自负的纯文学作家隔岸观火，对网络写作颇为不屑。两个写作阵营的抵触，阻断了必要的交流通道，这导致了各分天下的局面。网络剧的持续热播不断提升网络写作的社会影响力，骄人的商业成绩给网络写手带来不断增强的自信，开始试探性地挑战印刷文坛的权威。相对而言，以印刷媒介为主阵地的作家按部就班地写作，畅销书可遇不可求，获奖成了越来越多的作家的追求目标。

新旧媒介在争夺话语空间的过程中，往往会各据一端，展开激烈的博弈。正如保罗·莱文森所言：“新旧媒介深层的紧张关系很严重，所以每当新新媒介有任何不当之举时，这种紧张关系都会冒到表层。网络欺凌和网络盯梢在一切媒介里都是轰动新闻，旧媒介、新媒介和新新媒介都不例外，这是有道理的，因为这些弊端都可能造成生死攸关的严重局面，所以人人都必须了解这些弊端。但新新媒介并无不当之举时，这种紧张关系也可能爆发，只是因为人们的错觉而已。”① 从新旧媒介对抗的角度来审视网络文学与印刷文学的交锋，不难发现双方的观点都有较为明显的偏见。唐家三少深有体会地说：“最初的时候，网络作家不被认可，各方面的舆论压力甚至让很多网络作家放弃了写作，一些传统观念较深的人甚至认为，那不就是一群网上写小黄文的吗?”② 慕容雪村对网络文学的评判较为客观，他认为网络写作使得文学变得更加自由而随性，不再端着架子：“其实根本就没有什么‘文学殿堂’，当一个人有表达的欲望，拿起笔想要写点什么，这时他就是个作家。文学创作无所谓庙堂与江湖，也不需要得到谁的允许，它既不神圣也不庸俗，既不高尚也不卑鄙，只是个中性词。”③ 他认为网络文学“成就巨大，毛病很多”，但他相信“它有个好未来”。

对于受到强势挑战的纯文学作家而言，他们守护原有阵地和既得利益的态度颇为坚决。刘震云不留情面地批评网络文学的弊端：“我也经常看发表在网络上的作品，有的不仅文学性不强，错别字也很多，一个首页要没有十多个错字就不是首页，还有的连句法也不通。我觉得稍微有些过分。从文字到文学，我觉得还差 23 公里，能不能先从学好汉语文字开始。如果文字是一个传统的话，作为网络和网络作家，网络文字、网络文学也可以稍微回归传统一下。”④ 余华也认为有些网络作品并不成熟，但他的态度较为开放：“对于文学来说，无论是网上传播还是平面出版传播，只是传播的方式不同，而不会是文学本质的不同”⑤。麦家在 2010 年 4 月 7 日举办的第八届华语文学传媒大奖系列活动之一的“网络时代的文学处境”座谈会上坦言：“如果给我权利，我就消灭网络。我认为，现在的大部分网络文学 99%都

① ［美］保罗·莱文森，《新新媒介》，何道宽译，复旦大学出版社 2011 年版，第 179 页。

② 唐家三少，《勇于创新，推动网络文学发展》，《文艺报》2016 年 12 月 23 日。

③ 吕莎，《慕容雪村谈网络写作 10 年：成就巨大，毛病很多》，《中国社会科学报》2011 年 1 月 25 日。

④ 杨鸥，《专业作家眼里的网络文学》，《人民日报·海外版》，2009 年 6 月 6 日。

⑤ 余华，《网络和文学》，《作家》2000 年第 5 期。

是垃圾，而1%的精华如大海捞针，也就自然会消失掉了。”阿来则指出了网络文学发展中的一个突出现象：“现在网络包装作家有种怪现象，不是证明作者作品中的文学思想价值和美学价值有多少，而是拼命鼓吹百万收入，多少点击率。我认为这极不负责任，是把责任推向了社会。”[①] 王蒙在和王干的一次题为《网络不是文学的敌人》的对话中认为：“网上很少盯着一页纸这么看，而往往一目十行，飞速翻过。所以这里头有时我担忧浏览、浅思维代替认真的阅读。或者对情节的关注，‘谁死了没有？’代替了对文学的欣赏。从我个人来说，我到现在还是呼吁大家读纸质书。”[②] 他对于网络和网络文学都抱有潜在的抵触心理和不信任态度。作家方方在“银河文学”App 开站之际，应邀写了一篇《自家鼓掌，唱彻千山响》，发表自己对网络文学的看法，她在文中认为：“又或许，网络文学本就为娱乐而生。它就只想玩上一把。它愿意活在想当然中。所以，它才会充满魔幻和穿越、鬼怪和神奇，才会对历史妄想，对情爱意淫，对皇宫做梦。诸如此类。它不想关注社会，不想关注现实，不想关注民生，也不想关注与网络写作者存活在同一世界的个体生命，甚至也不关注自己。它用的是全新的武器，选择的是全新的平台，但在文学作品中所作的个人表达，却难见新意。有一说法：传统文学在乎自己的内心，网络文学在乎别人的感受；传统作家写作是为了满足自己，网络作家写作是为娱乐他人。”[③]

耐人寻味的是，网络的崛起一开始导致了文坛的撕裂，纯文学和网络文学互不服气。必须承认的是，除了极个别作家，大多数写作者都无法逃避网络的影响与渗透。以网络媒介为桥梁，新旧媒介的融合已经成为难以阻挡的时代潮流。网络文学倚仗网络媒体的威力，不断地攻城拔寨，甚至抢班夺权，占据纯文学的固有地盘。看到大势难以逆转，纯文学阵营开始分化，一些作家的立场开始软化，从抵触到试探，从接纳到借鉴，网络文学与纯文学开始了对话和交流。事实上，

---

① 蔡震，《麦家：网络文学99%是垃圾》，《扬子晚报》2010 年 4 月 8 日。

② 王蒙、王干，《网络不是文学的敌人》，《上海文学》2016 年第 11 期。

③ 方方，《自家鼓掌，唱彻千山响》，http：//www.yinher.com/read/26536/63128.html。

网络文学和纯文学之间的差异与对抗，有被人为放大的倾向。它们之间的融通，往往被刻意地无视和遮蔽。宁肯的《蒙面之城》在遭到13家出版社退稿后，从2000年9月13日至12月12日在新浪网文教频道连载，一个月后获得了超过50万人次的点击率，随后连载于《当代》2001年第1、2期，作家出版社于2001年4月出版了单行本，获得第二届老舍文学奖。金宇澄的《繁花》离不开网络，金宇澄这样描述自己的体验："在网上别人也不知道我是谁，我也不知道这些跟我帖的人是谁，写作者和读者非常近，让我的写作热情逐渐升温，这是非常新奇的事情。""弄堂网是一个上海方言网，我上来发帖就是闲扯，第一次用上海话写作，越写越有意思，一下去就回不来了。"① 《繁花》的方言特色与扯闲篇的叙述风格，都与弄堂网的语境与氛围密切相关。目前对于网络文学的定义，通行的标准是首发于网络或者在网络环境中写作，《蒙面之城》和《繁花》显然符合这种分类标准。然而，在文学评论的视野中，《蒙面之城》和《繁花》都没有被归入网络文学的范畴。韩寒的博客言论一度也引发了较大的反响和争议。此外，还有一些在网络空间成名的作家，随后淡出乃至脱离网络，譬如早期的安妮宝贝、宁财神、慕容雪村，江南的《龙族》和萧鼎的《诛仙2·轮回》，也都没有采取网络连载的方式，而是选择了脱网写作，完本后直接出版纸质图书，《龙族》的市场影响力不仅没有被削弱，而是大幅暴涨。由此可见，网络文学和纯文学或印刷文学的界限较为模糊，网络文学的定义也较为含混。现在对于网络文学的较为通行的界定，往往以作品首发于网络作为核心标准。随着纸媒网络化进程的加速，这一标准已经摇摇欲坠。

二、网络文学的依附模式

依附理论是20世纪五六十年代兴起的挖掘拉丁美洲不发达的经

---

① 张英，《不说教、没主张，讲完张三讲李四》，《南方周末》2013年4月25日。

济根源的理论。范拉斯科认为："依附论是关于不发达状态的理论：贫困国家被排挤在世界经济的边缘，只要它们依然受到处在经济中心的发达国家的奴役，就不可能发展起来。"① "中心—外围"论是依附理论的核心概念，发达的资本主义国家和发展中国家构成"中心—外围"的二元模式。依附理论后来被扩展并运用到人文社会科学研究的其他分支，譬如教育研究和文化研究等学术领域。在21世纪网络文学的发展历程中，网络文学对网络技术、商业资本、文学资源形成了多重的依附，一直没有建构独立的模式。卡多索认为在"依附"状态中依然包含发展的契机和希望，如果能够把外国资本、本土资本和国家力量聚合起来，不发达国家也能获得经济增长，实现"依附性发展"。尽管"依附性发展"难以改变不发达国家产业和经济的依附性结构，但为摆脱依附状态带来了可能性。② 中国大陆网络文学的商业繁荣堪称文化奇观，我个人认为她选择的正是一条"依附性发展"的道路。

技术依附。华语网络文学变化多端，只要网络技术有所变化，网络写作都是亦步亦趋地紧追不放。在媒介形式日益多样化的背景下，种种以媒介来界定文学的概念如雨后春笋一般涌现，令人眼花缭乱。从20世纪90年代旅居美国的中国留学生创办的中文电子杂志到"榕树下"的个人主页，从"天涯社区"的在线写作到"起点中文网"的更新模式，从短信文学、手机文学到博客文学、微博文学、微信文学，网络写作犹如一个蹒跚学步的儿童，因为担心自己被突飞猛进的网络技术所淘汰，总是第一时间对技术进步做出因应，这也使得网络文学始终没有形成稳定的特质，显得混杂、含混。凯文·凯利认为："我们正处在一个盛产重混产品的时期。创新者将早期简单的媒介形式与后期复杂的媒介形式重新组合，产生出无数种新的媒介形式。新的媒介形式越多，我们就越能将它们重混（Remixing）成更多可能的更新型媒介形式。各种可能的组合以指数级增长，拓宽着文化领域和

① ［美］安德烈斯·范拉斯科，《依附理论》，张逸波译，《国外社会科学文摘》2003年第3期。

② Fernando Henrique Cardoso, Dependency and Development in Latin America. New left Review, vol. 74, 1972.

经济领域。”[1] 博客、微博、微信等媒介形式，都是以网络技术为基础的新的重混形式。按照媒体演进的这种逻辑，也会催生与之相适应的文学形式。也就是说，这些新的文学类型是追逐新的媒介形式的结果，是寄生性的文学形式，它们如影随形，只要媒体形式改变，它们也相应地改变自我，文学就失去了其自主性与独立性。就网络写作而言，网络媒介的开放性为提升受众的参与度打开了方便之门，网友第一时间的反馈常常会改变写作的进程，削弱写作者的权威性与自主性。从网络文学的发展来看，总体上还是时尚化的更迭和潮流性的演进，写手们往往被各种外力所左右，在相互矛盾的牵扯中被动前行，他们难以坚持自己的个性，缺乏独立的创见，更缺乏冲破重重限制的勇气。一方面，网络四通八达，为曾经遭受长期抑制的通俗化写作带来多种可能性；另一方面，网络也构成新的束缚，使得写手们的思维陷入无形的牢笼之中。

与历经千余年积淀的印刷文化相比，网络文化具有快速流动、不断更新的特征，利用新科技与媒介技术的优势，对现有的文化元素进行重新的组合与混融。韩少功认为：“长袍马褂、大刀长矛早就过时了，但古典文学名著仍然可以让我们兴趣盎然，作家们也仍有写不完的新题材，包括历史题材，《甄嬛传》《芈月传》什么的。问题不在于写什么，而在于怎么写。即使是写原始部落的生活，写数十年、数百年、数千年前的生活，只要写好了，同样也可能成为经典之作。说实话，由于有了大数据，作家们利用历史档案的能力大大增强，写历史题材倒可能更有方便之处了。”[2] 与韩少功所说的走经典路线的历史题材创作相比，娱乐化的网络写作通过对驳杂的历史元素的混合，消解了历史的沉重与严肃，将漫长的历史时空压缩在平面化的空间内，用拼贴手法打造花团锦簇的历史拼盘。汇聚海量信息是网络技术的突出优势，这种技术特点催生了快速转换、包罗万象的网络万花筒，混搭成为网络文化的审美基调。

---

① ［美］凯文·凯利，《必然》，周峰等译，电子工业出版社 2016 年版，第 223—224 页。

② 傅小平，《韩少功：关心了解新科技，是应对新挑战时的功课》，《文学报》2017 年 3 月 23 日。

文学网站在挖掘和发挥网络传播功能的基础上，借鉴了报纸副刊的连载形式和文学杂志的栏目结构。网络文学公司推行的全媒体版权运营策略，让不同形式媒体参与进来，以协作的方式开展规模化运作，从而实现版权资源价值的最大化。而且，以书写工具和传播载体作为区分文学类别的根本标准，很可能以扭曲文学的代价来适应外部条件的改变。方方认为："中国文学历史已上千年，写作所用工具和刊发所据载体都有过数次变化，但我们从来没有见过因工具不同而对文本另外命名的，比方刀刻文学、毛笔文学、钢笔文学抑或铅印文学，也从未见过因载体不同而冠名的，比方竹简文学、布帛文学、期刊文学、书籍文学等等。所以，网络文学以电脑写作，在网络上发表，与其他工具写作，在其他载体发表，哪里有差异？既无差异，我们对它的文本要求，就不应存差异之心。现在，把它单列出来，另用'网络文学'来与其他文学文本作一区分，究竟是抬举它，还是贬损它？这个真的好难讲。"[①]

资本依附。在华语网络文学的起步阶段，网络写作可谓缤纷多姿，风格和文体都显得自由奔放，像图雅这样的匿名作者更是不求功利，以抒怀解郁为旨趣。从"榕树下"到"天涯社区"，写手们大都抱着好玩的心态游戏文字，没有明确的欲求，信马由缰，想到什么就写什么，尽管其中多为日常的流水账，但也有一些篇章在放松的状态中流露真性情。2008 年 7 月，盛大文学公司宣告成立，将起点中文网、红袖添香网、晋江文学城纳入旗下，随后又陆续并购了小说阅读网、榕树下、言情小说吧、潇湘书院、天方听书网、悦读网等网站。2015 年 3 月，由腾讯文学和盛大文学联合成立的阅文集团成立，对网络文学资源进行重新整合，构建了国内最大的 IP 资源基地。从盛大文学公司到阅文集团，网络文学从生产到消费的流水线日趋成熟。为了使 IP 资源在循环利用中实现资产增殖，资本方一方面以市场潜力巨大的通俗文学为主攻方向，以销定产，通过网站的框架和栏目设计来控制商品的数量、品种和风格，另一方面通过点击率、推荐票、排

---

① 方方，《自家鼓掌，唱彻千山响》，http：//www. yinher. com/read/26536/63128. html。

行榜等量化指标来调整商品的配比和布局，使写手的创作能适应受众趣味和市场风向的变化。网络类型小说的创作模式表现出鲜明的市场导向，大多数网络写手都会通过与网友的互动，及时调整自己的叙述套路。

在庞大的互联网产业格局中，就目前的势头来看，网络文学的市场定位和经营策略都受制于文化资本的意志，在审美趣味上表现出迎合消费者的趋向。随着全版权运营模式的日渐成熟，网站经营者通过经济上的激励机制，将网络写作引向为改编而写作的道路。复制或模仿影视、在线游戏的故事框架与叙述策略，已经成了网络类型小说的基本套路。打怪升级的玄幻小说、陷入“玛丽苏”怪圈的女性穿越小说、男权复辟的“霸道总裁文”、勾心斗角的“宫斗文”、厚黑学横行的职场小说、流水账泛滥的“小白文”……花样繁多的写作套路犹如工业模具，使得网络类型小说的写作成为一种机械的流水线生产，变得简单、重复、分类细化，写作缺少艺术难度和挑战性。

在某种意义上，文化资本是推动网络文学类型化、通俗化的主导性力量，而写手们的劳作实质上是一种自由度极为有限的定制写作。目前影响较大的文学网站的栏目设置酷似大型超市的商品布局和货架结构，对商品的功能、花色都进行了较为明确的限定。写手们的内容生产只有符合渠道控制者的要求，才能获准进入平台，抵达用户，实现内容的价值增殖。网络写手写什么和怎么写，都缺乏必要的自主性。由于网络类型小说的写作走的大多是追求速效的时尚化路线，写手们对于平台和渠道就有更为严重的依赖性。批量生产的类型小说恰似时鲜水果，一旦积压只能快速腐烂，变得一文不值。除了个别具有广泛的市场影响力的网络大神，多如牛毛的普通写手只能在资本意志面前卑躬屈膝。对于资本家而言，网络文学的依附模式有利于强化对写手的控制和管理，使得出资方获得超额回报。由于出资方控制了发表平台和传播渠道，写手就是处于弱势的一方。在文学网站将全媒体版权运营作为核心策略时，在版权分成的协商过程中，网络写手也显得底气不足。作为一个开放的话语空间，文学在网络空间的可能性并没有被完全激发出来。就网络文学的现状而言，以流行、通俗为基调的审美趋向，在很大程度上是文化资本刻意塑造出来的结果。

审美依附。网络写作追求速度和数量，像影子一样依附于主流的、强势的传播形式与流行风尚，随风飘散，没有建立自己的根基和本体属性。从审美层面来讲，大陆的网络文学从来是被动的追随者，尽管像穿越小说、盗墓小说、玄幻小说都曾在网友中激起强烈反响，一度成为阅读焦点，但都缺乏持续的吸引力。以《梦回大清》《步步惊心》《甄嬛传》等聚焦后宫倾轧的类型小说为例，它们在叙事方面与黄易的《寻秦记》、李碧华的《秦俑》大同小异，在影视方面赓续了香港电影《慈禧的秘密生活》和电视连续剧《金枝欲孽》的人物关系和审美风格。更为关键的是，一旦某种题材、类型获得积极的市场反馈，都会被定型为一种可以不断复制的俗套。也就是说，以规模生产作为主要手段的网络文学缺乏独特的审美发现。以玄幻小说为例，它受到本土的神魔小说、武侠小说和西方的幻想小说、科幻小说的综合影响。随着越来越多的玄幻小说被改编成同名在线游戏，其创作量急剧膨胀，其故事框架、叙述结构、语言风格都向游戏脚本靠拢。至于穿越小说、架空小说、言情小说、职场小说、都市小说，与根据网络小说改编的电视连续剧共生共荣，相互刺激。《琅琊榜》的权谋之术，《花千骨》和《三生三世十里桃花》的师徒情爱，都因为改编剧的热播而成为同一类型的网络小说的基本套路，像电脑病毒一样，以弥漫的形式扩散开来。由于影视剧、游戏比单纯的网络文学作品具有更高的商业价值，近年来网络写手都热衷于以影视或游戏改编为目标的脚本写作，这就使得作品缺乏文学性，而且语言的艺术表现力也被严重忽略。

新生媒体催生的文体往往较为贴近现实的变化，能对时新信息做出及时的反应，同时追求新颖活泼、喜闻乐见的形式，注重趣味性与娱乐性。早在 1930 年，黄天鹏就认为："新闻文学若失其时间性，则为历史之材料，若失其通俗性则为贵族之文学，若失其趣味性则与官报之刻板公文无异。故新闻文学在文学中之位置，当以此三种性质为其基础，而成为独创一格之文学，不有所隶属也。"① 网络文学同样追求时效性、趣味性和通俗性，这与长期占据主导地位的纯文学迥然有

① 黄天鹏，《新闻文学概论》，上海光华书局 1930 年版，第 11—12 页。

别。网络空间的开放，为长期被抑制的通俗文学带来了爆发的契机。慕容雪村认为："现在十年过去了，网络上出现的文学作品，或者使用一个烂熟的词'网络文学'，我觉得它的进步非常大。从现在的文学趋势可以看出，中国逐渐有了自己的通俗文学。看看以前，言情是港台那些，甚至武侠、科幻也是港台那些，中国内地几乎什么都没有。而现在你可以看到，无论是言情类的、历史类的、玄幻类的、惊悚类的小说都有人进行创作了。除了极少类型还不成熟以外，可以说中国自己的通俗小说已经成型了。当你关注世界各国的文学发展史，可以发现一个相同点，当一个国家出现真正的大师、真正好的文学作品之前，一定要经过通俗文学的诞生。"① 也就是说，网络文学是推动当代文学通俗化的补课。

值得注意的是，这种审美的反拨表现出矫枉过正的趋势。在文化资本的操纵下，近年网络文学的发展呈现出日益窄化的趋势，有商业潜力的都市、言情、职场、穿越、玄幻等类型小说畸形膨胀，其他的审美可能性被严重抑制。像《百年家书》对抗战的沉重的书写，《材料帝国》对材料帝国和国企重组的双线叙述，都获得了广泛好评。颇为有趣的是，这些作品都喜欢套用穿越小说的叙述框架，给人画蛇添足之感。如果进行细致的对照，不难发现《材料帝国》与齐橙更早的《工业霸主》相比，人物性格、故事结构、价值倾向、形式特征都大同小异，表现出自我重复的趋向。阅文集团在2015年推出跨年度的网络原创文学现实主义题材征文大赛，获得特等奖的《复兴之路》讲述了大型国企红星集团摆脱困顿走向复兴的艰难历程，但作品陷入了官场小说的套路，通过渲染名利场上的勾心斗角来增强吸引力。总体而言，现实主义一直是网络文学最为明显的短板，文学网站和网络写手大都坚持消遣至上、追求利润的软文路线，这就使得网络空间的现实题材创作往往避重就轻，表现出较为鲜明的逃避倾向。

① 钟华生、李千帆，《"网络改变了中国文学格局"》，《深圳商报》2011年1月24日。

三、网络文学的消融

在媒介融合的趋势下，我个人认为网络文学的发展将表现出三大趋向。首先，在网络接近全面覆盖的环境下，“网络性”不再具有标签意义，网络文学和传统文学将逐渐融合。如果过分强调媒介技术变革和生产流程给网络文学带来的新的形式特征，无疑会抑制乃至伤害其文学性，这样的网络文学必然逐渐远离文学，演变成高度技术化的文化产业。在媒介融合的环境中，将网络文学从当代文学整体中割裂出来，在封闭的结构中突出其网络特质，很容易忽略多元传播格局中的媒介互动，也容易将新媒体时代文学的普遍特征简约为网络文学特有的审美品质。一方面，网络技术的发展使得网络空间中的文学创作具有了新的特性，譬如写作与传播的交互性、信息多元化、表现形式立体化；另一方面，在大众文化的语境中，网络文学的通俗性、娱乐性、商业化、跨媒体性被不断放大，并且被从业者视为突出纯文学的包围圈的制胜法宝。值得注意的是，网络确实赋予网络文学一些新的元素，但是网络文学的种种不同并不仅仅源自于网络，更为重要的影响因素是网络媒介背后的时代大环境。正如凯文·凯利所言：“网络会越来越像是一种存在，而非 20 世纪 80 年代大名鼎鼎的赛博空间那种你会前往的地点。它会像电一样，成为一种低水平的持续性存在。它无处不在，永远开启，暗藏不现。到 2050 年，我们会把网络理解成一种场景。这种强化后的场景会释放出许多新的可能性。然而数字世界已经膨胀出了许多选项和可能。在未来几年里，网络似乎已经没有全新事物的落脚之处了。”①

随着媒体技术的进一步变革，带宽增加，网速提升，网络信息可以即时获取，其他媒体譬如电视和网络互联互通，网络变得无处不在，网络文学的消融将成为必然的趋势。斯米特认为网络媒介有一种

① ［美］凯文·凯利，《必然》，周峰等译，电子工业出版社 2016 年版，第 23 页。

特殊的“魅惑力”，“简单地说，‘魅惑’既是感官的刺激，又是心灵的沉迷，它带给人们一瞬间的销魂，具有不可抗拒的诱惑力”①，图像、视频与文字的混合使得网络创作具有一种直观的暧昧性，作者可以随心所欲地制作各种具有魅惑性的“另类”作品。事实上，“网络文学”的命名及其迄今为止的推广过程，其“魅惑力”和“另类”色彩一直是核心价值。问题在于，当“网络”从破墙而出的怪物转变为习焉不察的常态，我们还把网络写作的新质都归结为“网络性”，这显然是一种简单化的做法。而且，以文学的传播媒介来割裂文学，显然无法推动持有不同理念的写作者之间的对话，也不利于不同文学群落的融通，这难免会阻断文学发展的新的可能性。因此，网络文学与印刷文学的差异必然缩小。如果仍然以首次发布的媒介平台来给文学作品进行定位和定性，显然有失偏颇。

也就是说，按照传播介质对文学进行类型划分，显然过度强化了传播介质的影响力，同时忽略乃至遮蔽了政治、社会、经济、文化和主体性因素对文学的作用。在网络写作刚刚出现时，以“网络文学”概念来区分文学创作的“网络性”和“非网络性”，有其适用性和合理性。事实上，随着网络的不断普及和移动化倾向，现在已经很少有作家与网络世界绝缘。另一个值得注意的现象是，随着时间的推移，那些在纸媒主导的环境中成长起来的作家逐渐淡出，网络对于新生的作家而言不再有任何的陌生感。当网络和一切信息通道融合在一起，“网络”在某种意义上就消失了，它渗透进人们的生活深处，使用网络成为一种日常化的习惯，就像人们的食物中离不开盐一样，它的存在不再受到特别的关注。也就是说，当所有作家的生存和写作都有机地融入了网络化的环境，按照现在通行的网络文学概念，未来的一切文学都是网络文学。在这样的语境中，“网络文学”和“非网络文学”的区分将逐渐失去其必要性，也不再有学术价值。

其次，技术美学取代主体美学，网络写作成为网络 IP 产业链的一个环节。随着人工智能的飞速发展，技术对写作的渗透与控制成为

---

① ［英］戴维·冈特利特主编，《网络研究：数字化时代媒介研究的重新定向》，彭兰等译，新华出版社 2004 年版，第 224 页。

一种明显的趋势。从 2006 年开始上线的“猎户星”写诗软件，到近年开始流行的小说写作软件，譬如玄派、小说创作大师、小说生成器、星达字段拼凑软件、大作家超级写作软件等等，技术化的修辞驱逐了生命化的创造，文学的思想、形式和语言都被转换成程序代码，技术行为压制了人的创造活动，写作成为一种机械性的、规模化的生产流程，文学所强调的主体性、差异性和审美个性都将变得无所依傍。随着人工智能的进一步发展，当更加聪明的写作机器人走上前台，可以复制的类型化写作很可能完全被机器所操纵。正如韩少功所言：“机器人写作必须依托数据库和样本量，因此它们因袭旧的价值判断，传达那种众口一词的流行真理，应该毫无问题。但如何面对实际生活的千差万别和千变万化，创造新的价值判断，超越成规俗见，则可能是它们的短板。”① 2017 年 5 月，湛庐文化和美国微软公司合作，正式出版了由机器人小冰完成的诗集《阳光失了玻璃窗》。小冰在学习了从 1920 年以来 519 位中国现代诗人的诗作的基础上，获得了编制汉语现代诗歌的能力。总体而言，这些诗行中规中矩，喜欢堆砌辞藻，但是充满了匠气，缺乏灵性。于坚认为这部诗集催生了“一种可怕的美”：“冷酷、无心，修辞的空转，东一句西一句随意组合，意象缺乏内在逻辑，软语浮词，令人生厌的油腔滑调，原材料来自平庸之句。”②

IP 产业链以一种混合流水线的模式，将写作和书刊、影视、游戏整合起来，建构一种联动机制，其目标为降低成本、缩短周期、提高效率。生产过程的各道工序环环相扣，生产具有明显的节奏性和连续性。相对而言，在艺术难度较低、审美均质化的题材和类型中，人工智能更能发挥优势。当网络类型小说的写手热衷于拉长篇幅、照搬套路、习惯性灌水时，人工智能在制作这种规格相近、趣味相同的产品时，品质会更加均衡。事实上，近年网络类型文学的发展已经呈现出去个性化的趋势，那种脱离具体时空、因袭既有模式、逃避现实冲突的倾向，已经阻断了写作者个人生命体验的涉入，成为一种梦游状态

---

① 傅小平，《韩少功：关心了解新科技，是应对新挑战时的功课》，《文学报》2017 年 3 月 23 日。

② 于坚，《一种可怕的美已经诞生》，《南方周末》2017 年 6 月 15 日。

的码字游戏。

学术界在描述和概括新媒介的特性时，经常会使用交互界面这一概念来理解人机关系、虚拟现实与物理现实之间的关系，交互界面是两个设备、系统、程序之间共享的边界，“它们能在不同客体和系统的边界之间游走，而这一过程不仅使得网络得以运行，也拓展了新的空间，并推动其得以发展”①。与交互界面密切相关的概念是“交互性”，交互性经常被用来区分新的数字媒介和旧媒介，新媒介甚至被称作交互媒介。人工智能对写作的深度介入，使得传统的人机关系被颠覆，改变了原有的交互模式。计算机和互联网一直被人类当作工具使用，但随着智能技术的突破性进展，智能工具不仅能够在某些领域替代人脑，还可能反过来影响乃至控制人类的心灵。在技术话语发挥主导性作用的环境里，我们长期用来评判文学的标准——独创性、灵性、德性、批判性——必然被贬抑，取而代之的将是经济、实用、美观、规范、效率等技术化标准。

再次，文学语言退化，乃至文学退化。从媒介格局的演变进程来看，印刷媒体的弱化难以逆转。在印刷媒体的发展历史上，尽管图像的重要性不断加强，乃至后来居上，但语言介质一直占据核心地位。随着影响力的日益增强，网络媒体在媒体格局中已经显露出日渐主流化的趋势。在媒介融合的趋势下，传统媒介都在探索多元化的传播路径，与网络媒介的协作和互补成为主导性的发展方向。斯帕克斯认为：“网络的存在形式使得各种媒体在形式、时间、社会消费等各方面的差异不复存在，而这些差异原本是不同媒体占领市场、求得生存的自身特色。”② 网络与其他媒体的特性依然会有分别，但是相互之间的渗透确实在弥合裂缝。在媒介融合的潮流中，语言的弱化已是大势所趋。一方面，本来由语言牢牢占据的领地逐渐沦陷。另一方面，纯粹的语言文本呈现出下降的趋势，语言正从主角慢慢地变为配角。

---

① ［英］尼古拉斯·盖恩、戴维·比尔，《新媒介：关键概念》，刘君、周竞男译，复旦大学出版社 2015 年版，第 51 页。

② ［美］科林·斯帕克斯，《从衰败的树根到鲜活的浮萍：因特网对传统报纸的挑战》，［英］詹姆斯·库兰、［美］米切尔·古尔维奇编，《大众媒介与社会》，杨击译，华夏出版社 2006 年版，第 262 页。

语言表现力的下降是当前网络文学重要的发展趋势。浅显、直白的小白文成为网络类型小说的主导性语言风格，它们缺少必要的铺垫和修饰，往往直奔主题，口语化特征极为突出。写手们在持续更新的巨大压力下，不再花心思去推敲语言，语言的主观化色彩较浓，显得随意而粗糙，语体杂糅。只要把故事的来龙去脉交代清楚，把人物关系勾勒出大致的轮廓，就算是万事大吉。也就是说，网络小说的语言表现出较为明显的直观化倾向，它基本不进行人物心理刻画，而是让人物不断地说话和行动，营造出动态的画面感，让行动持续发展。网络类型小说重视对场景的描摹，建构立体化的空间感，追求视觉化效果。改编成网络游戏的《诛仙》《斗罗大陆》《斗破苍穹》《兽血沸腾》等玄幻小说，其多层次的、琐细的场景描绘很容易被改编成在线游戏的地图。以我吃西红柿（朱洪志）的《盘龙》《星辰变》《吞噬星空》《莽荒纪》等作品为例，转世、轮回、传送、飞升成为其叙事的关键环节，使得主人公可以突破时间限制，在仙魔妖界、凡界、神界、外星球之间自由穿梭，将传统小说注重时间性的线性叙述结构改造成开放式的、枝蔓重生的空间化结构。对色彩和声效的渲染，也是网络类型小说重要的语言特征。丰富的色彩和逼真的声效，增强了视觉表现力，使得场景更加具体而真实。正如爱德华·茂莱所言："作家不仅逐点地引导着读者的眼睛，而且也引导着读者的耳朵。"①

就文本属性而言，网络文学文本与传统的印刷文本相比，具有较为突出的互文性。互文性（intertexuality，也译作"文本间性"）概念是茱莉亚·克里斯蒂娃（J. Kristeva）对巴赫金对话理论的进一步阐发，不再局限于对文本的孤立考察，转而关注文本之间的复杂互动以及读者对文本的建构作用。在传统的文本分析活动中，习惯性地将文本看作稳定的对象，但在互文性的视野中，一个文本中往往包含了其他文本的元素，即具有引文性特征："任何文本的建构都是引言的镶嵌组合；任何文本都是对其他文本的吸收与转化。"② 文本之间的相

---

① 爱德华·茂莱，《电影化的想象——作家和电影》，邵牧君译，中国电影出版社1989年版，第225页。

② ［法］朱莉娅·克里斯蒂娃，《符号学：符义分析探索集》，史忠义等译，复旦大学出版社2015年版，第87页。

互影响成为文本生成的动力机制。哈罗德·布鲁姆甚至说："在我看来，影响意味着没有文本，只有文本之间的关系。"① 在迄今为止的网络文学写作中，互文性的现象非常突出。恰如萨莫瓦约所言："引用（citation）、暗示（allusion）、参考（référence）、仿作（pastich）、戏拟（parodie）、剽窃（plagiat）……各式各样的照搬照用，互文性的具体方式不胜枚举，一言难尽。"② 一方面，网络文本的互文性表现为原创性的缺失，经常会看到不同文本的混杂与嵌入；另一方面，网络文本突破了单纯的文字文本形式，将图片、视频和其他电子科技产品融入文本，形成一种多样化的、奇特的互文效果。随着语言的重要性的降低，语言很可能在未来的网络文本中成为一种装饰和点缀，只发挥注释的功能。在这样的文本环境中，不仅意味着文学语言的退化，而且可能导致文学性乃至文学的退化。

（首刊于《天津社会科学》2017 年第 6 期，人大复印资料《中国现代、当代文学研究》2018 年 3 期转载）

① Harold Bloom, A Map of Misreading: With a New Preface. New York: Oxford University Press, 1975. P.3.

② ［法］蒂费纳·萨莫瓦约，《互文性研究》，邵炜译，天津人民出版社 2003 年版，第 2 页。

网络文学的可能与限度

网络文学的概念众说纷纭，有些宽泛的描述认为只要使用网络媒介的文学就是网络文学。台湾的须文蔚认为网络文学是“当代文学理论上惯称的‘超文本文学’（hypertext literature）或‘非平面印刷作品’，利用HTML或ASP语言、动画或JAVA等程式语言为基础，创作出新形态的‘数位文学’作品”①，这种观念把追求数位美感的“新文类”作为核心要素。就这一标准而言，大陆的网络写作基本上都缺乏“数位美感”。为了避免陷入概念的陷阱，本文重点考察的是以在线书写（随写随贴）、互动写作和网络阅读为基本存在形态的文学创作，并分析网络传播与文学生态之间的交互影响。网络文学的主体几乎都是无名小辈，网络文学的题材领域多是被主流文坛所排斥的校园、言情、玄幻、恐怖、穿越、盗墓等题材，在审美趣味上也偏爱煽情、猎奇、颓废、搞笑等风格，其语言风格追求直观感性、诙谐生动、新奇怪异的效果，为了营造现场感而创制大量的谐音词和缩略语，常常被成人世界视为疯言疯语。由于在主流的传播渠道中，个人和群体的表达与选择自由被严格限制，这些年轻人被挤在社会生活和主流规范的外围，那些大事和正事他们无缘置喙，制度化观念对他们潜在的排斥也激发了他们的逆反心理，他们只有在闲暇与娱乐之中才能最大限度地获取自我支配的自由空间，甚至以越轨的形式来表达对

---

① 须文蔚，《台湾数位文学论》，台北：二鱼文化事业有限公司2003年版，第12页。

于成人的、主流的文化规范的不屑，另一方面他们又始终无法放弃被主流文化接纳甚至接管主流领域的渴望。基于此，网络文化和网络文学都在某种程度上具有青年亚文化的特质。面对网络文学，文学界对其可能性曾经充满期待，极力肯定其自娱自乐的无功利性、突破僵硬的现实文学体制的技术优势、超越时空限制的共时交流、冲出陈腐语言罗网的无所顾忌的语言风格，但是，随着时间的推移，网络文学日益沦落为饱受商业利益侵蚀的名利场，经过层层包装的色情、暴力话语如同水银泻地一样渗入网络文学的肌体，而那种独往独来的文化反叛也不断被种种利益的诱惑所钳制。在意识形态、资本、技术垄断、网民的集体无意识等强势话语的围困之下，网络文学的可能性正在幻灭成镜月水花。在时下的文学语境中，越来越多的人把网络文学视为左右文学前途的关键力量，其中不少人看重的是其中蕴含的巨大的商业潜能和全时空覆盖的传播优势，文学则蜕化成点缀在这一超大的利益蛋糕上的彩色奶油。在这种情景下呼唤网络文学的文学理想，无异于白日做梦。不无悲剧性的是，驱使我深入考察网络文学的，恰恰是那种不可能的可能性。

一、零点写作

何谓零点写作？零点写作就是让文学重新回到起点的写作状态。网络文学的出现，有力地冲击着传统文学体制的文化壁垒，在当时对文学发表的审查机制产生了强有力的冲击，突破了文学保守的等级制度所维护的种种文化特权，也轻易地摆脱了种种文学成规对写作者的束缚，文学不再是作家、编辑家、批评家层层把守的封闭的话语空间。正如南帆所言：“网络的发明骤然增添了文学两端的张力。一方面，文学赢得了前所未有的传播范围与传播速度；另一方面，文学撤销了作品发表之前的一切审查机制。文化公共空间最大限度地向私人话语敞开。”[①] 网络的技术优势为体制外的书写开辟了领地，为那些无

① 南帆，《游荡网络的文学》，《福建论坛（文史哲版）》2000年第4期。

法被主流文坛接纳的人们提供了直抒胸臆的交流平台。在网络空间的去中心化、不确定性、匿名状态中，网民的书写与发布行为都显得随意而率性，进行自主无忌的自我展示，将即时的喜怒哀乐倾泻到网上，缓解内心的郁结。这种零训练、零编辑、零形式的写作回归到原始的文学状态，一如《诗经》中草根阶层的初民立足于田间地头的歌吟，也是对黄遵宪“我手写我口”理念的绝妙诠释。在我看来，大陆网络文学真正自生自灭、无所顾忌的黄金岁月是 1997 年到 1999 年之间，当时的网络作者散落在 BBS 的文学板块，没有拘束地涂鸦，进行自娱自乐的匿名写作。曾经的网络写手李寻欢认为网络文学的核心价值是：“自由。不仅是写作的自由，而且是自由地写作。（网友 SEIG 语）/ 平等。网络不相信权威，也没有权威。每个人都有平等地表达自己的权利。/ 非功利。写作的目的是纯粹表达而没有经济或名利的目的。/真实。没有特定目的的自由写作会更接近生活和情感的真实……在我看来，网络文学之于文学的真正意义，就是使文学重回民间。”① 他的表述为文学敞开了一扇面对理想、内视心灵的窗口，自由、平等、非功利、真实——这恰恰是中国文学长期匮乏的精神资源。写作者没有名家与新人、权威与后进的等级界限，平等对话，自由交流，各种话语不能通过对外部权力的依附来以势压人。需要指出的是，网络文学的这种美妙是其在萌芽状态的一种虚拟的幻境，一如王维《辛夷坞》里山中红萼纷纷开落的自在，当其影响日隆被各种强势力量所掌控时，形势顿时变得复杂起来。

采用“零点写作”这一概念，是为了区别于来自罗兰·巴特 1953 年的论文《写作的零度》的“零度写作”的概念，巴特反复强调中性、自足、饱和、客观的视野，通过对字词独立品质的解放来实现写作的多种可能性和无趋向性。大陆的新写实小说因其碎片化、冷漠化也被贴上“零度写作”的标签，这一概念还被用于描述 20 世纪 90 年代以来中国文坛那些放弃意识形态化的代言立场、去中心化、虚无化的写作，这和巴特的初衷已经有了不近的距离。归零写作回归写

① 李寻欢，《我的网络文学观》，《粉墨谢场》，天津人民出版社 2002 年版，第 295 页。

作的原始状态，犹如孩童眼中的世界，一切重新恢复活力，散发出奇异的光芒。在变换角度和思维方式之后，体制化写作积重难返的弊端也似乎被抛开了。但是，网络世界并非封闭的世外桃源，归零写作在某种意义上也是一种遗忘的仪式，是一种鸵鸟式的白日梦。与归零写作相关的另一概念是“零点结构”（zero structure），这是社会学家用来描述青年亚文化的功能与影响的专门术语，即将文化现实废墟化、无差异化、非秩序化的社会结构，拆除现成的社会规范与文化壁垒，在突破禁忌中获取自由自在的生活领地。“在零点结构的条件下，社会接触变得稍纵即逝，并且肤浅；社会联系不牢固，或者不存在；而一种飘忽不定的模式则成了标准。”[①] 正因如此，青年亚文化也表现出无所适从、随波逐流的盲目性，网络文学同样隐含着这种随风转向的脆弱性。

二、边缘写作

在网络空间中，网络文学是时政新闻、公共信息等中心议题的陪衬。作为边缘群体的青年的深度介入，又进一步强化了网络文学的边缘性。马赫列尔这样界定边缘性：“边缘性可定义为某个社会群体从属于两个（或更多的）社会阶级（阶层），从而在承担状态—角色方面处于一种不利的地位：这个群体所要求的状态—角色同社会所赋予的、得到社会承认和保障的状态—角色之间存在矛盾。”[②] 具有草根性的网络写作是主流文坛圈子以外的写作，汇聚了众多在文坛面前无法得其门而入的文学青年。安妮宝贝在接受访谈时说：“买来电脑就是为了上网。我觉得自己的文字是独特的，但现在的传统媒介不够自由和个性化，受正统的导向压制太多。就像一个网友对我说的，我的那

① ［英］伯尼斯·马丁，《当代社会文化流变》，辽宁人民出版社 1998 年版，第 60 页。

② ［罗马尼亚］马赫列尔，《青年问题与青年学》，社会科学文献出版社 1986 年版，第 246 页。

些狂野抑郁的中文小说如果没有网络，他就无法看到。”① 像宁财神渲染恐怖氛围的网络鬼故事，林长治将 31 篇经典课文涂改为无厘头爆笑故事的《Q 版语文》，以及近年出尽风头的玄幻小说和盗墓小说，这都是主流文坛所不屑的。即使在网络文学被不少人视为文学未来发展方向的今天，坦率的传统作家还是无法掩饰对其艺术性匮乏、语言粗糙的质疑。盛大文学 CEO 侯小强邀请刘震云“参加网络，参加网络文学”，理由是：“第一，有人，因为每天有那么多人在看。第二，有钱。”但刘震云还是坚持认为：“网络文学确实很新鲜，写的都是妖魔鬼怪，盗墓的、吹灯的，作为一个传统的作者往这方面靠，目前还稍有些困难。我也希望这些网络作家是不是也能够从墓地回到人间，从晚上回到白天。我也经常看发表在网络上的作品，有的不仅文学性不强，错别字也很多，一个首页要没有十多个错字就不是首页，还有的连句法也不通。我觉得稍微有些过分。从文字到文学，我觉得还差 23 公里。能不能先从学好汉语文字开始？如果文字是一个传统的话，作为网络和网络作家，网络文字、网络文学也可以稍微回归传统一下。”② 余华也认为有些作品并不成熟，“对于文学来说，无论是网上传播还是平面出版传播，只是传播的方式不同，而不会是文学本质的不同”③。

我个人认为网络的边缘写作中最有价值的是以博客和社区为主阵地的网络时评与思想随笔，这种文体的审美性可能会遭到质疑，但是那种切中时弊的犀利、纵横捭阖的气势，依稀承传着鲁迅杂文的思想风骨。在以往重大的网络事件如“孙志刚”“最牛钉子户”“黑砖窑”“华南虎”“三鹿假奶粉”“俯卧撑”“躲猫猫”等中，网络时评的边缘发声唤醒了民众自由表达的激情，是伸张民意的重要渠道，强大的舆论声浪对公权力构成压力。在一些权威论坛和个人博客里，一些资深网友逐渐成长为意见领袖，他们以草根身份和深入民间的影响力批评种种社会流弊，表达对弱势群体的关切，摆脱了凌空蹈虚的知识分

---

① 吴过，《桀骜不驯的美丽——网路访安妮宝贝》，《程序员》2000 年第 1 期。

② 杨鸥，《专业作家眼里的网络文学》，《人民日报·海外版》2009 年 6 月 6 日。

③ 余华，《网络和文学》，《参花（上）》2014 年第 5 期。

子的空谈。应该说，目前大陆最好的杂文就在这些自由、泼辣、尖锐的网络时评之中。遗憾的是，由于意见领袖的流动性与暧昧性，其中同样存在失控的“网络暴民”的头领，因而意见领袖要成长为具有稳定价值关怀和持续批判精神的公共知识分子，尚有不远的距离。思想随笔的创作主体集结了学院的人文与社会学者、民间的思想者，不过其中多数篇章都会见诸传统纸媒，最值得关注的恰恰是那些仅仅在网间流传甚至是转瞬即逝的部分。诗歌被认为是具有“无法流通的天赋”的文体，尽管围绕诗歌也曾在网上爆出轰动一时的“梨花体”事件，但总体上还是少人喝彩，是真正爱好诗歌的网民的自留地。在近乎无功利的状态中体会自我陶醉的创作快感，寻找志趣相投、声应气求的知音，融入动态文字、声音文件和多种视觉元素的诗歌文体实验，在扭转诗歌的传播劣势和互动性不足的同时，激活了崭新的艺术潜能。1994 年设立在北美的著名的“橄榄树”网站对母语的依恋，2000 年创立的“诗生活”网站以独立、包容的品格连通整个华语网络诗坛，这些网站的存在使大陆、台港澳、海外华语诗歌能够突破地域自由交流，为华语诗歌注入新活力和新元素。其他值得重点关注的诗歌网站还有“诗江湖”“界限”“灵石岛”和一些诗歌民刊的网络空间。网络中边缘的文学声音有利于真正实现文学的多元互动，不至于在定于一尊的格局中同声合唱，可保持必要的丰富性与复杂性。正如汪丁丁所言：“‘边缘’是一种生活方式，是一种‘非主流’的生活方式。假如一个社会里面所有的人都局限于‘主流’的生活方式，那么，这个社会的创造力和生命力的源泉迟早要枯竭。所以，真正丰富的生活是‘主流’之外的生活，这被海德格尔叫作‘世界’——基于原始对立的逻各斯在展开自身生命时所创造的世界。”①

三、交互性基础上共同体意识的建构

网络交流高度开放、共时互动的特性，使网络写手可以迅速了解

① 汪丁丁，《走向边缘：经济学家的人文意识》“自序”，三联书店 2000 年版。

受众的反馈信息。这种即时交流有力地冲击着传统写作以作者为中心的模式，读者甚至通过在跟帖、转帖中对文本进行编辑与改写来突显自己的话语权，接受趣味的渗透会矫正明显的错讹。国内影响最大的网络社区天涯社区的总编胡彬对互动式写作进行了生动的描述："你的读者会不断跟帖，发表对你作品的看法，给你提建议，甚至要参与你的写作、干预你的写作。比如作品中有个人物他很喜欢，但是他预感有不好的事情会发生在这个人物身上，他就会跳出来警告你不要把这个人写死了，否则他就跟你没完；你过年回家几天没写，他不干了就骂；你再不写呢，他就自己接着往下写了。"① 在天涯社区成名的慕容雪村坦承："我经常会把未写完的长篇发到论坛上，观看读者反应，根据他们的反应来修改小说。《原谅我红尘颠倒》刚连载时，有几处硬伤，一是把朴树的歌当成许巍的了，另一个是关于支票的细节，很快就有读者给我挑了出来。"② 但是，这种从众倾向的负面性似乎更为突出。在众声喧哗、嘈杂纷乱的网络语境的包围中，网络写手为了不让自己的文字成为"沉帖"，就只有顺应时势，迎合众心。宁财神就说："按我的脾气来说，我特希望能狂拍读者的马屁，让他们看完了段子就夸我，然后到处吹捧我，这是我一直以来孜孜不倦追求的远大目标。"③ 在网络社区中，最能够吸引网友关注的帖子几乎都有标题新颖出位、高跟帖数、高浏览量等共同特征。基于此，网络作家邢育森将网络文学戏称为"最为时尚、流行的一个网络实时在线游戏"，他认为"使一个文盲一路斩将夺关杀奔网络文学殿堂的最高极点"的入门功夫是起一个标新立异的网名和吸引眼球的文章题目的"起名功"，攻关秘籍是先要"混脸熟"，然后是推销自我的"大串联"，借此提升人气，最后才是过"作品关"——"模仿是基础，抄袭是点缀，爱

① 李幸，《Web2.0对新闻、文化传播与流通产业的影响——与天涯社区总编辑胡彬聊天记》，《现代传播》2008年第5期。

② 吴波，《网络让我变成了穷鬼》（访谈），《广州日报》2009年1月30日。

③ 吴过，《水煮宁财神》（访谈），《传奇文学选刊（人物金刊）》2006年第4期。

情是佐料，包袱最主要”[1]。读者的追捧是网络写作的外部动力，但聚众狂欢的沉醉也容易使作者失去方向感，被受众牵着鼻子走，谋篇布局和文字风格都受到干扰和误导。对点击率的片面追求必然损害作者的独立性与自主性。《第一次的亲密接触》的悲情结局遭到众多网友的排斥，在网友的声讨与乞求中，痞子蔡半推半就地写下《爱尔兰咖啡》，一改前面作品中主人公不是生离就是死别的结局套路，让其中的主人公大团圆。这表明网络写作在与传播接受的互动中，个人性受到了严重的抑制。

以网络为纽带，网络文学的拥趸随着交互性的增强逐渐形成虚拟的共同体，一些文学社区相对固定的成员群体更容易形成黏性较为显著的认同感，他们除了个体之间的网络交流之外，还表现出类聚的群体性。当网文的跟帖数和点击量攀升到一定数量时，信息在辗转传播中的趋同化以及不断的强化容易引发羊群效应，就会在连锁反应中形成公共话题，在汹涌的舆情中形成舆论压力。在虚拟社区中当然也存在复杂的话语冲突，网管、版主、意见领袖、普通网民之间都可能产生相互冲突，而且这种冲突具有普遍性、对抗性、多变性和随意性等特征，其议题设置也包含着一定程度的现实关切，但势不两立的敌对意见的交锋常常产生偏离，陷入情绪化、非理性的泥沼。群聚性与冲突性在网络共同体中的并存，也使网络文学的写作与传播具有双重特征：一种是追逐流行趋势，迎合大多数网民的阅读趣味，以制造悬念讨取欢心为要务，把网民在接受过程中普遍的心理障碍视为禁忌，典型如玄幻小说将小挫折大圆满作为结撰情节的金科玉律；另一种是在叛逆的名义下故作惊人之语，以嘲讽一切的姿态来排泄空虚与苦闷，表现出一种拘奇抉异的趣味追求，借助逞工炫巧的末技以招徕围观。正如莫斯科维奇所言：“通过一种社会感应术，成千上万的个人都被施加魔法似的形成了相同的思想和影像。这些东西就像无线电波一样，从一个人传播到其他人。当这样的事情真的发生时，我们所看到的景象是令人担忧、难以忘怀的。其中一大帮彼此素不相识的人，被同样的情感本能地支配着。他们就像一个人那样对一条标语，或者一

① 邢育森，《网络文学的攻关秘籍》，《电脑爱好者》2000 年第 12 期。

个口号做出反应，并且自发地融为一个集体性实体。”①

网络空间的社群意识也会强化网络作家的身份认同，并对网络文学与传统文学的分野怀有清醒的自觉，这种界限意识阻碍了网络作家与纸媒作家的平等对话，彼此交流不畅，甚至产生内在的排斥。台湾的文学传播研究专家林淇瀁（向阳）认为：“网路世界中对照存在着一个虚拟却又真实的文学社群，它们在网路上建构新的象征环境，在网路上肆无忌惮地翻覆着主流媒介的价值，嘲讽着文本的叙事结构，并且以电脑键盘乃至 HTML 语言的书写嘲讽主流文学社群的纸笔、文本与意义。”② 网络文学与传统文学激烈的分庭抗礼并不罕见，这从一些充满火药味的言论中可见一斑。不过，各得其所地为不同目标受众写作，井水不犯河水的状态似乎更为常见。玄幻小说作者张威说：“文学界的其实看不起我们这种网络作者。”又说：“其实这个无所谓。大家分属于不同的领域。像托尔金，英国文坛上所有有名的几乎全看不起他，那又怎么样。托尔金的《魔戒》一样卖上亿册。托尔金是魔幻的鼻祖呀。”他们对自己的写作的明确定位“就是为了娱乐大众的”，这种近乎自我放逐的疏离并不妨碍他们保持一种职业的尊严，对“用网络来炒作”的木子美等表示不屑，通过自我约束来保证作品的质量与效果——“娱乐大众，先要娱乐自己。你要自己都不觉得满意，怎么去让大众满意，支持的人肯定会变少。所以一定要保证质量”③。

四、抗拒与逃避之间的暧昧美学

网络文学作为青年亚文化，其边缘定位以及与传统纸面文学之间

---

① ［法］塞奇·莫斯科维奇，《群氓的时代》，江苏人民出版社 2003 年版，第 33 页。

② 林淇瀁，《书写与拼图——台湾文学传播现象研究》，台北：麦田出版社 2001 年版，第 212 页。

③ 程绮瑾，《“他们用网络炒作，我们用网络写作”》，《南方周末》2005 年 11 月 17 日。

的内在紧张感，使其具有潜在的文化反叛特性。网络文学在艺术手法上对戏仿、拼贴、恶搞等的偏爱，其内在根源是写作主体对一种犯禁的文化快感的追逐。不少网络作家习惯以怪诞、夸张、炫耀的方式来抗拒外在的压抑，宣泄内心的苦闷，通过对主流规范的戏谑来获得突破壁垒的解脱感。网络写手以一种阴阳怪气的语调来捍卫边缘个体被漠视的自由，用扭曲的方式来建构被遮蔽的表达空间与话语权利。这种虚幻的自由空间的获得，一方面有限度地维护了边缘群体享受表达自由与话语快感的权利，另一方面化解了群体内在的紧张感，将潜在的文化冲突转换成一种自我娱乐，在虚拟的天地里筑起精神的围墙，将复杂而痛苦的现实阻隔在屏幕之外。“想象力的解放是网络为写作做出的又一个暧昧贡献，说其暧昧，是因为这种想象力似乎只愿意往平庸的娱乐方向片面用劲。体现于文学领域，我们得以目睹的不过就是玄幻鬼怪小说的横行。然而，这样的想象与其说是对于现实的超越，还不如说是对于现实的反动抑或逃避。”①

从宁财神的鬼故事到的林长治的《Q 版语文》，在文字的背后都涌动一种恶作剧式的窃喜。但在网络空间中最为强烈地表达出反叛秩序的自由冲动的是今何在的《悟空传》。作品中唐僧的宣言激发了青年网民强烈的共鸣：“我要这天，再遮不住我眼；要这地，再埋不了我心；要这众生，都明白我意；要那诸佛，都烟消云散!”作者不满于《西游记》中孙悟空放弃反抗并接受规训的悲剧命运，通过对《大话西游》的言说方式的戏拟，将孙悟空重塑为一个失败的英雄。“我是从石头里蹦出来的，生我者天地，谁也没资格管俺老孙生死，管他是阎王老子还是玉皇大帝!”在戳穿真相并看破自身后，孙悟空打死了师父唐僧，大闹冥王地府，棒杀东海龙王，又当着玉帝的面再闹天宫，落入圈套后在灵霄殿被擒，最终其复活的精灵用金箍棒戳破天顶，引燃天火，并葬身熊熊火海，回归顽石的原形。难得的是作品对悲剧感的深入开掘，孙悟空在反复受挫后意识到：“有些事是可以靠力量来改变的，后来才发觉，反抗不过是徒增痛苦，才受封做了神

① 路文彬，《网络写作：意义的解放还是死亡?》，《扬子江评论》2009 年第 5 期。

仙。”当被缚在锁妖柱上，在承受了 5 万狂雷、3000 刀砍、300 头天狼的撕咬、3000 只天鹰的啄食后仍然不肯瞑目时，玉帝委派孙悟空心爱的紫霞，不费吹灰之力，用一席话就杀死了“妖王”的内心：“别骗自己了！你还在做着你的梦吗？我希望你清醒过来，永远记住你是谁！你是孙悟空，妖王孙悟空！你永远不要想和我在一起，因为孙悟空是不能成正果的！你要记住，花果山的天空其实是一片黑暗，在那儿看不见晚霞的！”而愚忠的沙僧，是为救王母娘娘而打碎了琉璃盏，当他花了 500 年时间找齐碎片补全琉璃盏后，王母以“我要这东西还有什么用呢”的轻蔑，再次将它摔碎。这种洞穿残酷的权力法则的悲剧意识——“500 年的光阴只是一个骗局”，使作品升腾起一种内蕴着人文悲悯的反讽氛围。

《悟空传》的语言是充满激情的诗化语言，其叙述流于粗疏不够细密，情节在跌宕起伏的快速推进中失之凌乱，人物也因为过度戏剧化的夸张而显得扁平、极端。但是，这部作品将前文本推倒重来的勇气，对“本性比所有神明都高贵”的自由意志的捍卫，张扬了一种冲破一切外在束缚、反抗失败宿命的青春激情。在冲破边界、追逐自由、张扬个性的精神维度上，《悟空传》在网络文学作品中具有典型性。值得注意的是，《悟空传》弘扬的“宁愿死，但不肯输”的反抗精神，因为神魔题材的外壳而具有一种模拟和游戏色彩，是青年一代被压抑的内在激情与愿望的心理投射，也是一种经过伪装的精神表达。从这一典型个案的剖析中，也可窥斑见豹，暴露网络文学的自由精神与文化反抗的脆弱性。它往往是一种较为温和的讽喻与揶揄，在形式与技巧上通常暗含了缓冲与过滤的隐蔽机制，在某种意义上是不合作与协商性共存的文化碰撞，在插科打诨中宣泄不满，又在哗众取宠中暗送秋波，属于价值认同，并没完全破裂的内部的冲突，在风格与形式上表现出指桑骂槐、阳奉阴违、温婉多讽、怨而不怒的特性，意在暴露文化的表象与实质、现实与内心之间的戏剧性反差。并不直接抗议，而是在表面认同的面具下揭开种种充满戏剧性的矛盾，颇有张爱玲式的冷眼看世界的意味：“生命是一袭华美的袍子，上面爬满了虱子。”这种挣脱与疏离在剖视对象荒唐的底色的同时，也彰显了自己的无奈与无力。因此，与其说这种虚张声势、虚与委蛇的姿态是文化反抗，毋宁说是文化逃避。

在这种暧昧的价值趣味的引领下，拼贴与恶搞就成了网络写手爱不释手的利器。所谓拼贴（bricolage），费斯克的定义是“一种即兴或改编的文化过程，客体、符号或行为由此被移植到不同的意义系统与文化背景之中，从而获得新的意味”，通过对“拼贴的颠覆功能”的强调，“借助这些功能，主流文化或天然文化的元素被赋予新的批判性意味，并常常被冷嘲而怪诞地并置在一起。这个概念的有用之处在于，它将注意力引向构成方式/样式的客体、礼仪与意义。而且，它还要求我们把这些作为动态的历史与文化过程中的元素”。① 有趣的是，中国网络文学与网络文化对拼贴的滥用，往往缺乏明晰的价值指向，仅仅满足于推倒虚假偶像的狂欢性与娱乐性，最终陷入虚无主义的泥沼。慕容雪村的网络小说有明显的套路，那就是在揭示生活之恶的过程中表现出溢恶的倾向，甚至通过对欲望与罪恶的渲染来提升点击率。他说：“我觉得这世上没什么事情值得彻底相信。爱情可疑，金钱也可疑。总之我是一个狐疑的家伙，什么都不愿意相信……我向来不以道德高尚自居，也不喜欢一切以道德高尚自居的傻×们。”② 这种蔑视一切的表达也成了他的一种固定的姿态，值得警惕的是，其笔下的那些男性主人公正是将这种“上帝死了”的言论作为为所欲为的挡箭牌，这种因为别人堕落才被逼堕落的逻辑，不仅推卸了自己的责任，还在虚无的幌子下，以粪土一切的姿态抹杀神圣、崇高与卑鄙、邪恶的界限，事实上是在为罪恶与欲望辩护。正因如此，“新兴亚文化风格的创造与传播，无法避免与生产、宣传、包装的过程扭结在一起，因此必定会削弱亚文化的颠覆力量。”③

网络恶搞文化的流行，其精神根源是身处边缘的青年群体无所适从、没有归属的价值迷惘。在不断遭遇界限的规约与壁垒的挤压时，

---

① ［美］约翰·费斯克编撰，《关键概念：传播与文化研究辞典》，李彬译，新华出版社 2004 年版，第 31 页。

② 吴虹飞，《慕容雪村　一个狐疑的家伙》，《南方人物周刊》2009 年 2 月 16 日。

③ Dick Hebdige, Subculture, The Meaning of Style, London: Methuen, 1979, P. 95.

他们的生存处境与外部环境就会产生龃龉。而20世纪90年代以来中国社会变动不安的现实，也强化了本来就游走在社会边缘的青年群体的不稳定感和不安全感。缺乏确定的生活状态，容易造成青年期的价值混乱。青年发展期的目标是摆脱以家长、老师的价值观为核心的价值空间，在更为广阔的空间中认识世界的丰富性与复杂性，在抽象的概念与社会秩序、内心世界、家庭观念等错综复杂的关系中寻找理解的交叉点，寻找自我实现的桥梁。这一阶段，被埃里克森界定为同一性与角色混乱共存的阶段。所谓同一性，是“一种熟悉自身的感觉，一种‘知道个人未来目标’的感觉，一种从他所信赖的人们中获得所期待的认可的内在自信”①。在某种意义上，青年亚文化视野中的恶搞文化具有代际冲突的特性，往往表现为青年一代对成人社会的行为模式与潜规则的戏谑和嘲弄。对陈凯歌的《无极》进行恶搞的胡戈，针对外界对《一个馒头引发的血案》的争议，有这样的表述：“恶搞是一种新型的开玩笑的方式。恶，并不是坏的意思，也不是恶意，而是表示程度很夸张，搞得比较过分。”② 网络文化潜在的反叛特性被追逐利益的媒体过分放大，成为纯粹娱乐化的“恶搞”时，也就被居于主导地位的文化规范所整合。其外强中干的文化软刺，为大众文化带来了活力，避免了一潭死水的凝滞，它不断吞没边缘的亚文化以保持有限的丰富性，其用过即扔的速食主义逻辑也意味着必须不断添加新的流行元素，以满足餍足的大众改换口味的需求。网络文化暧昧的仪式化抵抗，面对商业利益与主流媒介的召唤、诱惑与收编，最终还是汇入以批量化复制为核心准则的大众文化的洪流。

网络文化与网络文学充满喜剧性的抗争，扮演的似乎是嬉皮笑脸的小丑角色，具有过渡性、暂时性、不确定特征，因为游离在中心与主流之外而缺乏归属感，并且往往具有代际性、群体化、仪式感色彩，这一文化形态所依仗的青年群体也仅仅是暂时性组合，最终也必然走向分化。青年亚文化具有一种逆流而动的反叛特性，在主流文化的缝隙间张扬被压抑的个性。不幸的是，这种个性由于缺乏价值支撑

---

① ［美］B. R. 赫根汉，《人格心理学导论》，海南出版社1986年版，第162页。

② 李径宇，《胡戈：我的内心充满搞笑的念头》，《中国新闻周刊》2006年第3期。

而呈现出暧昧、模糊、碎片化的状态，容易被时代潮流和外力所动摇。布雷克这样定义亚文化：“一个意义系统、表达方式或生活风尚，而这些与占主导地位的意义系统相对立，由从属结构地位的群体发展起来。而且，这些内容也反映出从属群体企图解决产生于广泛社会关系中的各种结构矛盾的方式。这样，一种亚文化必须发展它新的意识，以作为群体本身存在的基础内容，它会导致一系列行为，活动和价值观的形成，这里存在着活动者本身所特有的象征符号系统。”①正因如此，网络文化与网络文学在价值选择上总是犹疑不决，缺乏自觉的控制、明确的目标与清晰的流向，像变色龙一样随波逐流，在自立还是依赖、忧虑还是安全、幻想还是实干、成熟还是世故、创造还是享受、顺从还是支配之间踌躇，清浊一体，既充满活力，又浑浑噩噩。

（首刊于《文艺争鸣》2011 年第 3 期）

① ［加］迈克尔·布雷克，《越轨青年文化比较》，岳西宽译，北京理工大学出版社 1989 年版，第 11 页。

华语网络文学的发展轨迹

一

中文网络和华语网络文学的起源，应该追溯到《华夏文摘》和ACT（互联网新闻组 alt. chinese. text 的简称）。网络中文杂志《华夏文摘》创刊于1991年4月5日，该刊的宗旨是搭建一个信息平台，加强散播于美国各地的中国大陆留学生的联络，它主要摘录世界各大通讯社关注中国的新闻，也选发一些汉语小说、散文和报告文学，发表了不少留学生书写的原创文学习作。《华夏文摘》起初通过电子邮件传送，后来才建立网站。ACT建立之后，《华夏文摘》借鸡生蛋，既选发ACT上的张贴，也把ACT作为最为重要的发行阵地，声名鹊起。1993年10月，图雅以ACT上的佳作为主体，为《华夏文摘》编辑了一期“留学生文学专辑”，产生了广泛影响，好评如潮。1992年6月28日，美国印第安纳大学的留学生魏亚桂在该校系统管理员的协助下建立ACT，它“是国际网络中最早采用中文张贴的新闻组”，起初几个月其空间内张贴的大部分为测试贴和技术性文章，1993年正式形成中文国际网络。[①] ACT初期以简体中文发行，其目标读者是中国大陆的海外留学生，后来为方便来自台湾、香港的留学生阅读，又推

① 方舟子，《ACT的兴起》，http：//www. xys. org/xys/netters/Fang-Zhouzi/Net/act1. txt。

出了繁体中文镜像版，即 alt. chinese. text. big5，简称 ACTB。以中国大陆留学生为主体的写作者在 ACT 上发表了大量表达文化乡愁与漂泊体验的文学作品，文体覆盖了小说、诗歌、散文、随笔，吸引了大量感同身受的留学生读者。“在 ACT 的鼎盛时期，平均下来，每天有两三百封张贴，若遇到非常时期，自然远不止此数……ACT 的特点，就是在掐架的主旋律之下，呕哑啁哳的百家争鸣。”[①] 有趣的是，最早一批中文网络写手大多数主修理工科，其写作多有自我消遣的非功利色彩。1993 年曾出台过 ACT “网文八大家” 的评选，入选者为冬冬、凯丽（男）、晓拂（女）、不光、图雅、散宜生、嚎、方舟子等。从现在已经结集成书或散见于网络的创作来看，这些率性而为、随写随贴的文字常有灵光乍现的神来之笔，但总体上还是显得粗糙、散漫。1993 年底到 1995 年初是 ACT 的黄金时期，图雅、百合、莲波、方舟子等人的小说和散文风格各异，缤纷多姿，在吸引众多留学生读者的同时，也激发了留学生的网络写作热情。随着 ACT 的一些活跃分子纷纷出走，先后创办 “新语丝” “橄榄树” “花招” 等网络杂志，又陆续在杂志的基础上建立网站，ACT 分崩离析。ACT 走向衰落的根源，在于原创帖急剧下降，新闻转帖铺天盖地；无所不包的宽容导致了“污言秽语骂大街成了 ACT 的主流”；“英文帖的泛滥和汉字编码的混乱”[②] 打破了 “用中文不用英文” 的规矩，文化认同感的丧失无异于自掘坟墓。同样值得反思的是，ACT 并非世外桃源，其发展轨迹已经暗示了网络文学未来必须遭逢的危机与困境。出没在此的网人五花八门，“有在那里进行政治宣传和反宣传的，有传教和反传教的，有发表文学作品的，有抄书的，有聊天的，有感慨的，有吵架的，有骂大街的，有讲故事说笑话的，有交流日常生活经验的，有对联猜谜的……甚至还有进行‘学术交流’的”[③]，内部曾以 “黑”（匿名骂人）、“白”

① 方舟子，《ACT 的繁荣》，http：//www. xys. org/xys/netters/Fang-Zhouzi/Net/act2. txt。

② 方舟子，《ACT 的衰败》，http：//www. xys. org/xys/netters/Fang-Zhouzi/Net/act3. txt。

③ 方舟子，《ACT 的繁荣》，http：//www. xys. org/xys/netters/Fang-Zhouzi/Net/act2. txt。

(反动宣传)、“红”(紧跟中国政府)、“黄”(黄色下流)、“蓝”(多愁善感的文学腔调)作为标签，区分不同的网人类型。方舟子在《新语丝》的发刊辞中有言：“几万分布世界各地的汉字使用者，黑白红黄蓝各色人等，通过一张无形的网，紧紧地联系在一起。网里的世界，跟人世间的一切也没有什么太大的不同。”[①] ACT 正处于鼎盛期的 1994 年下半年，商业广告与垃圾信息蜂拥而入，阻塞了正常的信息交流与网络阅读。意识形态、商业主义等权利话语的无孔不入，是网络文学难以拒绝的诱惑，也是无法逃避的挑战。

在中文网络文学的萌芽阶段，图雅是一个传奇。网络作家宁财神有这样的表述：“1995 年，图雅应该是最受欢迎的网络人士，虽然从未现身，但方舟子那帮老炮谈起他，都是一脸神往。那时候，图雅靠的应该是文采吧。后来看到一些当年 ACT 的旧人旧帖，任意挑一个出来，搁现在都可以打遍天下无敌手了。”[②] 与那些公布真实身份的早期网络写手不同，图雅自始至终坚守匿名写作。图雅（偶尔也写作涂鸦，昵称鸦）1993 年 7 月开始在 ACT 写作，担任过中文电子杂志《华夏文摘》特约编辑，不久因意见不合而退出；参与了“新语丝”中文网的筹备工作；1994 年因《寻龙记》获奖，图雅应主办方要求提供简历，但透露的有效信息仅仅是“50 年代出生于北京”。1996 年 4 月“新语丝”“花招”“橄榄树”“枫华园”等海外中文电子杂志的成员在华盛顿聚会，图雅答应出席，却最终没有露面。1996 年 7 月图雅离网，从此再未出现。图雅在 1995 年 8 月所作的《砍柴山歌》的后记中有这样的自白：“几十万字，信手涂鸦，说明这两年还挺有心情。这个也值得高兴。生活是许许多多大大小小的着急构成的。一会要交作业，一会要去饭店洗碗，一会又要去车站接同学，每一件事都刻不容缓，每一个人都讨债似的追你，一直把你轰进坟里才肯罢休。这就导致了生命质量的显著下降。在如此劣质的生活中，能‘偷得浮生半日闲’，往键盘上打一篇玩意，不是相当对得起自己吗？”图雅的文字简洁明快，议论机智诙谐，故事活色生香，没有过多的渲染和雕

① 方舟子，《发刊词》，http://www.xys.org/xys/magazine/GB/1994/xys9402.txt。
② 宁财神，《瞧人家那青春燃烧的》，《芳草（网络版）》2006 年第 8 期。

饰，这种隐身、即兴、自由、非功利的写作状态，正是真正热爱文字的人对于网络文学的期待。而且，海外留学生在远离母语版图的边缘情境中自生自灭的写作，在很大程度上是自我陶醉的寂寞歌唱，在无所依托的离散状态中摆脱了先入为主的写作框架。图雅的存在，在网络空间点亮了一种纯粹的梦想，推开了一扇半开半掩的精神之门，吸引着追梦的人群去寻觅无限的可能性。在通读收集了他的主要作品的图书《图雅的涂鸦》之后，不难发现居住在“建工部大院”的图雅作为“大院子弟”，对市井里弄的生活万花筒烂熟于心，以冷眼热肠洞察复杂人事背后的尔虞我诈，其小说中不时流露的玩世不恭的意味，为之带来了“网上王朔”的别称。其杂文深入浅出，用口语化的娓娓道来表达借古讽今，指桑骂槐，既说理又解恨。这种风格颇有王小波的神韵，图雅的出生地、年龄段及其在网上独来独往的姿态与王小波的巧合，更是引发了“图雅就是王小波”的种种猜想。其实，图雅的文字也有结构松散、语言讨巧乃至流于油滑的不足，一些篇章失之于虎头蛇尾的草率与故作惊人的流气。方舟子认为人们怀念图雅的根源在于：“鸦在中文网的 3 年，恰恰是中文网络同一、非商业化的黄金时代，鸦也因此成了那个时代的一个象征。我们今天怀念图雅，也正是因为怀念中文网那段一去不复返的好时光。”①

二

1995 年之后，随着中文网络的不断推广，汉语网络文学的主阵地逐渐向台湾和大陆转移。大学校园是台湾网络文学最有活力的场域，校园的 BBS 催生了台湾网络文学，1992 年建置于高雄中山大学的 BBS 站成为台湾 BBS 的滥觞。台湾大学“椰林风情”和成功大学“猫咪乐园”的 story 版就汇聚了最早一批的网络小说写手，后者在 20 世纪 90 年代中后期更是成为引领网络小说的写作和阅读潮流的领头羊。

① 方舟子，《怀图雅（代序）》，《图雅的涂鸦》，现代出版社 2002 年版，第 3 页。

对网络诗歌创作产生推动作用的校园 BBS 有台湾中山大学的“山抹微云艺文专业站”、台湾海洋大学的“田寮别业”、台湾政治大学的“猫空行馆”等。而最具规模与影响的当属 1996 年成立的“晨曦诗刊”，它横跨了中兴法商大学、台湾东海大学和台湾清华大学，以充满理想的文学激情和迎接“台湾诗坛未来所面对的一个新诗的宁静革命”（发刊词）的展望，通过网络诗刊与纸面诗刊的互动来建构跨媒介文学社群，激活校园诗歌的创新意识。同样值得注意的还有由“山抹微云”的创办人之一的 woodman 建立的“尤里西斯文社”，以同人性质的文学社群凝聚拥有共同审美追求的同道，强化认同与交流。遗憾的是，以青年学生为主体的网络社群星聚云散，水流花谢，难以长久。“尤里西斯文社”和“田寮别业”的网人更因硝烟弥漫、剑拔弩张的网络论战而分化，乃至决裂。

台湾的网络文学在文体发展上极不平衡，尽管在商业推广与社会反响方面，蔡智恒、藤井树等人的网络小说都曾红极一时，但真正具有持续推进的后劲，并在艺术上有所突破的文体却是网络诗歌创作。在《第一次的亲密接触》《蛋白质女孩》《一杯热奶茶的等待》《几乎错过的恋爱》速生速灭之后，男生女生之间的情感纠葛成为网络小说难以解开的死结，藤井树、穹风、洛心、王兰芬等后继的写手似乎也在重复泡沫化的情感游戏。2005 年以来，随着部落格（博客）的逐渐普及，日记体的个人化书写蔚然成风，BBS 的浏览量骤降，网络小说的创作数量也直线下滑。

在形式革新方面，1996 年上网的曹志涟的超文本小说《某代风流》先声夺人，而平路的《歧路家园》《禁书启示录》《虚拟台湾》融合多种媒介元素的“迷宫体”也为网络超文本小说提供了有益的启示，但作家着力揭示的却是记忆与历史、词与物、符号与意义之间的悖谬。至于《联合副刊》1997 年在“文学咖啡屋”上举办的“多结局小说网路大竞写”，最终演变成奇观、玄虚的大比拼，不是陷入脑筋急转弯式的陡转，就是在重复演绎欧・亨利式的结尾。就发展趋势而言，网络超文本小说的实验难以为继。与此形成对照的是，以曹志涟、姚大钧、苏绍连、李顺兴、向阳、须文蔚等为代表的诗人不仅是超文本诗歌创作的先锋，也是网络文学尤其是网络诗歌研究的奠基人。曹志涟（涩柿子）和姚大钧（响葫芦）夫妇的“妙缪庙”、李顺兴的“歧路花园”、苏绍连的“FLASH 超文学”、向阳的“向阳工坊”和“台湾网路诗实验室”、须文蔚的“触电新诗网”、白灵的“象天堂”等个人网站，为建构超文本诗歌的多向或多文本性、多媒体性和互动性展开了多样化的探索，渐成气象。孙基林认为：“以超文本为范式的网路新文类的出现，为我们跳出传统文学视野而去展望和观察一种 21 世纪的诗学形态，提供了一次契机，一种范本。对此也不难看出，台湾中生代诗人前卫性、实验性的网路写作，无疑已具有历史的价值和意义。”① 不过，这种超文本实验在陌生化的形式创新的路途上，已经显露出越走越窄的危机。须文蔚敏锐地注意到了其潜藏的问题：“本地的青年诗人从事数位诗创作者却仍然寥寥可数，足见数位诗的开发、实验与创新仍有相当大的空间。”② 超文本诗歌的探索后继乏人，这种纯粹形式化实验的可持续性也值得深思。

台湾网络文学的发展陷入了艺术与商业的背反格局，坚持艺术探索的寂寥无声，加入商业狂欢的几乎完全放弃了艺术追求。正如向阳所言：“在网际网路这样迷幻的虚拟之城中，文学社群（无论是旧媒介或新媒介领域）的文本虚拟，相对的更像是断裂的、瓦解的‘碎片’，被华丽的流金掩饰，遭淫邪的声色鄙夷。文学与网路的联结，因而更陷入吊诡的困局之中：作为文学书写者，到底该加入这个迷幻的虚拟游戏，还是该介入其中抵抗这种被市场逻辑操纵的戏局？”③ 有趣的是，以《第一次的亲密接触》为代表的台湾网络作品的输入，促动了大陆网络文学走出潜在状态的步伐，其商业路线也影响了大陆网络文学的基本走向。而更具有艺术性的超文本诗歌在大陆反响寂寥，大陆网络文学在文本形式上的探索一直处于偏废状态。

---

① 孙基林，《台湾中生代网络诗歌及诗学初识》，《扬子江评论》2008 年第 3 期。

② 须文蔚，《台湾数位文学论》，台北：二鱼文化事业有限公司 2003 年版，第 72 页。

③ 林淇瀁，《书写与拼图——台湾文学传播现象研究》，台北：麦田出版社 2001 年版，第 213 页。

三

进入21世纪以后，大陆网络文学成为华语网络文坛的中心区域。在大陆网络文学的发展历程中，榕树下、天涯虚拟社区、起点中文网是3家标志性的文学网站，也代表着不同时期具有某种主导性的传播风格与经营模式。

（一）榕树下的网络沙龙模式

榕树下在文学生产流程中延续了传统媒体的操作理念，以作者、作品为本位，对编辑筛选功能的重视阻挡了文学的丰富性，庞大的编辑队伍也提升了运营成本，写作与阅读的互动性极弱，推动文本“下网”的版权代理收益为其主营收入。1997年12月25日，美籍华人朱威廉在上海建立个人主页“榕树下”；1999年7月，榕树下中文原创作品网编辑部问世；当年8月6日，“上海榕树下计算机有限公司”注册成立。“榕树下”通过公司化的经营与运作，推出在国内最早产生影响的安妮宝贝、李寻欢、宁财神、韩寒等网络写手，陆幼青的《死亡日记》在2000年底更是风靡一时。作为个人网页的“榕树下”不以营利为目的，笼罩着“打开一扇属于心灵的窗口”的理想色彩，在其规模迅速扩大之后，巨额的运营费用成了朱威廉无法承受之重。朱威廉坦承：“当时并没有考虑赚钱，估计每年要投入100万，这个我是能够承担的。现在不一样了，一年需要1000万才能运营这个事业，必须有广告的支持。我们的网站是一个团队，我作为总裁要考虑到大家的利益。”[①] 在入不敷出的压力之下，在理想与金钱、信念与利润之间拔河的“榕树下”最终以牺牲文学作为抵押，同时把大陆网络文学送上了将人气兑现为金钱的不归路。

不遗余力推动跨媒体战略是榕树下网站核心的商业模式，此举对中国大陆网络文学产生了极为深远的影响。基于此，朱威廉认为把网络文

---

① 曲茹，《点击网络文学：朱威廉　李寻欢　宁财神》（访谈录），《作家》2001年第9期。

学“改成‘文学在网络’更贴切一些”，“所谓网络文学，就是赋予文学更广阔的天地，赋予大家更平等的机会，让文学有更肥沃的土壤，让它在大众的生活中去自由生长”①。“榕树下”除了连续3年举办网络原创文学作品奖评比之外，先后与上海人民广播电台、东方广播电台联合制作文学节目，同上海《文学报》合作开辟“榕树下·网络文学专版”，同上海文艺出版社合作出版“榕树下·原创网络文学”丛书。2000年10月构建起来的“榕树下在线作品交易平台”，成为沟通网络作者与传统媒体的桥梁，为出版社、期刊、报纸等传统媒体寻找网络稿源，榕树下也从版权代理中获得一定报酬。尽管榕树下也与北京红线影视合作，投资拍摄了30集电视连续剧《都市守望者》，但反响寂寥，其真正具有活力的还是与平面媒体的合作。通过与多种形式媒体的合作来拓展广告业务，尤其是构建全国范围的广播网，也是“榕树下”盈利模式中的重要一环。榕树下的跨媒体战略有力推动了网络文学的“下网”趋势，为传统媒体带来新的生长点，也扩大了网络文学的影响。2002年“榕树下”与贝塔斯曼公司签署战略联盟协议，2006年被民营传媒集团“欢乐传媒”收购。事实上，作为新生力量的博客的崛起，对“榕树下”曾经的王牌——自助式个人文集而言无异于釜底抽薪，尽管在技术支持和网络服务都无法与大型门户网站抗衡，但“榕树下”不仅对危机缺乏有效的应对，还一味在商业开发上用力，这无异于杀鸡取卵。2004年之后，不思进取、耽于娱乐的“榕树下”风光不再，只剩下末路英雄的那个空架子。

如果用一个形象的比喻，榕树下就是一个以文学为主题的巨型网络沙龙。榕树下借鉴了纸面媒体的审稿制度，贯彻朱威廉倡导的“始于平凡生活，源自真实感受，挥洒浪漫随想”的编辑理念，一方面提高了发布的帖子的质量，另一方面限制了写手的自由度，也使小资趣味成为网站的文化标签，略显单一和刻板。朱威廉是沙龙的主人，编辑成了相关议题的召集人。榕树下按照传统文体分为小说、诗歌、散文板块，这类空间犹如大客厅周围的小客厅，而个人自助文集则如分

---

① 曲茹，《点击网络文学：朱威廉　李寻欢　宁财神》（访谈录），《作家》2001年第9期。

布在大客厅的长廊两侧的小包厢或卡座。由于有门卫（编辑）看护，榕树下毋宁说是一个有限度开放的文学圈子。而其整体风格也与欧洲贵妇人举办的文学沙龙有某种隐秘的相似性，用昏暗、朦胧的灯光制造浪漫而暧昧的氛围，激发参与者的灵感、话锋与情调，言说方式有激情澎湃的高谈阔论，但占据主导地位的是娓娓道来的闲言碎语。从语言风格来看，追求典雅优美，也难以避免矫揉造作的怪圈。这种精致路线瞄准的受众是大中学生和受过良好教育的城市白领，但画地为牢的局限使其丧失了循环流动的活力，顾影自怜、无病呻吟、东施效颦的文字的反复出现，必然激起曾经的追捧者的餍足心理和逆反心理。因此，榕树下的衰落有资本运作方面的原因，也有此前一直不曾受到重视的这种模式的天然不足。

（二）天涯社区的啸聚江湖模式

1999 年 3 月，由海南天涯在线网络科技有限公司创办的“天涯虚拟社区”，被誉为“国内第一人文社区”。网民自己管理、自由表达是其独步天下的人文特色，网民自愿担任版主，这也帮助网站以低成本运作安然度过 IT 业的寒冬。兼容并包的海量信息，网络民意的多元碰撞，激发了经常出入天涯社区的网民的参与精神，每天 3 万份左右的原创帖子和 150 万份左右的跟帖数量，表明天涯社区培育了自己的作者，更吸引了一大批介入性的读者。按照程序，社区把申请公开论坛版主资格和开设新版的权力向全体成员开放，2006 年还对不同层级的社区管理成员和版主提供一定的物质补助。作为综合性论坛的天涯社区正所谓“家事国事天下事事事关心”，“关天茶舍”版坚持独立的思想立场和学术品格，老冷、王怡等版主摆脱了脱离现实的学究气，将学术讨论与推动公共空间建构的现实关切结合起来，以苦心经营提升了天涯社区的人文品格。正因为此，在网络文学作者和网络文学读者基本持平的 2001 年，天涯社区的崛起使渐显冷落的榕树下黯然失色。陈村、宁财神等榕树下的台柱在天涯的安营扎寨，折射出榕树下沙龙分崩离析的凄清。榕树下对作者资源和版权资源的过分关注，个人自助式文集以作者为本位的模版设计，这种关门路线使其成为网络写手自我迷恋的空间，那种逐渐定型的腔调和游离于现实之外的姿态必然遭到网民的弃绝，无人喝彩。2004 年 1 月，天涯社区建立的天涯博客人气高涨，迅速成为顶尖的草根博客网站之一。值得注意的是，天涯的人文品格最为集中地表现在“关天茶舍”版，其他板块具有高度黏性的网民对于公共事件的介入热情和责任意识，也在某种程度上点燃了来自民间的最为朴素的现实关怀，但当这种以正义化身自居的优越感被滥用时其负面性同样不能忽视。天涯社区的不同板块汇聚了身份、背景、价值观念悬殊的网民，他们在明晰的社区主题分类下自由组合，汇聚一堂，颇有笑傲江湖的气派。因此，发布在天涯文学板块上的帖子中，通常情况下只有民间学者的思想随笔具有或隐或显的人文品格，而小说尤其是连载的长篇小说往往具有浓厚的江湖色彩，像西门大官人、慕容雪村笔下的人物更是不时爆出江湖黑话，病态与崇高、纯情与背叛、温情与磨难如同连体婴儿难分彼此，作品的总体基调显得压抑而沉闷。

天涯社区影响最大的文学板块是“舞文弄墨”，2001 年西门大官人的长篇连载《你说你哪儿都敏感》、雷立刚的大量小说和散文、心有些乱的长篇小说《新欢》等犹如连珠炮发，提升了社区在原创文学领域的影响力。众擎易举，社区网民的追捧也制造出草根化的明星。2002 年任首席版主的慕容雪村贴出连载的长篇小说《成都，今夜请将我遗忘》，以肆无忌惮的极端化书写呈现生存的残酷、现实的荒诞和人性的黑暗，轰动一时，作者也成了天涯社区的文学标牌。2006 年在天涯首发的历史长篇小说《明朝那些事儿》，一炮走红，至今余波不息。不可回避的是，天涯社区的异质性也使其呈现出复杂的面相，一方面，它在重庆“最牛钉子户”事件中发挥了舆论监督作用，另一方面，卖乖露丑的芙蓉姐姐和兜售性隐私的流氓燕都在此曝得大名，女教师“竹影青瞳”在天涯博客张贴裸照的事件更是以单日访问量 150 万人次“弄瘫了天涯社区”。2005 年，在引发主流媒体围观的“卖身救母”事件中，进行真相调查的八分斋、金官人在正义的名义下对当事人构成不公正的侵犯。2006 年，天涯网民在“铜须门事件”中通过“江湖追杀令”展开极端“人肉搜索”的过激反应，危害了当事人的隐私权，对他们的生活造成了极其恶劣的影响。

天涯社区的这种江湖习气和草根气质，也使在此受到追捧的原创文学具有内在的幽暗性，或者说是明灭不定的野火性格。就具体创作而言，最为典型的恰恰是影响最大的《成都，今夜请将我遗忘》，男主人公陈重沉醉于放纵的生活，甚至勾引最好朋友的未婚妻，他以无节制的欲望追逐毁灭了婚姻，却把罪责归结为妻子赵悦的背叛。外来打工妹“油条西施”因陈重的肉欲泛滥而自暴自弃，主人公却有这样的内心独白——“是什么让这个单纯质朴的姑娘变成了一个舞女，甚至是一个妓女？在那间阴暗龌龊的舞厅里，我想，是我，是这个城市，还是生活本身？”这种追问与质疑用伪装的道德感来掩饰自身的道德沦丧，将自身的罪责嫁祸给“生活”和“社会”，用抒情的追忆与感伤的独白作为赤裸裸的肉欲描写的玫瑰色包装，“社会批判”成为开脱自我的遮羞布，不过是一种帮助阅读的网民解除道德焦虑的特殊疗法，而多次放纵之间放慢节奏的过渡，在某种意义上又是强化悬念的手段。由于“点击率至上”是网络上草根明星得以走红的秘诀，半遮半掩的“欲望辩证法”和“暴力美学”就成了出奇制胜的利器。另外，天涯社区为了改变在盈利上长期弱势的状态，试图建立多元的收益机制，即传统网络广告、社区精准并互动的广告、开发虚拟人生游戏相互结合，借助朋友圈和明星墙，把天涯网民较强的认同感转换成商业推广的信誉度。正如天涯社区的总编辑胡彬所言：“涉及民意的网络论坛要搞实名制，不是做不到，而是没有好处。中国人有个特点，一实名就讲假话，那就不好玩了，也就没有价值了，匿名才说真话，才有看头。但是电子商务不实名没法做。中国一方面鼓励互联网产业发展，一方面又担心它动摇现有体制。”① 这种民意与信用之间的冲突，人气指数与商业价值的两难，也必然对其文学版的书写风格与阅读趋向产生潜移默化的影响。

（三）起点中文网的娱乐资本模式

“起点中文网”2002 年 6 月由吴文辉、林庭峰等玄幻小说写手建立，起初是规模不大的个人网站。2003 年 10 月全面实行付费阅读，推行分级付酬的网络版权签约制度，靠商业化运作迅速提升其知名度与影响力。付费阅读模式并非起点中文网的原创，但其运作模式获得

① 李幸，《Web2.0 对新闻、文化传播与流通产业的影响——与天涯社区总编辑胡彬聊天记》，《现代传播》2008 年第 5 期。

了超高的媒体关注度，也受到受益的网络写手的拥护。起点中文网开发的 VIP 阅读模式的主要特点为：“一是对网上优秀作品进行签约，前半部供读者免费试阅，后半部需付费阅读；二是以章节为单位，按每千字 2 分钱的价格进行销售，如仅选择部分感兴趣章节，费用更低；三是作者可获得用户付费额的 50%—70%作为基本报酬，且按月结算；四是作品创作、发布、销售、反馈以分钟为间隔，作者与读者实时互动；五是尊重版权、严格准入，每个作者必须提供真实身份，对新上传作品必须声明版权所有权。”① 2004 年 10 月，起点中文网被主营网络游戏的上海盛大公司以 1600 万人民币全资收购。据盛大文学公司 CEO 侯小强介绍：“现在付费阅读是我们最重要的模式，占了 60%以上。我们在努力拓展新的商业模式，无线看书、线下出版、广告、影视改版、游戏授权，等等。《盘龙》游戏版权，我们卖了 300 万元，之前《星辰变》游戏版权也卖了 100 万元。我们的作者中，通过版权运营，收入过百万的作家已有 10 人，收入过 10 万的有近百人。”② 2008 年 7 月，盛大文学公司成立，旗下包括起点中文网、晋江原创网和红袖添香网。晋江原创网创立于 2003 年 8 月，红袖添香网 1999 年由孙鹏等几位网络文学爱好者创立，这两个网站是中国大陆影响最大的网络原创女性文学基地，纸面出版的言情小说版权 80%来自这两家网站。

主流化、产业化、社区化是盛大文学公司的核心战略，其实消弭网络文学与传统文学分野的主流化，与加强互动性的社区化，都只是手段，产业化才是真正的目标，即通过与传统文学制度的结盟，不断提升加盟网站的流量与人气，实现版权代理的利益最大化。盛大文学通过与中国作家协会的合作来推动主流化进程：2008 年在起点中文网推出“30 省作协主席小说巡展”，一年后仅有的一位主席张笑天以《沉沦与觉醒》战胜一干副主席夺冠，媒体认为有“议官排文”嫌疑。作协主席们的大作在网上的最高点击率仅为 230 万，远输于网络

① 黄坚，《盛大开辟网络文学新“起点”》，《解放日报》2008 年 6 月 9 日。

② 黎炜，《出版，一切都有可能——访盛大文学 CEO 侯小强》，《中国编辑》2009 年第 4 期。

作者动辄数千万的点击率。大量网民认为主席们“自取其辱”。[①] 2009年6月，中国作家协会下属的鲁迅文学院与盛大文学公司、中文在线联合举办一期“网络文学作者培训班”。在网络文学进入正统文学体制的发展过程中，强化主流、弱化边缘是无法逆转的主旋律。值得注意的是，网络文学依靠庞大的年轻网民的高点击率与舆论支持，借助其时尚色彩与强大的吸金能力，在一个利润至上的商业语境中具备了成长为新主流的可能性，对以权力观念和等级意识为核心的主流体制产生冲击与改塑作用，边缘与主流在渗透、融合的互动中呈现出更为复杂的结构。这样，网络文学采用不同的表意形式和文化姿态对主流形成挑战，在暧昧的对抗中建构自己符号化的形象和身份，最终和主流文化达成妥协。

盛大公司总裁陈天桥认为文字是故事的起点，并宣称：“文学是一切娱乐的起点。”[②] 对于网络原创文学而言，盛大文学公司真正感兴趣的只不过是以玄幻、盗墓、言情为核心的类型小说，其旗下网站根据题材类型设置板块的结构就是明证。一方面，起点中文网在《鬼吹灯》《星辰变》《盘龙》等长篇类型小说版权运营上的成功，使这种偏废的文类倾向得到商业激励，变得日益突出。另一方面，起点中文网的“天行健”作者签约计划要求作者每月发稿量至少10万字，把故事拖得越长越好。高点击率的网络小说在出版纸质书时都采取系列化形式，像《鬼吹灯》出满了8卷，《星辰变》总共有18集，《盘龙》总共有21集。文字越来越拖沓，篇幅越来越长，文学的抒情、诗意、形式创新、语言修饰等经典元素统统被抛弃，只剩下冗长的情节和离奇的故事。

“文学”作为资本运营的一种概念，作为包装的外在糖衣，迅速被强势介入的商业力量所粉碎。侯小强认为：“现在我们对文学的态度，不是把它看作一般意义的文学作品，而是一个个有价值的商业版权。”[③] 其实，在公司的框架下，“文学”怎么样并不重要，关键是具

---

① 茅中元，《张笑天笑傲文坛 郑彦英位居亚军——“30省作协主席小说巡展”公布结果》，《大河报》2009年9月1日。

② 吉颖新，《盛大文学：文的国还是商的国?》，《中国企业家》2009年16期。

③ 吉颖新，《盛大文学：文的国还是商的国?》，《中国企业家》2009年16期。

有商业价值。盛大文学建立“网络作品—电子收费—书籍—电视剧本—漫画和动画—网络游戏”的版权流通机制，其重要目标是包装上市。盛大公司在娱乐传媒产业内部以参股、收购等资本运作方式进行全方位的行业扩张，整合行业资源，旗下包括盛大游戏、盛大在线与盛大文学三大核心业务，而其中最优质的资产——盛大游戏的目标是在纳斯达克上市，盛大文学以及盛大在线业务也将被分拆上市，最终将盛大网络打造成一家控股公司。[①] 盛大文学公司仅仅是多元化产业格局中的重要一环，通过娱乐与资本的双向整合挖掘行业内部的资源协作价值、资本增殖价值和品牌衍生价值；在“大娱乐”观的视野中构建多元互动的娱乐营销平台，形成环环相扣的娱乐产业链，开发新型娱乐产品。

四

曾经为网络文学摇旗呐喊的陈村从坚信网络文学“前途无量”[②]到慨叹“我的希望落空了”[③]，见证了网络文学从无限可能的宁馨儿成长为一个随波逐流、五味杂陈的混世魔王的浮沉。网络文学作为一个“妾身未明”的暧昧存在，具有瑕瑜互见的“恶魔性”特征。“德语中的‘恶魔性’（DAS DAMONISCHE），既是指一种以‘创造性与毁灭性的因素同时俱在’为特征的、宣泄人类原始生命力的现象，又强调其运动过程中毁灭性的因素是主导的因素，是在破坏中隐含着新生命的创造。”[④]

我使用“混世魔王”概念，意在概括网络文学的四重面相。

其一，网络文学在与传统文学的对抗、渗透中改塑文学生态，对

① 曹敏洁，《盛大吞华友，文学业务先上市》，《东方早报》2009 年 6 月 10 日。

② 陈村，《网络两则》，《作家》2000 年第 5 期。

③ 张英、漆菲，《“我的希望落空了”——老网友陈村目睹网络文学十年怪现状》，《南方周末》2008 年 10 月 9 日。

④ 杨宏芹，《试论“恶魔性”与莱维屈恩的音乐创作——关于托马斯·曼的〈浮士德博士〉研究》，《当代作家评论》2002 年第 2 期。

既定的文学秩序不断产生冲击或扰乱作用，点燃了传统文学阵营的潜在抵触。这正如贾政在《红楼梦》第三回中对贾宝玉的排斥：“我有一个孽根祸胎，是家里的混世魔王。”网络的技术优势所带来的某种程度的不可预测性，也容易激发传统文学主体的内在恐慌。

其二，网络文学对于戏仿、恶搞等手法的偏爱，对迷乱的欲望和时尚的声色的沉迷，导致了娱乐倾向的过度泛滥。有研究者认为：“近几年在网络上兴起的所谓玄幻文学，其现实根据基本上是被抽空的，文本专注于对魔法、异能、魔力、宝物、怪异事物、神秘气氛的渲染，在奇思异想、玄思妙想、胡思乱想的纵情驰骋中，放逐了对现实社会的指向和内在的生活逻辑根据。在以绚丽的幻景和奇异的魅影建构的一片片硕大的废墟漂浮物中，唯独‘人’的形象已消失得无影无踪。”① 网络写手对主流的不满与抗拒，往往通过嬉皮笑脸、鼠首两端的扭曲方式表达出来，最终沦为恶作剧式的胡闹。

其三，网络文学在混杂的乱象中呈现出菁芜共存的杂糅现象，但用过即扔的垃圾化倾向是其很难绕过的陷阱。更为重要的是，膨胀的享乐意识与善于变形的投机倾向可以随时改变其旨趣与方向，当商业利益和主流文化向它伸出橄榄枝时，它迅速地改头换脸，成为利益的傀儡与走卒。

其四，网络空间相对自由和开放的舆论环境，为受到传统媒体排斥的审美追求与异质声音保留了生长的空间，也为草根化的文学新人的成长提供了土壤。综合运用图像、动画、音乐元素的跨媒介互文写作和超文本多向性写作，也为新文体、新风格的孕育、生长和发展带来了可能性。当然，这些可能性也往往在复杂的场域中凋零，或在扭曲的状态中变异。

（首刊于《当代作家评论》2010 年第 3 期，原题为《从宁馨儿到混世魔王——华语网络文学的发展轨迹》）

---

① 武善增，《“人”在幻象与魅影构建的废墟中失踪——浅析网络玄幻文学的审美困境及其表征的文化症候》，《扬子江评论》2008 年第 3 期。

网络空间的本土文学传统

网络文学作为新媒体技术与文学创作联姻的产物，研究者向来重视网络技术对文学写作方式、传播方式的革命性影响。由于网络技术起源于欧美，从 BBS 到博客，从 Facebook 到微博，中国网络文化的繁荣在借鉴外来技术的前提下，其价值导向和时尚趣味也不能不受到外来文化的渗透。在文学写作方面，超文本写作的崛起打破了传统文本的封闭结构，其开放性、自主性、互文性带来了新的活力与可能性。除此之外，外来的网络游戏尤其是美国暴雪公司开发的《魔兽世界》在中国的风行，使得越来越多以改编网络游戏为目标的玄幻小说写作，在情节模式、叙述结构、怪物系统等方面都有明显的模仿痕迹。基于此，研究网络文学与西方文化、西方文学之间的关系成为一种主导性的学术取向，而网络文学与本土文学传统的关系往往被忽略。

一

21 世纪以来，在产业化与娱乐化的潮流中，随着类型小说成为网络文学创作的主流。本土文学传统对网络文学的影响日益彰显。在某种意义上，玄幻小说、武侠小说、言情小说、官场小说、历史小说等类型小说，都能从晚清至民国的文学史上找到对应的文体类型。鸳鸯蝴蝶派的小说传统在网络空间中被重新激活，一些题材和故事也被重新讲述。

就单篇作品而言，还珠楼主（李寿民）的《蜀山剑侠传》的影响不容忽视，众多网络写手竞相模仿。其“神魔大战”的叙事模式被玄幻小说和仙侠小说广泛采用，因此，还珠楼主常常被一些写手视为玄幻、仙侠和修真小说的鼻祖，像《诛仙》《佛本是道》《凡人修仙传》都闪动着《蜀山剑侠传》的影子。萧鼎在接受采访时，也坦言《山海经》和《蜀山剑侠传》给《诛仙》带来了关键的影响：“《山海经》等古典文籍，我看过不少，也很喜欢。中国古典文化，对我的影响很深，比如《诛仙》中有许多细节，便是通过《山海经》的考证引申出来的。还珠楼主的《蜀山剑侠传》是我从小比较喜欢的一部小说，对我写作《诛仙》的影响也是最大的。小时候看过《蜀山剑侠传》之后，虽然惊叹于其想象力的瑰丽雄奇，但却遗憾于其中人物情感形象的单薄。我始终认为，一个感情单薄的人物构成的小说，终究是不完美的，可以说我写《诛仙》是为了偿还这个宿愿。”① 创作于民国时期的《蜀山剑侠传》现在被反复改编成网络在线游戏，显示出其独特的生命力，《仙剑奇侠传》《蜀山剑侠传》《蜀山》《新蜀门》《梦幻蜀山》等让人目不暇接。被誉为“天下第一奇书”的《蜀山剑侠传》之所以能够在网络空间产生如此巨大的反响，和其作品的特点密切相关，其儒佛道三教合流的思想和“修仙进化论”成为不少玄幻小说和修真小说的核心理念。正如叶洪生所言：“《蜀山剑侠传》所描写的穷荒极地、山精海怪、灵禽异兽、瑶草琪花以及五金之精、上古神话，固多脱胎自《山海经》；而演叙降妖伏魔、玄功幻变，亦近绍于《西游记》和《封神演义》；引述飞剑跳丸、天府秘籍、修仙过程、考验道心，则取法于《抱朴子》《神仙传》《平妖传》《女仙外史》及《绿野仙踪》；至《野叟曝言》所造奇景与蛮荒异俗，毋论矣。同时还珠楼主更兼采清末民初以来的武侠先驱作品如《七剑十三侠》《江湖奇侠传》《江湖怪异传》及《奇侠精忠传》等志怪述异之素材，再参证《武术汇宗》所论道术、神通等奇谈，取精用宏，共冶

① 侯虹斌、张金华，《萧鼎：写作〈诛仙〉是为了偿还我对〈蜀山剑侠传〉的宿愿》，《南方都市报》2005年9月22日。

于一炉。虽然还珠楼主之创作灵感得益于以上诸书，但其自出机杼、别开生面之想象空间则更为辽阔；在在皆能穷极幽玄，超妙入微；纳须弥于芥子，化腐朽为神奇！总之，其驰骋幻想，务求推陈出新，不落俗套，惊神骇鬼，自圆其说。”① 值得注意的是，不少网络类型小说对《蜀山剑侠传》的借鉴与模仿显得生硬而浅薄，不少写手与其说从《蜀山剑侠传》中获得灵感，毋宁说是移植了蜀山题材的网络游戏的某些叙事元素。

诗词是中国古典文学的瑰宝，引用古典诗词或以典雅的文字营造诗情画意，已经成为网络文学尤其是言情小说渲染气氛的重要手段。流潋紫的《后宫·甄嬛传》就大量引用古典诗词和曲词，从《诗经》到唐宋诗词，作者信手拈来，或呈现甄嬛内心情绪的微妙变化，或咏物写景，或机巧应对，既增添了情趣，又使文字风格自成一体。在言语特征上，《后宫·甄嬛传》也有模仿《红楼梦》的痕迹，像普通话中间杂北京官话方言词、文言词汇的混用、儿化的频繁出现。《红楼梦》的人物对话是塑造人物性格的重要媒介，鲁迅认为小说对话的绝妙之处在于，“并不描写人物的模样，却能使读者看了对话，便好像目睹了说话的那些人”，“《水浒》和《红楼梦》的有些地方，是能使读者由说话看出人来的”②。显然，《后宫·甄嬛传》离鲁迅所说的境界还有很大的差距，作者在操练一些词语时过分随意，甚至不无鹦鹉学舌的意味。久久的《富贵繁花录》被网友视为“女尊文”的代表，表现出一种大女子主义的倾向，有网友戏称为“男版金陵十二钗”，行文半文半白，遣词造句和描写叙述均有《红楼梦》的鲜明烙印。湖月沉香的《折草记》作为《富贵繁花录》的仿作，更是无法摆脱《红楼梦》带来的“影响的焦虑”。匪我思存《寂寞空庭春欲晚》的小说标题取自唐代刘方平的《春怨》：“寂寞空庭春欲晚，梨花满地不开门。”这部小说在参考《清史稿》等史料的基础上，讲述了康熙、纳兰容若与虚构的女子琳琅之间的三角恋情，作品对清代皇宫的建筑规制、宫廷礼仪和官员制度等内容津津乐道，并大量引用纳兰容若的

① 叶洪生，《天下第一奇书：〈蜀山剑侠传〉探秘》，学林出版社2002年版，第9页。

② 鲁迅，《鲁迅全集》第五卷，人民文学出版社1981年版，第530页。

词作，居然还激发了不少网友对纳兰性德词集的兴趣。

就故事的选材而言，不少网络类型小说脱胎于古典文本或民间传说。像林寒烟卿的《春色岂知心》和《小狐狸遇龙记》，很自然会让人联想到《聊斋志异》的花妖和狐仙故事；情随世迁的《白娘子养成记》和浪在心空的《穿入白蛇传》，都是对经典民间故事《白蛇传》的另类重写；清代陈淏子的园艺书籍《花镜》触发了沧月创作《花镜》的灵感，编织了以花与美女为核心的悬疑情节和世情变幻。至于穿越小说的文体发展与变迁，网友一般会近溯到李碧华的《秦俑》、席绢的处女作《交错时光的爱恋》和黄易的《寻秦记》。其实，唐代李公佐的《南柯太守传》、李朝威的《柳毅传》、沈既济的《枕中记》、明代汤显祖的“临川四梦”（《牡丹亭》《紫钗记》《邯郸记》《南柯记》）和蒲松龄的《聊斋志异》，已经陆续构建了主人公进入别样时代或异度空间的叙事模式和情节框架。至于网络历史小说，那就更无法割裂与传统历史文化的精神联系。值得注意的是，网络空间的历史题材写作大多热衷于架空和戏仿，虚构历史时空和历史人物，像当年明月的《明朝那些事儿》和赫连勃勃大王的“中国历史大散文”系列，尽管也掺杂了虚构成分和娱乐元素，但历史的基本轮廓还算是清晰的。至于架空历史小说《新宋》《浮生萦云》《回到明朝当王爷》《窃明》等等，这类作品是在历史的幌子下解构历史。

每个民族的神话往往保留着从蒙昧向文明过渡的原始记忆，其中天马行空的幻想给许多写作者带来灵感。网络幻想小说的作者也常常从古代神话中寻找素材。树下野狐的《搜神记》有较多追捧者，作品讲述上古洪荒时期的神魔故事，以奇幻的想象改写中国上古神话，作者对战火纷飞中的儿女情长的演绎，明显受到商业化趣味的熏染。在江南、潘海天、唐缺等的“九州”系列中，“九州”幻境、夸父和羽人等魔幻神奇种族，都是直接来自《山海经》。网络文学中不少带有本土神话色彩的作品，像叶沧浪、藤萍、可蕊等写手的一些文字都或多或少受到《山海经》的启发。这些被一些媒体记者和学术圈人士贴上“新神话”或“新神话主义”标签的作品，基本上都以传统的神话文本作为母本，同时融入西方幻想小说如《魔戒》《纳尼亚传奇》《哈利·波特》的审美元素，进行一种复合的仿写，它们从不掩饰对商业利益的追逐，并以跨媒体传播和版权转化（图书、影视、在线游戏、动漫）作为核心的传播策略和盈利机制。

二

和网络文学相比，网络游戏的受众面更大，作为一种颇具规模的产业也能带来可观的经济效益。在消费文化盛行的网络时代，中国古典文学名著的纸面读者日渐寂寥。但是，根据古典文学名著改编的网络游戏却长盛不衰，玩家络绎不绝。分别根据《水浒传》和《西游记》改编的网络在线游戏《欢乐水浒传》《梦幻水浒传》和《大话西游》《梦幻西游》《快乐西游》接踵而至，令人眼花缭乱。堪称奇观的是根据《三国演义》改编的网络游戏已经高达数百种，被游戏厂商视为兵家必争之地，竞争异常激烈。日本光荣株式会社在1985年开发了第一款三国题材的商业游戏《三国志》，其后续产品《三国无双》也已经成为游戏产业界的范本，通过快速的升级换代来吸引源源不断的新玩家。韩国开发的《三国之天》《Action 三国志》《三国志无限对战》《三国演义在线》等也在亚太地区风靡一时。而国产游戏《三国策》《三国群英传》《盛世三国》《热血三国》《卧龙吟》《天将雄师》等等，也希望借助自身的特色来抢占市场份额。魏、蜀、吴三国之间在军事、政治上长期争战不休，在战力、权谋、财力等方面的多重较量，既契合网络游戏崇尚实力、追求智慧的特点，又为开发者提供了开阔的想象空间。“三国”题材的在线游戏以《三国演义》的情节和故事为基础，模拟三国时期的历史和社会环境，并将作品中的历史事件改编成游戏任务，让玩家在虚拟情境中去游历和体验。从桌面游戏到网络游戏的《三国杀》，让玩家以“主公”“忠臣”“反贼”“内奸”等身份，扮演三国历史中那些武将，斗智斗勇。玩家中只有“主公”亮明身份，“主公”要杀死所有“反贼”和“内奸”；“忠臣”的任务是保护“主公”，“反贼”以杀死“主公”为目标，而“内奸”要消灭“反贼”再害死“忠臣”后，最后单挑“主公”，其取胜难度最大。尽管每一个文臣和武将的技能都参照《三国演义》而设定，譬如诸葛亮的技能为观星和空城，但这些历史符号都只是游戏的背景，玩家自身的选择才是决定游戏进程的关键，历史的进程往往被游戏进程的不确定性所颠覆。

值得注意的是，网络游戏为了强化竞争性和娱乐性，玩家所拥有的城池、财富、武将、武器、坐骑、特性道具等都是争夺的对象。而且，在价值观念上，游戏遵循的是弱肉强食、成王败寇的逻辑，强大的玩家可以雄霸天下，失败的玩家只能成为别人的俘虏、奴隶。玩家提升自己等级和战力的途径，无非是练级和花钱购买装备，这既要求玩家快速提升自己的游戏技巧，也要付出时间和金钱的成本。更为关键的是，在线游戏往往以玩家作为中心，在条件具备的前提下，玩家可以自由控制整个游戏系统，体验和支配游戏中的各种角色。在网络游戏中，历史真的成了可以任意打扮的小姑娘，成为一种消费和娱乐的对象。譬如《盛世三国 2》中有一个“欢乐派对”环节，玩家随机变身成三国中的名将和美女，游戏系统指定武将和美女配对：吕布和貂蝉、诸葛亮和黄月英、周瑜和大乔、曹操和蔡文姬等等。台湾厂商开发的游戏《吞食天地》算得上是穿越版的三国题材游戏，玩家扮演的是一个当代的中学生，被仙人选中为结束三国之乱的英雄培养对象，因此进入虚拟的三国时空，误打误撞进入游侠、黄巾、曹魏、蜀汉、东吴等五大阵营中的一个，开始杀伐和争战，而曹操、刘备、孙权等都可以成为玩家手下的战将。《三国策》总体来说比较忠实于历史，但也曾宣称：“中国的历史将因每个玩家的加入而改变。”

三国题材的网络小说绝大多数都是粗制滥造，而且“穿越文”“重生文”盛行。穿越小说的叙述模式是主人公从所处时代穿越到另一个时代，其作者、主人公大都为女性，但三国题材的穿越小说是一个例外，其作者、主人公几乎都为男性。在现实时空失意的少年穿越到三国的乱世，金戈铁马，血洒疆场，在虚拟时空中实现自己的英雄梦。《三国志之辅佐刘备》中的陆羽穿越到三国后，针对蜀国制度的缺陷，借鉴后世的一些政治制度，推行改革，实现自己的政治抱负。《风流三国》中的张浪穿越到三国后，施展雄才大略，不仅广收谋士和战将，而且魅力超群，使得蔡琰、貂蝉、甄宓、大乔、小乔等美女都投怀送抱。重生小说的叙事模式是现代主人公意外死亡后回到过去，在另一个世界重新获得生命。《桓侯再生》中的于震触电死亡后附体到张飞身上，利用自己的现代智慧提升了张飞的境界，辅佐刘备统一天下，立下了不朽功勋。穿越文和重生文都是一种白日梦，其现实人生从头来过的愿望，既包含着对现实的不满和无奈，又是一种自欺欺人的精神慰藉。总体而言，三国题材的网络小说已经陷入一种怪圈，写手在开篇时还试图别出心裁，就像独自探险的旅人，走出不远就迷路了，只好原路返回，跟在人流后面，加入群体的狂欢。像《兵临天下》《三国董卓大传》《混在三国当军阀》《无奈三国》《三国厚黑传》《商业三国》《曹冲》《乱战三国》《三国突起》《三国战神吕布》《黄粱三国》《穿越三国做皇帝》《三国重生之公子刘琦》《重生之我是曹操》《重生之傲视三国》等等，叙述框架与文字风格都大同小异。

“古典”作为一个与现实疏离的世界，它可以摆脱社会规范和现实法则的束缚，成为现代人的一块精神飞地。现代人在现实中无法实现的愿望，都可以从虚拟的“古典情境”中通过想象建构一个圆满的梦境，打造一片幻想的乐土，让空虚的内心获得一种仪式性的补偿。相对而言，在本土文学与文化传统中，表现民族忧患、治国安民、现实人生的文学传统往往被忽略，网络作者关注的往往是群雄逐鹿、权力搏杀、争风吃醋、妖魔鬼怪、奇门遁甲等可以带来心理刺激和感官享受的内容。面对这些曾经存在过的东西，网络文学的作者和读者大都没有兴趣研究它真实的面貌，在乎的只是它可以带来暂时的愉悦，可以逃避现实的干扰，让人暂时遗忘包围自己的外部世界。在古典传统逐渐式微的今天，越来越多的人对古典知之甚少，这也为写作者的虚构和捏造留下了巨大的空间。在消费文化的语境中，对新鲜的东西永无休止的追逐，使得流行元素迅速被淘汰，而古典元素的复出往往有一种非同寻常的陌生化效果，令人耳目一新。一方面，在中国古典文化传统中，返回古代的倾向往往包含着对现实的一种不满和批判，就像老子对“小国寡民”世界的神往。现实大众在神游缥缈的古典空间时，也借此排遣在现实生存中积郁的不满和愤怒，通过虚拟的时空转换来获得瞬间的内心平衡。另一方面，退回到过去的愿望也是人性中的一种潜在倾向，未来充满变数和不可知性，而过去则是一种安全的庇护所，就像孩子回到母亲的怀抱。西方文学中“失乐园”的母题，既是对基督教文化的审美阐释，也是不变人性的内在诉求。在回到人类童年的愿望中，也包含着现代人对飞速发展的工业社会中物化生存状态的一种忧虑和反拨。而且，人类经历了漫长的岁月，每一个时代都有不同的历史景观，这也为选择“古典风”的写手们提供了取之不竭的创作素材。因此，网络空间的古典传统往往呈现为碎片化形式，古典与现代、历史与想象、梦境与现实奇怪地混合在一起，时空颠倒，真假莫辨。

综上所述，网络文化在借鉴本土文学传统的过程中，存在着一些突出问题。第一，网络写作的“复古”往往停留在浅表层次，生吞活剥，满足于移植古典的碎片，类似于戴着古典的面具的一种狂欢仪式。在某种意义上，这种鱼目混珠的“伪古典”恰恰是对传统文化精髓的一种放逐和遗忘。譬如网络上风行一时的《见与不见》，一段时间内一直被误认为是六世达赖仓央嘉措的“传世情诗”，以讹传讹，后来被证实是扎西拉姆·多多的仿作。以戏谑的形式改写古典文本的做法极为流行，比如网络小说《极品家丁》中的讨债人说：“风飘飘兮易水寒，借我的银子兮你还不还？”这种插科打诨本也无伤大雅，但是当低俗被视为高明时，这种碎片拼贴、类型杂糅的文风就不仅无法赓续文化传统，而且会歪曲、拆解传统。正如莫道夫所言：“把各式各样历史连根拔起，斩断所有牵绊拉到我们眼前，通过拼贴，随心所欲地把人们熟悉的那些历史符码置于一个全然陌生的环境内，进行重新洗牌。”①

第二，在商业诉求和娱乐风尚的推动下，以后现代主义倾向和消费主义趣味对传统历史文化和经典文本进行戏仿、篡改和恶搞，已经成为一种流行风尚。恰如弗雷德里克·杰姆逊所言，后现代文化追新逐异，却流于平面，缺乏内涵，“在后现代主义中，关于过去的这种深度感消失了，我们只存在于现时，没有历史：历史只是一堆文本、档案，记录的是个确已不存在的事件或时代，留下来的只是一些纸、

---

① ［美］斯蒂芬·亨利·莫道夫，《绘画中的后现代主义》，王岳川、尚水编《后现代主义文化与美学》，北京大学出版社 1992 年版，第 409 页。

文件袋”①。从林长治的《沙僧日记》和《Q版语文》，到十年砍柴的《闲看水浒》、成君忆的《水煮三国》，被商业动机激发出来的娱乐性的机智和标新立异的逆反，成了“违背原著”的原动力。“杜甫很忙”，“背串的古诗词”，以娱乐化姿态恶搞古典诗词，对古典文本进行任意的拆分重组，在网络空间中屡见不鲜。王维因“每逢佳节倍思亲”中有一个“亲”字，被网友们冠上“史上第一个淘宝店主”的绰号。这种混搭风以肤浅的创意哗众取宠，体现出的是对古典文学传统的不尊重。

第三，网络文学中的复古趋向，经常会演变为扎堆、跟风、起哄的群体行为，缺乏个性化的艺术提炼。在宫斗剧走红时期，宫斗题材的架空小说、穿越小说泛滥成灾，情节模式、人物关系和对话口吻都是用同一个模子刻出来的，陷入了低水平重复的怪圈。从玄幻小说、穿越小说、盗墓小说到职场小说、都市小说、言情小说，网络空间一旦有一种类型文学走红，马上有大批模仿者蜂拥而上，而且很快就形成一种固定套路，如同用模具制造出来的零件一样整齐。网络文学中呈现的传统元素，有相当一部分只是一种简单的机械复制，缺乏独立性和原创性，甚至是一种变相的抄袭。在网络成名的安意如，古诗词赏析是其成名利器，但是由于学养浅隘，经常会从互联网中获取知识和养料，没有经过充分的消化吸收和融会贯通，难免陷入穿凿附会和抄袭模仿的陷阱。对“卖点”的过分强调，使得文化传承的本意被扭曲。网络文学在对待本土文学传统时有偏食倾向，网络写手大多喜欢从古典文学或现代文学中的通俗小说中获得养料，对于相对小众的精英文学或小说以外的文体则较为隔膜，而且，不少写手即使在面对其模仿的文本时，也是攻其一点不及其余，缺乏对作品的整体把握和融会贯通。

① ［美］弗雷德里克·杰姆逊，《后现代主义与文化理论》，唐小兵译，陕西师范大学出版社1987年版，第164页。

三

古典文化在“五四”以后走向衰退，而且这种进程难以逆转。正如王一川所言：“在作为实在的现代性进程中，古典文化并没有完全绝迹，而是作为古典残片生存下来，具体地说，是在现代因子的激活下生成为活生生的古典传统形象。这种现代性语境中的古典形象已不再是古代的古典文化本身，而是现代性中的古典传统，是现代性古典。”[①]在白话驱逐了文言之后，古典传统的存在形态就变得封闭而破碎，和现实生活逐渐疏离。但是，中国文学如果抽离了自身的传统，将失去自身的文化记忆和审美特色，变成外来文学的复制品。

网络文学的发展与突破，要重视从本土文学资源中吸取营养，并以创造性的化用将其转换为源头活水。要实现这样的目标，写手们就不能满足于扮演搬运工，仅仅把古典元素作为一种粉饰的外衣和提味的调料。首先，要入乎其内出乎其外。张爱玲有深厚的古典文学功底，她曾经写过考论《红楼梦》的《红楼梦魇》，也曾将方言小说《海上花列传》翻译为当时的官话。《金锁记》深得《红楼梦》的神韵，出身低贱的曹七巧被家人嫁给了大富人家的残废公子，从此便戴上了“黄金的枷”，“用那沉重的枷角劈杀了几个人，没死的也送了半条命”。在从卑贱到富贵的身份转换过程中，与此对应的是她的性格从质朴、野性转向冷漠、残酷。她眼睁睁看着大家庭支离破碎，亲手毁灭了儿女的幸福，也成为自己的掘墓人。张爱玲非常擅长表现危机四伏的时代环境中女性被外部环境和自身欲望所扭曲的悲剧，从那种钝刀割肉式的折磨中照见人性的脆弱与变形，进而生发出对社会退化的荒凉感和对文明衰退的忧患意识。张爱玲的写作有一种骨子里的悲剧意识，她善于从平凡人生中洞见平庸无恒的悲凉，如她所言：“他们虽然不过是软弱的凡人，不及英雄的有力，但正是这些凡人比英雄

① 王一川，《中国现代性的景观与品格——认识后古典远缘杂种文化》，《南京大学学报（哲学·人文科学·社会科学）》2005年第3期。

更能代表这时代的总量。”[1] 她的语言酷似晨霜里怒放的牡丹，远看雍容华丽，靠近了寒气逼人，在文字的背后隐藏着一种对人世和人性的怀疑与不信任。而且，张爱玲的写法并不生僻，贴近时代和大众，走的是一条较为通俗的路线，她对鸳鸯蝴蝶派的写作套路就更是熟稔，甚至被一些学者视为鸳鸯蝴蝶派的代表性作家。张爱玲的不凡之处在于，她在兼收并蓄各种文学资源的基础上，并没有停留于简单的模仿，而是融入自己独特的生命体验，以个性化的思考进行创造性转换。作为一个集大成者，她从传统文化的母体中获得滋养，又以个人化的探索割断了依赖性的精神脐带，实现了对鸳鸯蝴蝶派和自我的双重超越。就网络文学目前的态势而言，在过度商业化和娱乐化的环境中，写作者往往满足于名声和金钱，很难涌现能够破壁而出的集大成者。报刊在百余年前的中国也曾是新媒体，也曾催生出新的文艺形式，并逐渐孕育了一批文学大家。或许有一天，网络空间也会因为那些真正独立的创作主体的存在而呈现出新的气象。

其次，网络文学对本土文学传统的传承与再创造，必须有一种批判性的眼光。凤歌的小说《昆仑》中不少人一开腔就带“鸟”字，这无疑在向梁山好汉的满身匪气靠拢。网络游戏《水浒无双》官方网站的首页有显赫的字眼“血战到底　抢钱抢粮抢女人”，尽管是在虚拟世界中，但对强盗逻辑的公然宣扬显然有不小的危害。从金子的《梦回大清》开始，穿越到古代的现代女子有不少都如小薇一样卑躬屈膝，低眉顺眼，言语中流露出一副十足的奴才腔，在四爷和十三阿哥之间的取舍，也只能听天由命，像一只小蚂蚱一样，被紧紧攥在皇权和男权的手心。在《梦回大清》中，主人公茗薇和四福晋有一段对话，常常被读者和批评家认为是精彩的片断，既表现了两个女人为争夺四爷的宠爱而斗智斗勇，又包含着无厘头的幽默：

> “男人的事儿咱们女人不懂，都说兄弟如手足，妻子如衣服，这衣服不穿也罢了，女人对他们而言，也不过如此，是不是?”四福晋面带笑意却目光炯然地看住了我，我用手指揉了揉耳边的

---

① 张爱玲，《张爱玲文集》第 4 卷，安徽文艺出版社 1992 年版，第 173 页。

翡翠坠子，若有所思地说："是呀，所以我早就决定做胤祥的裤子了。"

"什么……"四福晋一愣，不明所以地看着我。我呵呵一笑："衣服可以不穿，裤子总不能不穿吧。"①

其实，这些争风吃醋的机智恰恰折射出现代女性内心中主动依附男权的集体无意识。因此，网络文学对本土文化与文学传统的传承，也必须经历一种批判性的价值选择，而不是照单全收，以为只要是古董就能卖钱，而不考虑文学作品的社会影响。

再次，精品意识是提升古典元素的艺术活力的关键。在网络文学写作中，多数写作者被潮流所裹挟，随波逐流，缺乏明确的艺术追求，无所适从，被文学网站的意志和网友的趣味所操控，灌水现象非常突出。就以三国题材而言，从网络游戏到网络小说，模仿乃至抄袭行为比比皆是。基于此，才会有网络游戏《三国杀》和《三国斩》的著作权纠纷。杭州边锋网络技术有限公司起诉被告杭州趣玩数码科技有限公司侵犯了著作权，意味深长的是，最终以原告撤诉结案。2010 年 7 月 13 日在杭州西湖区人民法院开庭审理的过程中，被告的辩护理由是《三国杀》抄袭了意大利卡牌游戏"Bang!"（中文译为《呯》）的基本框架和思路，因而没有原创性，不受著作权保护。《三国杀》作为一款较为新颖的国产游戏，一度火遍大江南北，其原创性依然受到质疑，其他网络文化产品的艺术质量就可想而知。《悟空传》在戏仿经典的网络小说中，算是别具一格，最为关键的是作者抓住了孙悟空渴望自由的反叛性格，塑造了一个"宁愿死，但不肯输"的失败英雄，葬身火海后回归顽石。正如作者今何在所言："如果我为了稿费或者发表来写作，就不会有这样的《悟空传》。因为自由，文字变得轻薄，也因为自由，写作真正成为一种个人的表达而不是作家的专利。"② 在本土网络文学刚刚破土而出的时期，文学网站的盈利机制还没建立，写手自娱自乐，也很少受到商业化潮流的侵蚀。到现在，

① 金子，《梦回大清》，朝华出版社 2006 年版，第 193 页。

② 沈农夫，《第一代网络作家还好吗?》，《电脑知识与技术》2004 年第 3 期。

过度的娱乐化和商业化已经给网络写作套上了层层枷锁。今何在自己在《悟空传》之后，写出来的文字乏善可陈，这是否也因为难以抵抗日益强大的外部诱惑？如果网络写手无法进入一种自由的创作状态，而是时刻计算着回报，就很难写出真正的精品。如果还是片面追求数量，通过提高更新频率和拉长篇幅来集聚网络人气，网络文学对本土文学资源的搬用注定只能是粗糙的、肤浅的、碎片化的拼贴。当然，如果网络文学对本土文学传统能够创造性地继承和吸收，这既能利用网络媒介无远弗届的优势，激活本土文学传统的生命力，又能借助传统底蕴提升网络文学的境界。

（首刊于《当代作家评论》2015 年第 6 期，《中国社会科学文摘》2016 年 3 期转摘）

网络文学研究的挑战与启示

随着网络传播的迅速发展，网络文学生产产销两旺，创作队伍和读者规模都日益壮大。近年以网络文学为核心 IP 来源的产业链的建立，使得网络文学成为影视、网络游戏、动漫的上游资源，进一步扩大了网络文学的社会影响。根据中国互联网络信息中心 2016 年 7 月发布的《第 38 次中国互联网络发展状况统计报告》，截至 2016 年 6 月，我国网民规模达 7.10 亿，手机网民规模达 6.56 亿；就网络文学而言，“网络文学用户规模达到 3.08 亿，较去年底增加 1085 万，占网民总体的 43.3%，其中手机网络文学用户规模为 2.81 亿，较去年底增加 2209 万，占手机网民的 42.8%”。[①]这确实是无法忽略的惊人的数据。相对于网络文学创作而言，网络文学评论与网络文学研究明显滞后。就网络文学研究而言，算得上是中国文学研究的一个新兴的、边缘的分支。在学院空间内专注于网络文学研究的学者，目前屈指可数。在文学创作圈，有相当一部分以纯文学作家自居者对网络文学创作存在偏见，认为网络文学创作虽然热闹，但泥沙俱下，少有佳作。一些文学学术圈的学者对网络文学研究也有一种先入为主的看法，认为网络文学创作艺术价值不高，这也决定了网络文学研究缺少学术含金量，而且，在网络文学日益商业化和娱乐化的环境中，网络文学评论与网络文学研究难免会“凑热闹”，甚至为了利益牺牲自己的价值

---

① 中国互联网络信息中心，《第 38 次中国互联网络发展状况统计报告》，http://www.cnnic.cn/hlwfzyj/hlwxzbg/hlwtjbg/201608/P020160803367337470363.pdf。

立场，只是一味地“拍巴掌”。说实话，对于有志于网络文学研究的学者而言，必须认真对待同行的这种忧虑。只有避免了“凑热闹”和“拍巴掌”，网络文学研究才能确立自己的学术根基，才能守护自己的独立性。

一

网络文学研究者如果仅仅追求学术产出的数量，看完一篇作品就写一篇评论，或者跟踪一个作家写出一系列的评论，这确实是一件轻松的事情。但是，如果要披沙拣金，从一些艺术价值不高的作品或独特的网络文学现象中挖掘有价值的学术问题，提升研究的理论含金量和学术品质，网络文学研究具有很高的挑战性和学术难度。

首先，阅读的挑战。从事网络文学研究，必须阅读大量的网络文学作品。网络文学作品良莠不齐，而且网络小说的篇幅被日益拉长，上千万字的单部作品并不鲜见，这就给研究者带来严峻的考验，必须从芜杂的文字中遴选出极少数特色鲜明的作品。据我所知，对于一些研究当代文学的学者而言，阅读网络类型小说简直就是一种折磨。在研究生的学位论文开题会、答辩会和学术会议上，不止一次听到一些学者对网络文学的质疑。尽管随着时间的推移，学术圈对网络文学变得日益宽容，但是，主流学术圈对于网络文学的偏见还是极为突出。台湾年轻学者陈征蔚在其专著《电子网路科技与文学创意——台湾数位文学史（1992—2012）》一书的“后记”中，深有感触地说：“选择一个鲜为人知的论文题目是道两面刃，一方面当时数位文学是块‘处女地’，任我驰骋遨游；但另一方面正因为理解这种新文学形式的学者不多，我在研究过程中遭遇的困难挫折，甚至误解苛责，实在比想象中多得多。犹记得在硕士论文口试时，受到口试委员‘围攻’的窘境。而在博士班入学口试中，也有委员当面质疑，为何我选择了这个冷僻的题目。”陈征蔚认为自己在探索这一学术领域时，陷入了一种孤立的境地：“只不过，技术演进与表现形式的发展需要时间累积，过早探索新的领域，难免处处碰壁。正所谓‘领先一步是先进，早人三步成先烈’，我经常在研究过程中感到缺乏志同道合的伙伴，以及提携后进的前辈，因而深觉‘风萧萧兮易水寒’。”① 从事网络文学研究，很容易被同行贴上“赶时髦”的标签，尽管研究者花费了很多心力，但一些心怀偏见的学者或作家在根本没有阅读的前提下，也可以振振有词地批评这些成果花拳绣腿，缺乏学术深度。

研究网络文学，除了阅读文字作品，还得关注以网络文学作品为脚本的大量改编作品，诸如电影、电视、网络游戏、动漫等等。这确实是非常繁重的任务。值得注意的是，大多数网络文学研究者在进入这一领域之前，重点关注的往往是印刷文学。在审美趣味已经成型的前提下，要理解大异其趣的网络文学，无疑是对自我的一种挑战。邵燕君主张以“粉丝”的姿态进入网络文学阅读，她说：“对于网络文学研究，我也是一定程度上的（虽然还很浅）‘学者粉丝’了。就像‘博士’（或称‘窄士’）是今天进入专业学术研究的敲门砖一样，在未来的流行文化研究中，‘粉丝’也是基本的入场资格。”② 确实，如果一个阅读者以高高在上的姿态藐视网络文学，那根本无法把握网络文学的特质。更有甚者，有些学者对网络文学并不了解，却可以大言不惭地大发议论，说出网络文学的种种缺点，诸如趣味低下、结构臃肿、语言夸张等等。一位不愿透露姓名的网文作者在接受《南方人物周刊》记者的采访时，提到 2009 年鲁迅文学院首次开办的“网络作家培训班”，说 2009 年被部分人称为“网络文学招安之年”，他语气直白激烈地说：“在那把我这辈子的气都受尽了，真的从来没这么生气过。那些老教授，居然说出‘我是没有看过什么网络文学，但我知道那些都是垃圾’这样的话来，气死我了。”③ 与此异曲同工的是，一些网络文学评论者放弃了美学原则，大唱赞歌，面对所有的网络文学作品，都能从脓包中看见桃花。一味的排斥和毫无立场的褒奖，都是没有难度的、不负责任的态度。

① 陈征蔚，《电子网路科技与文学创意——台湾数位文学史（1992—2012)》，台湾文学馆 2012 年版，第 300 页。

② 邵燕君，《网络时代的文学引渡》，广西师范大学出版社 2015 年版，第 4 页。

③ 邱苑婷、张宇欣、孟依依，《网络文学江湖》，《南方人物周刊》2016 年 10 月 24 日。

其次，知识结构的挑战。网络文学作为一种新生的文学现象，其生产方式、传播方式都有别于以印刷媒体为核心介质的文学创作，这就要求研究者必须更新自己的知识结构。就现有的网络文学研究成果而言，一些评论家还是采用其熟悉的方式来解读网络文学作品。当然，当前的网络文学确实在不少方面延续了本土文学传统，尤其是通俗文学的传统，但是，以不变应万变的研究者难免会有误判。英国的科学家和作家斯诺在《两种文化》中认为科学家和作家存在观念的对立："一极是文学知识分子，另一极是科学家，特别是最有代表性的物理学家。二者之间存在着互不理解的鸿沟——有时（特别是在年轻人中间）还互相憎恨和厌恶，当然大多数是由于缺乏了解。他们都荒谬地歪曲了对方的形象。他们对待问题的态度全然不同，甚至在感情上难以找到共同的基础。非科学家倾向于认为科学家粗鲁，自吹自擂。"① 斯诺还分析了这种对立的内在分歧："非科学家有一种根深蒂固的印象，认为科学家抱有一种浅薄的乐观主义，没有意识到人的处境。而科学家则认为，文学知识分子都缺乏远见，特别不关心自己的同胞，深层意义上的反知识，热衷于把艺术的思想局限在存在的瞬间。"② 斯诺所言的"两种文化"之间的冲突，与印刷文学、网络文学之间的潜在敌意颇为相似。目前大多数研究者忽略了媒体技术变革对网络文学的深层影响，即其技术性因素，依然将网络文学还原到印刷形式，然后考察其思想内涵和形式特征。也就是说，研究主体依然以相对恒定的经典的标准来衡量瞬息万变的网络写作。在网络文学作品中，总体而言佳作的比例偏低。如果以考察文学经典的套路来解读网络文学作品，这显然缺乏针对性。即使那些艺术性较高的网络文学作品，大多数在文字上还比较粗糙，瑕瑜互见。因此，从事网络文学评论与研究，就应当将审美批评与文化研究有机地结合起来，不仅要发现那些有审美价值的艺术元素，还要指出那些有商业价值却损害艺术性的流行元素。也就是说，网络文学评论与研究需要一种症候分析

---

① ［英］C. P. 斯诺，《两种文化》，纪树立译，生活·读书·新知三联书店 1994 年版，第 4 页。

② ［英］C. P. 斯诺，《两种文化》，纪树立译，生活·读书·新知三联书店 1994 年版，第 5 页。

的眼光，剖析令人眼花缭乱的网络文学症候，并抓住其症结所在。

随着媒体格局的迅速转换，网络文学与网络文化的传播途径日益多样化。如果只关注网络文学本身，忽略网络文学的周边事物，这样的研究近乎盲人摸象，很难有学术深度。譬如网络在线游戏，就与网络文学有密切的关联。正如美国研究者 Nick Yee 所言，网络在线游戏“能够代替现实，影响现实，或者重构现实”①。当前的网络类型小说尤其是玄幻小说，在情节线索、叙事结构、人物关系等方面都受到网络在线游戏的影响。从我吃西红柿的《星辰变》到风青阳的《龙血战神》，主人公的成长都有鲜明的“升级流”模式。而我吃西红柿的《吞噬星空》则以“升级换地图”的模式，让在地球上成为最强者的主人公乘坐飞船进入外太空，一切归零，重新开始，再次从最低级的弱者起步，战胜重重险阻后，在新的空间中成为强者。这种叙述模式有拖长篇幅的嫌疑，其正面效果是使得作品具有丰富的层次感和庞大的规模感。作为“第九艺术”的网络游戏，它综合了多种艺术元素，既与文学有密切关系，又与文学有明显区别。网络游戏有鲜明的参与性，游戏玩家及其扮演的角色是游戏的核心要素，这明显区别于小说读者外在于小说进程的旁观者身份。而且，游戏有相对固定的叙事框架。如果研究者在面对深受网络游戏影响的文字文本乃至游戏脚本时，依然从小说的角度进行解读，其结论显然是站不住脚的。忽略网络文学作品特有的媒介属性，用通用的文学原理解释网络文学文本，从中提取文学的公因式，这样的研究就像咸菜作坊的工艺，榨干了各种蔬菜最鲜活的汁液，只剩下干巴巴的内容。

从 20 世纪 80 年代以来，人文学术界一直有有识之士倡导触类旁通的跨学科研究。就真实情况而言，学科之间的细分化趋势越来越明显，不同学科之间缺乏必要的沟通与交流，跨学科研究在一些以正统自居的学者眼中无异于旁门左道。没有深厚的积累，浮于表面的跨学科研究确实难有深入的发现。值得注意的是，20 世纪以来取得重大突破的学术大师如弗洛伊德、福柯、布厄迪尔等人都有跨学科研究的学术背景。在当前国内的学术体制中，不同的研究方向有一种潜在的等

① Nick Yee, The Proteus Paradox. Yale University Press 2014, P.210.

级关系，譬如在中国文学研究的领域内，就曾流传一个说法："搞古代文学的看不起搞现代文学的，搞现代文学的看不起搞当代文学的。"如果固守自己的一亩三分地，对相关学科不闻不问，这种学术研究的视野难免显得狭隘。要深入研究网络文学，我认为应当从社会学、文化学、新闻传播学、信息科学等相关学科中吸取营养，只有这样才能拓展学术视野，从网络文学中看到文学未来的发展趋势，看到网络文学之外更为广博的现实动向与社会变迁。

再次，观念与方法的挑战。在文学研究和文学评论领域，一直有一种潜在的规则，那就是重视对经典作家和经典作品的研究，退一步来讲，也得研究那种具有经典品质的作家或作品，即"准经典"。正因如此，研究者的主要任务是阐释经典的特质，也就是这些作品为什么是"好作品"。事实上，在现当代文学的发展历程中，经典作家和经典作品都是有限的，大多数作家或作品都有种种瑕疵。有趣的是，一些研究者在评说一些并不入流的作品时，为了显得自己不掉价，总要拿着放大镜找出种种优点。颇为吊诡的是，不难看到一些毕生致力于研究一个重要作家的学者，总是想方设法为其研究对象辩护，似乎研究对象身上的污点就是研究者的污点，这种逻辑真是让人哭笑不得。我感兴趣的是，难道那些优点不多缺点不少的作品就没有研究价值？如果一个学者可以说出网络文学作品为什么"不好"而且还能吸引大批网民，这样的研究不是更为难得吗？美国的芝加哥学派和英国的伯明翰学派对青年亚文化的研究，就为我们提供了学术范本，他们以同情性理解与批判性审视，深入研究青年中的越轨人群、越轨行为乃至犯罪现象，富有学术的想象力和开创性的见解。在我个人看来，中国的网络文学也具有青年亚文化的特征，一方面，中国网民的主体是年轻人，网络文学的写作者和接受者绝大多数也是年轻人；另一方面，网络文学的总体风格也打上了较为鲜明的青年流行文化的烙印，既有反叛的一面，也容易被种种外在的诱惑所收编。在研究方法上，伯明翰学派的学术实践也有启示意义："既要具体而深入地考察当代文化的一个'领域'（region），也要搞清这一领域是如何以解释性的、非还原的（non-reductive）方式与更大范围的文化和社会结构连接起来的。”① 研究网络文学，同样需要微观分析与宏观把握的有机结合，既要集中而深入地考察研究对象的内在结构与文本特征，也要搞清网络文学背后更为复杂的社会背景与文化根源。

就目前的研究成果而言，相当一部分论著都是把网络文学视作纯粹的文字艺术，忽略了人机关系、视觉文化对网络写作的影响与渗透，也忽略了网络文学的内在逻辑和接受机制。南帆主张：“网络小说巨大的市场号召力再度证明了通俗文学的半壁江山，那么，作为某种理论回应，‘欲望’有必要纳入文学知识成为一个常规范畴，并且与‘无意识’‘象征性补偿’等另一些精神分析的概念相互补充。现今，两种文学类型的分歧、竞争比以往任何时代都要尖锐。对于文学想象说来，遵从历史逻辑与遵从欲望逻辑包含了内在的对立，批评必须为两种类型的文学解读设置不同的代码系统。”② 在中国大陆中文系的课程设置中，重视向学生灌输文学史基础知识，培养学生理解作品和分析作品的能力。在文学研究中，文本细读非常重要，但是，如果面对风格悬殊、写法各异的网络文学作品，也采用分析经典的解读方式，那无异于缘木求鱼。在评价尺度方面，现在有不少研究者用一种放之四海皆准的通行标准去衡量网络文学，强调审美性和规范性。在严苛的标准面前，草根化的网络写作自然难入这些专家的法眼。事实上，网络文学创作并不以思想性和艺术性见长，它以流动的形态呈现了广泛的青年群体和草根阶层的生活状态与内在现实。将网络文学限定在纯文字艺术的视野中，很难揭示网络文学丰富而复杂的内涵。因此，研究网络文学需要具备审美的眼光，还需要研究者具有一种文化的视野，通过网络文学观察文化潮流的转换，体悟世道人心的波动。正如邵燕君所言：“如果说文学是一个社会的梦幻空间，那么，文学批评者的工作就有点像释梦师。我们要在作者有意识的书写背后，读出一个时代的集体无意识，在貌似肤浅的流行背后，读出人们深层的

---

① ［英］斯图亚特·霍尔、托尼·杰斐逊编，《通过仪式抵抗：战后英国的青年亚文化》，孟登迎等译，中国青年出版社 2015 年版，第 31 页。

② 南帆，《文学批评拿什么对“网络文学+”发声?》，《文艺报》2016 年 10 月 28 日。

怕与爱；通过文学潮流的兴衰把握时代精神的走向。这是当代文学研究最迷人的地方，也是最吸引我的地方。当代文学研究还有一个迷人的地方是它的介入性。”①

二

当前从事网络文学研究的学者都有一种迫切感，那就是为网络文学设定理论边界，对网络文学区别于传统的印刷文学的特性进行归纳和概括。由于网络文学拥有广大的受众群体，各级部门日益关注网络文学的发展态势。最近几年，不少省市成立了网络作家协会，或在各级作家协会的架构中增设网络文学委员会，一些与文艺评论有关的机构也设立了网络文学评论的组织，这一方面是好事，有利于网络文学和网络文学评论的持续发展。值得注意的是一些新的动向：首先是片面地总结网络文学的成就，在喜气洋洋的氛围中忽略乃至无视存在的问题；其次是为网络文学制定各种评价指标，促使其规范化、标准化。在我个人看来，不要急于给网络文学设置种种框框，这样会抑制网络文学的活力，压缩其可能性的生长空间。

尽管不少文学研究者习惯于将网络文学定位为“网上的通俗文学”，但我个人以为网络文学的重要意义并不在于它对印刷传播的通俗文学传统的继承，恰恰在于其表达方式、传播方式、接受方式的异质性。在某种意义上，当前的文学秩序呈现出纸上文坛与网上文坛对立、交融的复杂格局。正如南帆所言：“当社会的阅读重心从印刷传媒转向互联网之后，如火如荼的网络小说必然谋求文学殿堂的正统身份。除了拥有不可比拟的读者数量，互联网同时展示了一个新型的知识传播体系。对于门户俨然的学院来说，互联网的冲击可能迅速颠覆沿袭已久的教学体系。这个意义上，网络小说的积累和总结不仅促进了文学知识的持续增长，更重要的是逐渐显示出两套文学知识的分歧

① 邵燕君，《网络时代的文学引渡》，广西师范大学出版社2015年版，第4页。

和角逐。”[①]

网络文学在某种意义上具有一种反叛性，即对那种无视读者感想、充斥说教、高高在上的精英趣味的背弃。正如福柯所言的对“治理化”的质疑：“它蔑视、挑战、限制这些统治艺术，对它们作出评判，改变它们，寻找摆脱它们的方式，或至少是取代它们的方式，从根本上怀疑它们，但也正因此而成为统治艺术的发展线索”[②]。相对于野生野长的网络文学而言，所谓的纯文学和精英文学形成了过分固定的观念壁垒和形式框架。在“十七年”建立并延续至今的文学秩序中，存在一种界限分明的等级结构，譬如作家身份的等级、文学刊物的等级、文学组织的等级、文体的等级、文学奖项的等级等等，一个作家的成长过程就是一种按部就班的、漫长的升级过程，而且，文学权力的分配并不仅仅取决于文学的艺术品质，这和政治、社会、文化存在千丝万缕的复杂关联。也就是说，伴随着方方面面的文学规范的确立乃至固化，文学界成为一种被全方位治理的行业，文学创作成为一种高度专业化的手艺，文学发展缺少一种内在的活力。20 世纪 90 年代王小波之所以被称为“文坛外高手”，其原因在于他作为自由撰稿人的写作方式及其创作的风格在当时都有一种陌生化效果。由此可见，标准的作家已经有一种通行的模板，这就使得文坛和文学创作都形成一种高度稳定的结构，就其内部而言较难产生一种突破性的思维和自我解放的力量。尽管当前的网络文学存在过度商业化、娱乐化、类型化的趋向，但是，网络写作与网民平等对话的姿态，网络写手的写作方式与生存方式，网络文学的语言风格与叙述模式，必然对长期形成的纸媒文学的稳定模式形成冲击。当像我们这样读着纸质书长大的人群慢慢老去，与互联网共同成长的作者、读者成为文学生产、文学接受的主体，文学的网络化趋势必将不断强化，网络文学不再是一个封闭的领域，文学的网络性将成为一种常态。

在 100 多年前，报纸和杂志在中国也是新媒体，当时也遭受到一

① 南帆，《文学批评拿什么对“网络文学+”发声?》，《文艺报》2016 年 10 月 28 日。

② ［法］米歇尔·福柯，《什么是批判》，汪民安编，北京大学出版社 2016 年版，第 174 页。

些保守派人士的抵制。但随着时间的推移，其影响越来越大，而且辐射到社会生活的各个方面。现代媒介的崛起，扩展了舆论空间，以一种催化作用，推动现代知识阶层的兴起与壮大。在"五四"新文化运动中，以《新青年》和《晨报副刊》为代表的媒介空间，就对新文学的发生与建构发挥了重要的作用。耐人寻味的是，鸳鸯蝴蝶派文学有效地利用了现代媒介尤其是都市小报的传播渠道，准确把握了市民阶层的文化心理，以通俗的、类型化的写作满足他们的文化与娱乐方面的需求。可以预见的是，网络媒体的出现和曾经作为新媒体的印刷媒体一样，必将对文学的传播形式、文体形式、语言风格产生深远的影响。尤其值得重视的是，这种影响还远未完全呈现出来。在民国时期，随着市民报纸的繁盛，连载小说成为一种时兴的文类，报纸的媒体特性给连载小说的文体留下了鲜明的烙印。20 世纪 90 年代，作家们为了使自己的作品容易被改编成影视剧，普遍爆发出一种高涨的"触电"激情，使得小说创作尤其是中长篇小说呈现出明显的剧本化倾向，在故事情节、人物性格、文字特点等方面都表现出向分镜头剧本靠拢的倾向。随着时间的推移，我认为中国的文学创作必将会表现出越来越明显的网络化特征，就像今天的玄幻小说已经逐渐变成了网络在线游戏的脚本。

在我个人看来，所谓的"网络文学"注定是一个过渡性的"中间物"，随着媒体融合趋势的加速，传统的文学媒体诸如期刊、图书、报刊也将与网络发生越来越密切的关系，进而潜移默化地改变所谓的"印刷文学"的内在品质。正如美国学者亨利·詹金斯所言："媒体融合并不只是技术方面的变迁这么简单。融合改变了现有的技术、产业、市场、内容风格以及受众这些因素之间的关系。融合改变了媒体业运营以及媒体消费者对待新闻和娱乐的逻辑。"① 我并不像一些悲观的学者那样认为纸质媒体和纸媒文学行将消逝，纸质媒体和纸媒文学在较长一段时间内还会存在下去，但其存在方式必将改变，而且其影响力的衰退是一种难以逆转的趋势。因此，研究网络文学并不能仅仅

① ［美］亨利·詹金斯，《融合文化：新媒体和旧媒体的冲突地带》，杜永明译，商务印书馆 2012 年版，第 47 页。

着眼于当下，应该有一种前瞻性的眼光，考察媒体变革和文学格局变化对未来的文学形态的多层面的影响。

网络文学并没定型，在媒体日新月异的发展趋势下，在中国动态的现实面前，我认为它还会继续发生令人惊异的裂变。因此，观察、记录和反思是网络文学研究的重要使命。要给今日的网络文学进行清晰而准确的定位，在某种意义上并不是同时代的评论者和研究者可以完成的任务。网络文学研究还面临一个难题，那就是网络史料的保存问题。网络文学的版本非常复杂，大多数网络文学作品首次公开的版本和图书版本的差异非常大，但是，其最早的网络版本已经无处寻觅。值得注意的是，多数研究者在解读《悟空传》《成都，今夜请将我遗忘》《明朝那些事儿》等作品时，依据和引用的都是其纸质版本。仅仅两三年以后，研究者要复原并不遥远的网络文学发展现场，都变成一件非常困难的事情。正因如此，网络文学的评论者作为见证人，其工作就具有了另一层意义，那就是保留网络文学的第一手史料。

在“速度文化”泛滥的背景中，网络文学研究应当与网络潮流保持必要的距离。也就是说，网络文学研究不能被研究对象所控制，否则，研究者就像落马的骑手一样，只能无奈地紧追脱缰的烈马。如果深究下去，网络文学也具有内在的复杂性和丰富性。那些流行的类型文学通过对各种欲望与诱惑的形式包装，给接受者带来替代性满足。值得注意的是，网络文学也沉积着草根人群的难言之隐，欲说还休地表述饱受挫折的、并不出格的种种诉求。像《琅琊榜》之所以会盛行一时，正因为它能激发不同阶层、不同处境的受众的驳杂的想象。在21世纪初，具有鲁迅风范的网络时评曾经风靡一时，但随后逐渐消退。早期的网络小说《悟空传》和《成都，今夜请将我遗忘》也都内含着一种反叛激情或批判意味，但这种写作路数日益寂寥。事实上，有不少网文作家对现实极为关注，但对现实发言并不容易，一是创作者的功力不够；二是画鬼容易画人难，玄幻小说和盗墓小说的虚写天马行空，无拘无束，更容易施展拳脚，也更容易讨得网民的欢心；三是网络作家策略性地回避现实；四是随着玄幻小说、穿越小说等类型小说规模化地将IP资源转换成商业回报，这必然会带来一种集聚效应，吸引网络写手转换套路，紧跟潮流。网络文学的现状并非完全是网络作家刻意为之，在某种意义上是半推半就，被潮流所裹挟。个别精英文学的代表认为网络文学之所以充斥着风花雪月和妖魔鬼怪，根本原因是网络作家趣味低俗、格调不高，这种论调显然是一种门户之见。王祥认为："各种幻想文学的世界设定，看起来可以随心所欲，不受人间法则限制，比写实小说的世界设定要更自由。其实文学世界离现实越远，就越是需要自身的内在同一性，因为它没有现实情境来掩护或者依托，世界整体与每一个局部，都更容易受到读者的推敲与质疑。"①

网络文学研究要获得认可，最为关键的是要拿出真正有分量的学术成果。就网络文学研究的现状而言，可谓任重道远。有志于深耕这一领域的学者，除了直面阅读、知识结构、观念与方法的挑战，尤为重要的是保持研究主体的独立性与批判性，对潮流以及潮流背后的利益结构、权力关系保持警惕。否则，在网络文学越来越红火的背景下，网络文学评论与网络文学研究就难免陷入"帮忙"或"帮闲"的境地。正如布厄迪尔所言："真正批判性的思想首先应该批判这种思想本身的经济及社会基础（多半未被意识到）。"②

（首刊于《文艺争鸣》2016 年第 11 期）

① 王祥，《网络文学创作原理》，中国人民大学出版社 2015 年版，第 79 页。

② 皮埃尔·布厄迪尔，汉斯·哈克，《自由交流》，生活·读书·新知三联书店 1996 年版，第 72 页。

论网络文学评论的拓展与深化

21 世纪以来，新媒体的崛起带来了文学发展格局的变化，网络文学的生产与消费快速增长，网络文学成为贯穿电影、电视、网络游戏、图书出版等产业链条的新兴文化现象。相对而言，网络文学评论与研究处于滞后状态，一方面，一些文学评论家和文学史家的文学理念形成了相对稳定的框架，对新生事物的接受较为迟缓；另一方面，目前从事网络文学评论与研究的学术队伍在数量、质量方面都有欠缺，对网络文学的评论与研究还不够深入，对网络文学整体结构的把握较为薄弱。随着网络文学的社会影响的日益增强，应当加强对网络文学发展的正确引导。网络文学评论这些年已经跟网络文学创作的繁荣形成了密切的呼应，网络文学评论也越来越受到学术界的关注与重视。而且，网络文学评论对于提升网络文学的地位，也有其独特贡献。像张爱玲之所以在文学史上有现在这样的地位，确实跟夏志清在《中国现代小说史》中对张爱玲的高度评价是分不开的。

网络文学评论的发展既面临大好机遇，也面临重重考验。在目前高校的学术格局当中，网络文学评论还是不怎么受待见。一些研究生想选有关网络文学的论文题目，有个别老师就会说网络文学有什么好做的？那不就是垃圾吗？事实上，一些很少看甚至根本没看过网络文学作品的人都可以理直气壮地说网络文学是垃圾，而且可以获得不少掌声。我在台湾东海大学做客座教授期间，了解到台湾的研究生如果研究所谓的“网路文学”或“数位文学”，就要有受到口试委员集体泼冷水的心理准备。在台湾几本正式出版的学位论文中，“围攻”是

"后记"里的高频词。这其实也好理解，因为指导老师都明白选这类题目要冒风险，只能提前防范，万一论文外审时遇到对网络文学严格要求的教授，成绩肯定不理想。从两岸的学术氛围来看，主流学术界对网络文学都抱有疑虑，经历了从排斥到逐渐接纳的过程。

令人欣慰的是，最近几年学术界对于网络文学的偏见在慢慢淡化。从 2016 年到 2019 年，欧阳友权、单晓溪、周志雄、邵燕君主持的网络文学研究课题被立项为国家社科基金重大项目和教育部哲学社会科学研究重大课题攻关项目。从这一点可以看出来，网络文学评论的地位，在中国当前的学术格局当中确实在提升。不过，我们也不能过于乐观。如果仅仅以"新"为标榜，一个新兴的研究领域确实更容易成为泡沫制造基地，网络文学评论只有逐渐完善评价体系和学术规范，其学术质量才能得到保证。网络文学评论既要拓宽研究视野，又要提升学术深度。网络文学评论从业人员对此应该保持清醒，不断进行深入反思，只有经过持续的努力，才能让网络文学评论真正登堂入室。必须强调的是，网络文学评论跟网络文学创作是相互依存的，如果网络文学能够产出一些真正具有经典意义的作品，将有助于提升网络文学评论的水准；一个评论者如果陷身于低水准作品的海洋，短中取长，时间长了难免拉低评论的境界。

一

当前很多网络文学评论，基本上是就现在看现在，这就像坐在高速飞驰的车厢里观察另一个运动的物体。如果把网络文学看成一个全新的事物，使得网络文学从历史中游离出来，它就成了一种没有源头的新生物种，就像从石头里蹦出来的孙悟空一样。因此，网络文学评论与研究应当增强历史意识。技术革新确实赋予网络文学以新质，然而，从网络文学的主题、价值、情感之中，我们会发现它和传统文学有千丝万缕的联系。我们还是应该把网络文学视为中国当代文学的有机组成部分，放在一个整体的视野当中进行考察。通过多元的参照，我们会看得更清楚，对它的贡献和局限都看得更明白。

我们回过头去看，会发现鸳鸯蝴蝶派文学跟网络文学有不少相似之处。鸳鸯蝴蝶派的崛起也跟当时的媒体变革有非常密切的关系，作为当时的新媒体的报刊——尤其是市民报纸为鸳鸯蝴蝶派文学提供了肥沃的土壤。报刊连载和新章回体给鸳鸯蝴蝶派文学带来新的活力，让读者耳目一新。鸳鸯蝴蝶派作家热切关注当时的市民阶层的喜怒哀乐，其写作紧密追踪社会大众的阅读兴奋点，在题材和写法上都非常接地气。当然我们也清楚，鸳鸯蝴蝶派文学虽然非常流行，但文学史地位不高。报刊的出现和现代稿酬制度的建立催生了自由撰稿人阶层，不少鸳鸯蝴蝶派作家都是自由撰稿人。值得注意的是，有一些鸳鸯蝴蝶派作家对自己的写作是没有底气的。张恂子、张恂九都是鸳鸯蝴蝶派的代表性作家，他们在说到自己的创作的时候，会觉得自卑，看不起自己，甚至会贬低自己。随着文学观念的转变，鸳鸯蝴蝶派文学的文学史地位有所提升。张恨水是一个被低估的作家，夏济安在1958年初给夏志清的信中说："最近看了几本张恨水的小说，此人是个genius。他能把一个scene写活，这一点台湾的作家就无人能及。他的limitations与deficiencies是很明显的，但是他有耳朵，有眼睛，有imagination。你那本书不把他讨论一下，很是可惜。"[①] 他还说："最近看了《歇浦潮》，认为'美不胜收'；又看包天笑的《上海春秋》，更是佩服得五体投地。"[②] 张爱玲曾经也被纳入鸳鸯蝴蝶派的谱系中，但现在的文学史叙述大都将她视为自成一派的大家。我们回顾这样一段历史，会发现鸳鸯蝴蝶派文学跟网络文学形成了一种遥远的呼应。网络文学经过长期的修炼，也有可能从俗入雅，从流行走向经典。当然要实现这种跨越确实比较艰难，要面临很多的挑战。

就文脉传承而言，多数评论者集中关注网络文学与通俗文学的关系。值得注意的是，网络文学不是单一维度的传承，而是多维度的混融，譬如：玄幻小说既从本土文学传统中汲取滋养，又受到西方幻想小说的影响，不少文本在题材、人物关系、叙事方式上都借鉴了网络

---

① 夏志清，《夏济安对中国俗文学的看法》，《爱情·社会·小说》，台北：纯文学出版社1970年版，第229页。

② 夏志清，《夏济安对中国俗文学的看法》，《爱情·社会·小说》，台北：纯文学出版社1970年版，第233页。

游戏的制作模式；“耽美文”和“同人文”有较为明显的日系文化背景。在综合视野中研究网络文学的文体来源，梳理清楚其来龙去脉，这是一个薄弱环节。多数类型小说都有程度不同的混搭倾向，在叙事上普遍带有后现代色彩的碎片化特征。值得注意的是，网络文学评论中文本分析类别的成果，大多重视对“类型文”的结构分析，将研究对象拆解成零碎的单元，致使研究也有明显的碎片化倾向。当网络文学被压缩在平面化的空间进行考察时，历时分析的空缺就会使研究失去深度和历史的参照。

网络文学的来源较为复杂，它是技术、商业、文化联合催生的产物，因而有多重传统的元素渗透其中。网络技术使得远程的视频对话和语音交流走进人们的日常生活，在痞子蔡、邢育森、宁财神、李寻欢的创作中直接植入了大量网络聊天的内容，人物对白在网络类型小说的篇幅中占据了极高的比例，口语传统在网络文学中异形再生。从媒介形态对人类思维影响的维度，美国学者沃尔特·翁将人类史划分为原生口语时代、书面时代和次生口语时代。电子技术将人类带入次生口语文化环境，这是一个崇尚对话、众声喧哗的时代，既继承了书面文化的遗产，又保留了大量口语文化特征。当然，次生口语文化并不是面对面的会话，而是借助电子媒介的虚拟的仿真会话。沃尔特·翁认为：“原生口语文化里的人转向外部世界，因为他们没有机会转向内部世界；与此相反，我们之所以转向外部世界，那是因为我们已经完成了向内部世界的转移。”[①] 确实，在网络文学以小白文为基调的语言风格和词汇选择方面，口语化趋向较为明显。

另外，对网络文学的考察还需要一种前瞻视野。报纸在中国近代作为新媒体出现的时候，也被一些保守的学人所排斥，章太炎对报章小说就充满了鄙夷。随着时间的推移，报刊孕育的新文学形态逐渐成为主流。在中国新文学的发展过程中，作为新媒体的报刊产生了非常强大的推动力。当然，这种推动力并不只来自报刊，报刊平台把来自社会、政治、经济、文化的力量聚合起来，不仅改变了文学的生产、

① ［美］沃尔特·翁，《口语文化与书面文化：语词的技术化》，何道宽译，北京大学出版社 2008 年版，第 104 页。

传播与接受，还重塑了文学的内容与形式。从未来的视野看，我觉得网络的力量还没有充分展示，它还有新的可能性会慢慢展现。人工智能的快速发展与逐渐普及，正在改变我们的生活方式与思维方式，也会重构文学的边界、功能与存在方式。就网络文学当前的创作而言，它的可能性没有被完全打开。令人感叹的是，运动中的网络文学似乎注定是一种过渡形态，一种历史中间物。可以期待的是，网络文学必然会孕育更多新的文学形态和独特的想象元素，激发新的审美力量，必将对中国文学的未来发展产生越来越大的影响。

二

我们看现在的网络文学评论文章，会发现存在一个比较普遍的问题，即就网络看网络。因此，网络文学评论应当具备一种融合互动的学术视野。媒介融合的现实进程是这种融合视野的社会基础。网络作为一种媒介形态，在媒介融合的格局中很难从其他媒体中分离出来。报纸、期刊会借助各种网络平台来传播自己的内容，电影、电视跟网络的结合也是越来越密切，各种媒介基本上已经互联互通了。随着5G技术的普及，其融合程度会进一步加强。2009年5月江苏作协与无锡作协、《太湖》杂志联合举办“中国网络文学论坛”，我在现场见证了纯文学阵营与网络文学阵营剑拔弩张的争论，以雅自居的印刷文学与自谋生路的网络文学各执一端，泾渭分明。随着媒介融合的进一步发展，网络文学与纯文学的相互渗透是必然趋势，没有哪个所谓的纯文学作家可以与网络绝缘。东西的长篇小说《篡改的命》就大量使用网络语汇，越来越多的“80后”“90后”作家选择了跨界写作，同时为纸媒和文学网站写作。网络文学在不久的将来，必然会呈现另外一种面貌。

互联互通是网络文学的本质特征，这不仅体现在传播技术层面，还体现在网络文学与外部环境、中外文学传统的关系上。对于网络文学的命名，作家方方有这样的评价：“中国文学历史已上千年，写作所用工具和刊发所据载体也都有过数次变化，但我们从来没有见过因工具不同而对文本另外命名的，比方刀刻文学、毛笔文学、钢笔文学或铅印文学，也从未见过因载体不同而冠名的，比方竹简文学、布帛文学、期刊文学、书籍文学等等。所以，网络文学以电脑写作，在网络上发表，与其他工具写作，在其他载体发表，哪里有差异？既无差异，我们对它的文本要求，就不应存差异之心。现在，把它单列出来，另用'网络文学'来与其他文学文本作一区分，究竟是抬举它，还是贬损它？这个真的好难讲。"①在报刊出现以后，确实出现过"报章文学""报章体"和"报章小说"的概念。现代作家、学者谢六逸1938年在《新大夏》杂志上发表《报章文学琐谈》一文，他说："报章文学与纯文艺的不同地方，就是在这斗争意图的直接表现上，自有它的特性。而所谓纯文学，不仅没有这种意图，甚至可以说有许多是社会或政治意识的麻醉品。但是，报章文学和文艺的关系很密切。实际上，文艺也不过是文化之阶级之表现。"② 问题在于，如果承认网络文学和报章文学有差别，那么各自在文脉传承、作者队伍、阅读群体、传播方式等方面有什么突出的特点，它们在新的媒体环境中是什么样的互动关系，这些方面至今少人问津，更缺乏深入追问。

与印刷文学相比，网络文学写作与受众的互动明显加强。不过就目前的研究状况来看，接受维度往往被网络文学评论所忽略，评论者还是立足于生产本位进行评判，这样得出的结论显然有所偏失。网络文学的写作者、受众以年轻人为核心群体，网络文学追求流行品格，敢于挑战老成持重的成年文化，呈现不一样的自我，为此带有鲜明的青年亚文化特征。青年亚文化处于漂移状态，具有一种不稳定性和边缘效应。其文化属性如何影响网络文学的创作与接受，写手、平台运营者、受众如何建构互动模式，这些都需要研究者进一步探究。

应当引起注意的是，网络文学评论有较为突出的偏食现象。在网络文学版图上，类型小说受众面最广，商业开发程度最高，也是网络文学评论的焦点所在。相对而言，网络空间的诗歌、散文等文体的研究门可罗雀。由于诗歌文体的商业价值较低，诗集的出版也有一定难

---

① 方方，《自家鼓掌，唱彻千山响——闲说网络文学》，"银河文学的博客"(2017-01-09,19:06:18),http://blog.sina.com.cn/s/blog_1646844a60102x203.html。

② 谢六逸，《谢六逸集》，辽宁人民出版社2009年版，第114页。

度，越来越多的诗人转战网络空间，一方面网络诗坛鱼龙混杂，另一方面网络诗歌佳作迭出，这些现象都很值得深入思考。“鸡汤文”在微信朋友圈蔚然成风，这种大众文化现象已经成为不少文化人的谈资，但其背后的文化根源、社会心理却基本没有得到学理层面的关注和挖掘。当网络类型小说被等同于网络文学时，这种生态失去了必要的平衡，网络文学评论的视野是残缺的，容易被商业导向和流行趣味所牵引，也缺乏学术的独立性。

三

网络文学评论与研究的发展，迄今为止差不多是摸着石头过河的过程。大多数进入这一新兴领域的研究者背景不一，此前都有自己独特的领地，转移阵地后依然会保留学术惯性。网络文学研究是新地盖房，研究者有较大的自由发挥空间，也因为没有建立共同体认可的传统与框架，整体上显得散乱而随意。托马斯·库恩在其名著《科学革命的结构》中认为：“范式就是一种公认的模型或模式。”① 范式具有整体性、公认性、可模仿性、群体性等特征。网络文学研究要建立新范式，就需要根据研究对象的改变，有针对性地更新学术方法，转换思维模式。

第一，多学科协作的视野与方法。网络文学研究会牵涉文学、语言学、新闻传播学、社会学、经济学、计算机科学与技术、信息科学等学科的理论与方法，但目前的网络文学研究还局限于文学领域，视野偏于狭窄，方法也不够多样。譬如近几年 IP 问题在网络文学评论中经常被提及，可惜就像水过石面一样，转眼之间不留下任何痕迹，研究者对于与 IP 相关的版权法规、版权合作模式、版权与网络文学产业的关系都语焉不详，仅仅满足于蹭蹭热度，很难深入下去。当然，现实中很难有精通多个学科的全能型人才，要对网络文学研究进

① ［美］托马斯·库恩，《科学革命的结构》，金吾伦、胡新和译，北京大学出版社 2003 年版，第 21 页。

行立体交叉的学术透视，有赖于学术界各显其能的通力合作。

新的技术革新不断刷新网络媒介的面貌，也重构网络文化，因此科学的方法和思维在网络文学研究中应该有一席之地。在语言学研究中，实验方法已经运用得很普遍了，将语料通过电子仪器进行分析，得出核心词汇出现的频率，由此推断一个写作者的语言习惯与语言规律。通过一些语言分析软件对网络文学作品进行分析，会发现用常规方法无法捕捉到的一些语言特点。我曾经让研究实验语言学的朋友帮忙，让他们通过语言实验仪器对一部玄幻小说和一部 20 世纪 90 年代出版的长篇小说进行对比性的语言分析，结果发现前者的语言重复频率要高得多。因为这种抽样有点随意，样本数量也不够，说服力不足，所以没有写成文章。随着 AI 技术的快速发展，当写作机器人成为网络文学的重要制造者时，不借助实验手段的话，估计研究者已经很难确认具体文本的作者究竟是机器还是人。

第二，文化研究与审美分析的有机结合。目前从事网络文学评论与研究的学者，主要来自于中国现当代文学学科和文艺学学科，也有一些新闻传播学、社会学背景的学人偶尔为之。中国现当代文学背景的评论者大都采用文学思潮研究、作家作品分析的范式，优势是重视个案分析和文本解读，做得比较扎实，局限是综合性偏弱，视野比较狭小，容易忽略网络文学创作的媒介特性与社会文化内涵。文艺学背景的评论者侧重理论透视和文艺新现象描述，长处是具有较强的理论敏感性，善于从复杂的关系中把握网络文学的走势，但有时也会流于空泛。当然这只是一种泛论，每个评论者都有自己的个性与风格。目前的网络文学评论与研究，在学术方法方面基本沿用了研究印刷文本的路数，首先对书面材料进行书面分析，然后以书面形式表达自己的见解。网络文学中的非书面化元素，难免被一种学术惯性所屏蔽和滤除。网络文学评论的提升，一方面要避免将网络文本草率地等同于印刷文本，简单移植书面表达鉴赏和琐碎的文本分析，另一方面要避免不及物的、大而无当的表浅评论。

文化研究的优势是视野开阔，评价标准具有综合性，尤其面对网络文学这样的研究对象，有一些作品可能本身的艺术价值不高，但是在文化研究的多棱镜下会映照出别的价值，诸如记录现实、反映社会心态等等。对于像本雅明这样的文化研究高手来讲，他们从垃圾当中也可以敏锐发现具有较高研究价值的学术突破口。不过，文化研究学者有时难免越界，以一个专门家的学识去谈论他不熟悉的问题，隔山打牛。网络文学和传统文学相比，传播媒介不同，内容和表达方式依然相通，审美性依然是其根基所在。针对网络文学的变化，审美分析要有所调整，只要不被奉为唯一标准，就依然是有效的、基础性的研究方法。因此，将文化研究与审美分析有机地结合起来，具体问题具体分析，灵活运用，才能有的放矢，避免一把尺子量到底。

第三，文献学方法与数据分析方法的有机结合。人文科学研究一直重视文献的搜集与分析，借以探明研究对象的特征和性质，并在此基础上得出自己的观点。传统的文献学方法一直重视定性研究，因而具有明显的主观色彩，面对同一研究对象的不同研究者得出的结论可能差别很大，在科学性和客观性上容易引发争议。为了纠正这一偏失，定量分析方法的引入就有其必要性。以传播学为例，经验—功能学派以媒介分析、受众研究和传播效果研究为基本任务，以实证主义方法为基本方法，研究的过程和方法都是可重复的和可以验证的。研究者通过对外部环境变量的分析，揭示行为和事实的规律。传播学的技术—控制论学派建立在信息数理理论的基础上，以信息论、系统论、控制论为其奠基石，建立了典型的技术主义范式，具有更为明显的自然学科色彩。回顾网络文学的发展历程，追求数量的量化逻辑颇有市场，文本的同质化倾向较为突出。正因如此，数理统计方法适用性极强，可以大展身手。在网络文学研究中，可以借助媒体实验室的辅助，通过数据挖掘和分析，对海量数据进行筛选，捕捉热点信息，获得研究者需要的数据分析报告和可视化图表。网络类型小说的篇幅普遍较长，大数据统计分析以及 NLP（自然语言处理）方法的引入，也会有很好的效果。

数据分析方法并不是要取代传统的文献学方法，它在人文科学研究中是定性研究的有益补充。但不能单纯依靠纯粹的数据分析，人文研究还是需要独立的价值判断，不能以数据分析的结果作为唯一的依据。一些年轻学人在面对快速变化的研究对象时，自觉地更新研究方法，通过思维的转换，开拓新视野，开发新材料，提出新问题，开展新解释。这当然是值得鼓励的，同时也要避免一种倾向，那就是认为传统的学术方法已经过时了，在新的语境中不必再熟练掌握了。网络文学研究以人文研究为底色，我们在研究中必须具有人文思维和人文意识。正如格罗伊斯所言：“只有当对古老东西的保存似乎已经在技术上及在某种文明内被稳固下来的时候，人们才开始对新产生兴趣，因为似乎继续生产重复性的、模仿性的作品会显得多余，因为它们重复的，是在档案库里早就存在了的东西。所以，新只有在此时才会以肯定的，而不是以危险的面貌出现。”① 如果割裂历史与传统，“新”的价值也失去了必要的价值依托。

（首刊于《当代文坛》2020年第2期）

---

① ［德］鲍里斯·格罗伊斯，《论新：文化档案库与世俗世界之间的价值交换》，潘律译，重庆大学出版社2018年版，第2页。

消费寂寞：网络文学的游戏化趋向

网络文学十余年的发展可谓风起云涌，新现象、新面孔、新名词如同雨后春笋，令人眼花缭乱。在文化消费的链条上，随着痞子蔡、李寻欢、安妮宝贝、宁财神、邢育森、今何在、慕容雪村等的纷纷“作古”，新崛起的写手一如靠电视选秀节目成名的“超女”和“快男”，每一超人气写手的背后都有规模不等的粉丝团，在百度贴吧等处拔拳助阵，粉丝群之间的混战更是网上永不停歇的奇异景观。像起点中文网的招牌写手唐家三少、我吃西红柿、跳舞、血红等在网上大红大紫，但在网下却鲜有耳闻。现在的网民谈起网络文学，无非是玄幻、奇幻、仙侠、武侠、青春和言情小说，类型小说大有一统天下之势，网络诗歌等难有盈利可能的小众文体被无形地排斥在网络文学的门槛之外。这种风尚的转变和以经营网络游戏起家的盛大公司密切相关。在娱乐资本强大的推动下，盛大文学旗下拥有起点文学网、红袖添香、晋江原创网、榕树下、小说阅读网、言情小说吧和潇湘书院等七家文学网站，掌控了网络文学90%以上的市场份额。网络娱乐资本对网络文学的全面渗透与掌控，使网络文学在娱乐化的狂欢中难以自拔。正如韩少功所言：“文学在这个时代最重要的不可逆变化，是以电子化和数码化为特征的新兴传播手段，一如以往纸的发明、印刷的发明，正在使文学猝不及防地闯入了陌生水区。”①

网络文学的游戏化倾向包括两个方面：一方面是指网络文学普遍

① 韩少功，《扁平时代的写作》，《扬子江评论》2009年第6期。

强调娱乐与游戏功能，在文体上呈现出轻松、戏谑、搞笑的特征，在题材类型上以近现代文学中的言情、世情、武侠、科幻、侦探、恐怖、探险等为基础，通过发挥网络传播的技术优势，综合运用多媒体的艺术技法，对传统的通俗文学元素进行新的组合与改造，衍生出玄幻、穿越、职场、盗墓等新的文学类型；另一方面是指网络文学与网络游戏之间的相互影响与相互渗透。随着改编自网络类型小说的网络游戏逐渐风行，网络类型小说在人物关系、情节、形式、结构等方面，都呈现出模仿网络游戏尤其是大型多人网络角色扮演游戏（MMORPG）的趋向，网络类型小说和网络游戏在风格上千篇一律，低水平重复现象突出，沉迷于低俗的打怪升级过程中，过度渲染暴力竞技、情色诱惑等商业元素，已经失去了应有的历史文化内涵与审美内涵。

一、时尚的白日梦

玄幻小说、穿越小说、职场小说、耽美小说、同人小说等网络类型文学，都披着时尚的外衣，譬如，玄幻小说复合了中国武侠小说的魂、西方魔法小说的皮肉和成长小说的骨架，穿越文学用“历史”的外衣包装言情的内核，职场小说杂糅了世情小说和励志读物的特点，耽美小说具有日本动漫血缘并作为同志文学、虐恋小说的变体而吸引了特殊的受众群体，同人文学借梯上树的戏拟和改写则极大地解放了网民内心被囚禁的表达欲望。更为重要的是，这些以纸面文学为源头的类型书写进入网络空间的漂移，犹如玄幻文学和穿越小说反复渲染的移魂转世，网络为它们戴上了美杜莎的面具，其摄人心魄的目光如磁铁一样吸引着追逐者的脚步。正因如此，网络类型文学作为时尚的白日梦，“川流不息的‘新’事物持续不断地取代那些曾经‘新’而如今‘旧’的事物”。“很清楚的是，任何一种自以为创新的表达形式，实际上却被一个巨大无俦的语境所俘虏，这个语境就是重复。”① 也就是说，在世事如烟的转换中，时尚一旦变“老”就成了一钱不值的垃圾，取代的逻辑意味着不断加速的淘汰与忘却进程。以玄幻为代表的“幻”“侠”（包括玄幻、奇幻、魔幻、科幻和武侠、仙侠等亚型）写作吸引了大量青年男性作者和读者，而穿越小说的作者和读者大都为青年女性，两种风格的创作为不同性别的写手和网民提供了一个没有现实束缚的游戏空间，被世俗淹没的凡庸之苦、被权威（上司、家长、老师）监管的压抑感，爱的渴望和无爱的煎熬，无所适从的空虚和寂寞，都在写作和阅读中得到转移性的排遣和解脱。弗洛伊德认为：“长大了的孩子在他停止游戏时，他只是抛弃了与真实事物的联系；他现在用幻想来代替游戏。他在空中建筑城堡，创造出叫作白日梦的东西来。我相信大多数人在他们的一生中是不时地创造着幻想的。”② 从写作与接受的心理层面来看，具有突出的游戏化趋向的网络类型小说正是这样的白日梦。

被誉为玄幻文学旗手的香港武侠作家黄易坦承当年“深入描写”男欢女爱是“某一创作阶段的心态”，“少年时看武侠小说，很爱看男女情事的描写，但往往是点到即止，变成我的一个情意结”。于是自己写作时，就试着“把界线推过一点”。③ 其超越尺度的情色描写饱受诟病，为此被讥笑为“黄色+易学”。文笔的粗糙、人物的脸谱化、女性的官能化和不断重复的叙事套路，是黄易作品的通病。近年大陆网络类型小说中“幻”“侠”一路的文本，更是将这些先天不足照单全收。以萧鼎的《诛仙》为例，男主角张小凡是一个孤独的人，年少惨遭家门不幸，幸为异人所救，习得上天入地的本事，在千磨万劫中征服上古神兽、异禽，走遍各种奇异之境。动人、凄美的爱情故事是吸引网民围观的制胜法宝，张小凡与田灵儿、陆雪琪、碧瑶、小环、幽姬、小白、金瓶儿等都有感情纠葛，张小凡除了在与师父宠女田灵

---

① ［挪威］拉斯·史文德森，《时尚的哲学》，李漫译，北京大学出版社 2010 年版，第 20、22 页。

② ［奥］西格蒙德·弗洛伊德，《弗洛伊德论美文选》，张唤民等译，知识出版社 1987 年版，第 30 页。

③ 王媛，《黄易：玄幻掌门》，《南方人物周刊》2009 年 4 月 27 日，第 17 期。

儿的初恋中体会了苦涩之外，随后是无往不利。而张小凡与碧瑶的情感更是此类小说中难以摆脱的“大英雄+小魔女”的俗套。张小凡的法宝是一根看似丑陋的烧火棍，它由噬血珠和摄魂棒组合而成，并以张小凡血炼熔铸于一体，又名噬魂棍，是常被忽略的上古奇兵。爱与恨的选择，正与邪的彷徨，张小凡的命运打动了徘徊在社会边缘的默默无闻的年轻人，唤醒了沉睡在内心中渴望得到认可而不得的精神苦闷，在落寞中将成功的愿望投射到一个“架空世界”，从张小凡虚拟的英雄梦中获得感同身受的替代性满足。我吃西红柿的《盘龙》讲述的是一个身上流淌着已经绝迹千年的“龙血战士”血脉的少年林雷的成长梦幻，无意中得到的“盘龙戒指”引导他迈入通向神奇的旅程，他不断突破自我，从圣域强者到神级强者，从下位神、中位神修炼到上位神，在地狱中成长为突破宇宙限制、监管鸿蒙空间的一级掌控者。被起点中文网归入仙侠小说的《星辰变》讲述的是作为王爷三世子的秦羽的修真奇遇，从小被父亲忽略的他苦练外功，一颗流星幻化的神秘晶石——流星泪融入他的体内，使他获得了脱胎换骨的飞升。他先后得到的雷卫真传的《星辰变》、九剑之秘、迷神卷和万兽谱，帮助他从凡界到仙魔妖界再到神界，最终荣登“鸿蒙金榜”，拥有了至高无上的法力：“鸿蒙中一切，无论是哪一个宇宙，几乎所有生命的命运你都能计算。同时任何一个宇宙的能量你都可以调用。”玄幻小说作为“自我中心的故事”，其结撰模式与弗洛伊德所描述的毫无二致：“小说中的所有女人总是爱上了主角，这一事实很难看作是对现实的描写。但是，作为白日梦的必要成分，它却很容易被理解。同样，故事中的其他人物严格地分成好人和坏人，无视现实生活中观察到的人类性格的多样性。‘好人’都是自我的助手，‘坏人’都是自我的敌人和对手，这个自我就变成了故事的主角。”[①] 弗洛伊德认为白日梦的素材经常来自于“流行的神话、传说和童话故事的宝库”[②]，网络“幻”“侠”文学也日益热衷于将中国古代的神话、民间传说，

① ［奥］西格蒙德·弗洛伊德：《弗洛伊德论美文选》，张唤民等译，知识出版社1987年版，第35页。

② ［奥］西格蒙德·弗洛伊德：《弗洛伊德论美文选》，张唤民等译，知识出版社1987年版，第36页。

西方的魔法、科幻小说和探险小说的异界空间，日本角色扮演游戏杂烩于一炉，文类界限松散而模糊。

穿越小说的文本几乎都蕴含着一个“丑小鸭”变成“白天鹅”的童话模式。典型如波波的《绾青丝》中的叶海花，前世貌不出众，在饱受相亲的折磨之后终于要谈婚论嫁了，又因为罹患乳腺癌要割掉一只乳房，结局自然是鸡飞蛋打，希望转世成为一只米虫，找到疼惜自己的人，后在小冥王的帮助下借尸还魂，摇身变成大奸臣的女儿蔚蓝雪后，拥有了倾城之色，陷入了宫廷争斗、冤冤相报的漩涡，穿梭于楚殇、冥焰、安远兮、云峥和皇帝伪装的公子宇等形形色色的男人之间。金子的《梦回大清》中沉溺于“无聊的财务报表和分析”的“普通上班族”蔷薇，穿越到清朝后被众多阿哥包围，享受“万绿丛中一点红”的虚荣。《鸾：我的前半生我的后半生》中的叶茉儿穿越到清朝初年，前半生是辅助康熙登基的苏麻喇姑，后半生是协助他运筹帷幄的妻子，康熙在身为九五之尊的几十年里专宠她一人。穿越小说的女主人公都是琴棋书画无所不通的全才，胸怀锦绣，口吐珠玑，但文中的诗词歌赋大都来自于抄袭与拼凑。万千宠爱集于一身的“众星拱月”模式，或者在遥远的古代展现全能型的女强人魅力，是穿越小说无法跳出的窠臼。《木槿花西月锦绣》等作品的女主人公还在异时空中施展超群智慧，赢得了“事业爱情的双丰收”。非常有趣的是，在《绾青丝》中天曌皇朝的时空里，叶海花凭借吉他、旗袍、火锅、毛绒玩具等现代武器，成功俘获了异时空中的男人，而 21 世纪的流行歌曲的歌词和徐志摩的《再别康桥》也反复回响，时空错乱与古今混搭营造出了颇为荒诞的恶搞氛围。文中艳妓卡门的唱词倒能概括作品的主旨：“爱情不过是一种普通的玩意儿，一点也不稀奇；男人不过是一件消遣的东西，有什么了不起。”《凤囚凰》中的女主人公穿越到魏晋之后，成为山阴公主，睁眼醒来竟然发现自己的床榻旁睡着五个裸男，随后演绎的则是楚玉与容止之间“过程艰难，结局美好”的幸福生活。算得上异数的是源自晋江原创言情站的《午门囧事》，尚书家的小姐顾清侨因爱吃红烧肉而被段玉选为王妃，随后又被指认为已灭族的边牧族的公主，在识破哥哥陆子筝精心设下的圈套后，她放弃了苦心谋划的民族的复国大业，决绝地穿越回到自己所处的时空。

不过，从“穿越”到“回归”的循环，正好对应了作为写手与受众的青年女性在心理层面从释放到平衡的自我解压过程。与帝王将相和绝色美男谈情说爱，暴露王宫贵胄被掩饰的平凡、世俗的面相，隐秘地显现了被世俗围困的女性的内心挣扎——一方面通过做梦来撕碎无处不在的庸常生活的灰色幔帐，另一方面又在虚拟情境中体验“高处不胜寒”的孤寂，在这种循环的怪圈中宣泄内心的压力，并在象征的轮回中清除精神的垃圾，从而重新加固对现实的理解与认同。

在时尚的链条上，新颖总是被视为基本原则，而且要求新生事物连绵不断地涌现出来，这种求新的焦虑必然引来大规模的仿冒和复制，曾经时尚的事物迅速变得泛滥而多余。一方面是消费欲求对时尚的更新速度提出越来越高的要求，相形见绌的是网络文学的时尚元素的有限性，这就带来了网络文学在新与旧之间的循环和重复。网络写手们通过对文体风格进行细微的调整来营造新的意趣与氛围，这类似于时尚模特的换装游戏，通过变换外在装饰来扬长避短，改变气质。譬如网上流行的玄幻小说与奇幻小说，仙侠小说与武侠小说，就一如传说中在黑暗里绽放的双生花，在同一枝梗子上相互依存，争奇斗艳。这些类型小说都具有越来越明显的程式化特征，譬如网络仙侠小说专指飞升修真型小说，网友将修仙阶段分为“炼气期、筑基期、结丹期、元婴期、化神期”，代表性作品为萧潜的《飘邈之旅》、我吃西红柿的《星辰变》、梦入神机的《佛本是道》、忘语的《凡人修仙传》、皇甫奇的《飞升之后》等。

值得警惕的是，在时尚外衣下突破道德边界的网络传播不能不产生误导，像晋江原创文学网的耽美同人站，在站内搜索引擎的“性向”对话框中，包含了“言情”、“耽美”（男同性恋）、“百合”（女同性恋）、“女尊”（女尊男卑的简称）等选项；在“标签”对话框中，则包含了“性别转换”“虐恋情深”“不伦之恋”“春风一度”“契约情人”等选项。网上发表的帖子也多有此类文字。对一些非常态性取向的无所顾忌的展示，难免将缺乏定力的青少年引入歧途。正如基恩所言：“网络几乎吸引了我们的全部注意力，我们必然会成为错误信息传播的受害者。”① 网民试图从网络类型小说或网络游戏中寻找心理安慰，常常会陷入一种欲罢不能的强迫性重复状态，只能借助更为强烈的刺激和麻痹才能摆脱内心的脆弱感和无助感，进而沉溺于对虚拟世界的依赖，同时刻意地远离现实世界，将自己封闭在无形的幻觉城堡之中。这种无限延宕的心理过程，就为那些批量复制的跟风写作提供了消费空间。网络类型小说大规模地风行一时，在一部小说、一部电视连续剧、一种网络游戏之后有大批的追捧者相互认同、仿效，甚至将其作为生活指南，将其中的一些符号渗透到生活的各个层次。在本质上，大规模仿效的文化内驱力是害怕寂寞的大众，以象征的方式从中获得内心的归属感、安全感与依附感，这种文化现象本身也就成为一种符号化的象征系统。

二、独一代的文字游戏

根据中国互联网络信息中心 2010 年 7 月发布的《第 26 次中国互联网络发展状况统计报告》，截止到 2010 年 6 月，中国网民规模已经达到 4.2 亿人。在网民的年龄结构中，10—19 岁占 29.9%，20—29 岁占 28.1%，30—39 岁占 22.8%，年轻人成为网民的主体。从网民的职业结构来看，“学生群体在整体网民中的占比仍远远高于其他群体”，占比达到 30.7%。“网民学历结构呈低端化变动趋势。初中和小学以下学历网民增速超过整体网民。”初中和小学以下学历网民分别占整体网民的 27.5%和 9.2%，增速超过整体网民。高中学历网民的占比为 40.1%，大专及以上学历网民占比继续降低，下降至 23.3%。从 2009 年 12 月到 2010 年 6 月，在各类网络应用使用率中，网络音乐高居榜首，从 83.5%到 82.5%，半年用户增长率为 8.0%；网络游戏从 68.9%增长到 70.5%，半年用户增长率为 11.9%；网络文学从

① ［美］安德鲁·基恩，《网民的狂欢——关于互联网弊端的反思》，丁德良译，南海出版公司 2010 年版，第 43 页。

42.3%增长到44.8%，半年用户增长率为15.7%。[①] 网络文学和网络游戏用户规模呈现出快速增长的趋势，网络娱乐化倾向成为网络应用行为中最为突出的现象。网络文学和网络游戏的用户，多数为30岁以下的人群，这样一来，“独一代”的社会背景对他们的写作、接受方式的影响，就成为无法回避的问题。“社会上流行着这么一句顺口溜：‘外国流行爱（艾）滋病，中国流行爱子病。’自从提倡‘只生一个’以来，中国独生家庭爱子程度之深、关怀面之广堪称世界之冠。‘只此一个’似乎给中国家庭带来了唯恐爱之不够的担忧。”在他们的成长轨迹中，强调游戏性的日本和西方的卡通、动漫故事留下了深深的精神刻痕。“进入80年代以来，以日本为首的卡通故事片引进中国大陆，几乎垄断了电视银屏的少儿节目；以卡通片为基础制作的卡通漫画故事充斥图书市场，迅速占领少儿读物阵地。不幸的是，中国第一批独生子女的启蒙教育正是这一时期。变形金刚、圣斗士之类的卡通画，特别是一些盗版和非法印刷的卡通画，总是充满各种毁灭性的战斗工具，充满极富刺激性的情节和少男少女萌动的恋情，甚至宣扬暴力和色情。”[②] 这类故事最终往往拥有一条正义战胜邪恶的光明尾巴，但这一点稀薄的教育和审美意义犹如遮人耳目的包装纸，无法消除火爆的打斗场面和强烈的感官刺激给孩子性格造成的潜移默化的影响。像郭敬明的《幻城》，就有模仿日本漫画作者CLAMP的系列作品尤其是《圣传》的痕迹。在网络“幻”“侠”一路的类型小说中，其叙事套路、人物关系、情节模式都不同程度地吸收了日本动漫的一些元素。譬如帝释天是CLAMP的耽美漫画《圣传》中的反派BOSS（男一号），集绝美的容颜和残暴的个性于一体，以强制性的铁血手腕来谋取和捍卫绝对强者的地位。玄幻小说中就有一部新男孩儿的《帝释天》，虽挪用了《西游记》的某些故事框架，但还是无法掩饰模仿CLAMP的底色。

网络游戏在中国是快速增长的新兴产业，“2001年国内网络游戏

---

① 中国互联网络信息中心，《第26次中国互联网络发展状况调查统计报告》，http://research.cnnic.cn/html/1279171593d2348.html。

② 陈昌文，《跨世纪的新生代——独生子女与中国社会》，四川少年儿童出版社1996年版，第123、125页。

的总产值只有3.1亿元，到2007年已达到105.7亿元，6年间增长了34倍多。网络游戏盈利能力非常强，对其他产业的贡献也很大。2007年，网络游戏对电信产业的直接贡献达261.1亿元，对IT产业的直接贡献达97.6亿元，对传统出版和媒体产业的直接贡献达到42.5亿元，总计对其他产业的贡献达到401.2亿元。”[①] 国内网络游戏产业起初以代理美国、日本、韩国的网络游戏为主，譬如《魔兽世界》《传奇》《奇迹》《劲乐团》都曾风靡一时，但近年国内自主研发的网络游戏所占的市场份额逐年上升，已经占据主流地位。史玉柱的巨人网络依靠自主开发的《征途》游戏，被评为“2010年最会赚钱的公司”，“顶峰时净利润率超过80%，2010年第三季度其毛利率和净利润率分别仍然高达85.2%和61.6%”[②]。完美时空网络公司改编自同名小说的《诛仙》在市场上的成功，推动了根据网络小说改编网络游戏的产业化步伐。在网络游戏产业一度处于龙头地位的盛大公司（2009年以来，腾讯、网易等公司在这一领域后来居上）之所以广泛收购著名的网络文学网站，其目标为抢得垄断性优势，全面掌控网络文学的版权资源。全版权传播是其核心的盈利模式，全版权运营的起点为在线收费阅读，在获得版权代理权后，与平面传媒社合作出版纸质读物，而附属版权的销售则是具有高附加值的关键环节，即销售影视、游戏、动漫等衍生作品的改编权。其全面整合数字出版产业链的“一人一书”战略雄心勃勃，更是令业界瞩目。盛大的创始人陈天桥说：“我们通过互联网让一批本来非职业的作家和作者写作……我们现在大概每3天，就会有新的1亿字的作品产生。同时，又通过我们的平台去分发，让用户通过每千字两分钱直接在网上阅读，由于作家在线写作，所以没有盗版问题。”[③] 在全版权运营的旗号下，盛大文学的主营收入来自于网络付费阅读，在纸质出版、影视改编方面乏善可陈，在网络游戏改编版权的交易方面颇有斩获。首发于起点中文网的

---

① 郝振省主编，《中国动漫游戏产业发展现状调研报告》，中国书籍出版社2010年版，第98页。

② 张华，《谁是2010最会赚钱的公司》，《南方周末》2011年1月6日。

③ 陈伟鸿，柳斌杰等，《谁来分割“出版”商机这块蛋糕》，《中国商人》2009年第6期。

《鬼吹灯》《星辰变》《盘龙》《神墓》《斗罗大陆》《恶魔法则》等纷纷被改编成网络游戏，《盘龙》被改编为客户端、web、手机同时运营的三大类型游戏，其315万元的游戏改编版权一度创造了最高价格纪录。在娱乐风尚的席卷之下，网络类型小说的游戏化倾向越来越明显，“幻”“侠”类的写作逐渐向网络游戏的脚本靠拢，也有越来越多的小说作者参与改编，网络类型小说的传播与接受也日益受制于游戏玩家的趣味。

网络角色扮演游戏以场景为中心，众多玩家同时在线，每一玩家都以自我为中心成为游戏的主人公，多主体交叉与穿插的叙事构成迷宫式的多维空间。网络游戏的情节具有开放性和随意性特征，玩家的趣味是决定新手成长方式的关键因素，因此游戏的脚本只会确定场景的空间设置，对游戏地图进行精心设计，拟定主人公成长的方向和情节的基本框架，同时为玩家在选择路径、行为方式、善恶属性、装备配置等方面提供选择的自由。这就对作为脚本的所谓小说的叙事形成了强有力的限制，尽管网络游戏本身具有超文本的特征，但作为纯文字文本的脚本在叙述顺序上别无选择，只能选择流水账式的顺叙；为了吸引大量的游戏玩家，游戏脚本就要无所不包，主人公在成长历程中要上天入地、周游世界，要打遍天下无敌手，要成为无所不通的全才。这样，文字就具有百科全书的特征，要想象出千奇百怪的妖魔，要设置花样繁多的除魔方式，在叙述上就难逃大杂烩的宿命，而在情节线索上罗列并列项的做法也使机械性重复成为其致命的死穴。《星辰变》的升级换地图模式被不少粉丝所推崇，认为它的“凡界—魔界—神界”的三界模式摆脱了《诛仙》式的单地图与《飘渺之旅》式的星际模式，扩大了小说空间的立体性和层次感，克服了一些网络游戏线性升级模式的弊端，其地图模式与主人公修真升级、突破空间限制的向度是一致的，使得修真小说破碎虚空跃入更高层次的求道成仙的目的更加形象化。升级换地图的另一重后果是为作者的灌水提供了极大的便利，外部场景的变化固然能够部分抵消叙述的重复给读者带来的厌倦与抵触，但单纯改变外部场景的做法恰恰是写手想象力枯竭的表现。

一方面，当网络写作成为网络游戏产业链条上的一环时，网络写作的模式化倾向必然愈演愈烈。网络游戏总是设置环环相扣的情节与冲突，为玩家提供不同玩法和不同的升级路径，让玩家在突破重重障碍后过关升级，接受更高级别的挑战。资深的网友习惯将网络文学的类型化风格命名为“××文”，譬如“至尊文”和“超强文”专指英雄的争霸故事或小人物一飞冲天的发迹史，其中随处可见天下第一的巅峰传奇，将宇宙踩在脚下的造神运动也不罕见，遵循主角不死定律，主角总是能死而复活并且最终获得永生；“种马文”专指男主人公见到女性就滥交的故事，与之对应的“后宫文”则指男主人公谁见谁爱，红颜知己满天飞的白日梦；“腹黑文”专指主人公外表善良却内心邪恶的故事，而“暗黑文”则指有变态倾向和虐待、受虐情节的故事，典型如吸血鬼小说；“女尊文”专指女尊男卑的故事，其中有众多的超级帅男在女主人公面前俯首称臣。另一方面，文学网站的即时评论制度大大提升了读者的地位，写手为了提高点击率和获得更多的读者推荐票，往往会迎合大多数读者的意见，写手自身的独立性也就丧失殆尽。《斗罗大陆》的作者唐家三少表示：“‘粉丝经济’并不只是指金钱，对网络小说来说，它代表了很多东西。比如说读者给我每一次点击、每一个推荐，和读者在书评区进行交流，他们给我的每一句支持、每一个建议，都是‘粉丝经济’的一部分。”① 点击率至上的路线使网络类型文学的写作成为集体经验的表达，通过对作品主人公成长路线与命运轨迹的设计，主人公的命运成为受众群体的精神倒影。《斗罗大陆》中主人公唐三的成神史被完全限定在层层叠叠的等级框架中，职业、魂环、铁匠都被分成若干等级，读者或游戏玩家被裹挟在虚拟的唐三的幻影中，纵横奔突，展开爬坡练级的群体性竞技。当热门网站同时强推两部热门小说时，相互对垒的“粉丝团”一方面迷失在集体自恋的狂欢中，另一方面催生从众跟风的羊群效应，而网络写手正是“粉丝经济”中的领头羊。

由于网络游戏的指令性语言极为简洁，而游戏中玩家所扮演的角色之间的对话都是预先设置的，而玩家之间交流的语言则具有行话的特征，非游戏玩家很难看懂，除了关于组队邀请或装备交易的网络专

① 诸葛漪，《网络“大神”写手侃粉丝》，《解放日报》2009年12月23日。

用语言，大多为玩家发泄情绪的“火星文”，其中大量掺杂用同音字、音近字、特殊符号来表示的文字。这样，语言的重要性就大大降低。网络类型小说对网络游戏的模仿，也必然导致“灌水文”和“小白文”的流行。网络类型文学尤其是“幻”“侠”一路的小说动辄数百万字，《星辰变》《盘龙》《斗罗大陆》《恶魔法则》等都在300万字以上，语言松散、拖沓、臃肿，废话连篇。为了提高在线写作的更新率，让“粉丝”的追捧维持更长时间，刻意拉长篇幅成了热门的签约写手的游戏规则。写手们在疯狂码字时，也是在透支健康，“红袖添香”网站最高级别四钻签约作者包青春，一年多时间写了6部网络小说，高达300万字，点击率冲破2000多万，月收入一万多元，当发现身体罹患恶疾时，她希望在最后的时间写一本《珍爱健康》。对利润的追逐使网络写作成为一种压榨身体的体力劳动，成为残酷的青春饭。血红坦承：“保证更新的速度，就是持之以恒地写。作品质量嘛，其实很多时候不是作者写不出好东西了，而是懒得写好东西或者是因为外面的一些诱惑太大太多，都忙着玩耍去了，自然就写不出东西来了。”[①] 所谓“小白文”（又称“小白书”），指那些平淡温馨、苍白肤浅、空洞无物的网络文字。我吃西红柿被不少网友视为“小白文”的始作俑者和王者，《星辰变》因其语言浅白、情节粗糙、故事重复、细节雷同、人物僵硬而成为“小白文”的代表作。“小白文”之所以风行无阻，关键在于网络类型文学读者的阅读水平参差不齐，由于高中及高中以下水平的网友规模占比高达76.8%，大专学历的网民规模为12%，本科及以上网民的规模仅为11.3%[②]，大多数读者都习惯于接受通俗易懂的文字，阅读与欣赏水平高的读者所占比率极低。

对于“小白文”甚至“脑残文”的铺天盖地，不少网友也颇为不满。被网友封为“起点第一神书”的《异天途》，据说其写作动机源自龙空论坛的一次打赌，作者高度怀疑起点中文网编辑的水平和责任感，认为“脑残”的小说同样能够通过审查甚至被“强推”（强力

---

① 马李灵珊、陈彦炜，《血红：一直以来我都是浑浑噩噩过日子》，《南方人物周刊》2009年第33期。

② 中国互联网络信息中心，《第26次中国互联网络发展状况调查统计报告》，http：//research.cnnic.cn/html/1279171593d2348.html。

推荐）。这本书不仅在起点发表，还被“强推”上榜，直到连载至50多万字才被起点删除。这本书的文字完全错乱，譬如第一章有一句不断重复的文字：“恢复爹好看符合好和搞活上可是搞活上可控硅而后外搞活立刻告诉个我个就。”令人忍俊不禁的是，百度贴吧的“《异天途》吧”中还有不少网友热衷于破解这本天书，不断推出搞笑的解读文字。被一些网友誉为“反意识流”的《网游之少爷天下》是人物沉溺网游的过程记录和对白铺陈的拼凑，时空混乱，人物的语言颠倒无序，像“王小明的父亲说：‘母亲要孝顺我的儿子。’”之类的文字充斥其间。如果从语法角度来考察，称得上是病句连篇。《异天途》《网游之少爷天下》与《九转金身决》一起并称为“起点三大神书”，有网友将其共同的特点概括为“雷、白、脑残无下限”。

三、消费寂寞

虚拟世界与真实世界的混淆，是沉迷其中的游戏玩家难以自拔的精神陷阱。而网络类型小说吸引读者的关键，也是其精神致幻的作用。与药物中的致幻剂一样，低剂量的服用会让人进入一种愉快的麻醉状态，感知能力变得敏锐，想象力如同脱缰野马，内心浮现奇妙的幻境。但一旦形成依赖，就会导致时空错觉，陷入妄想和思维分裂状态。“人们一旦对制造幻象的机制也全然不闻不问，这就宣告了他们的有关现实的观念的彻底破产，因为现实观每时每刻都离不开对自然物与人造物、现实与幻象的辨别。这种无动于衷暴露了人们对除自身以外的其他事物感兴趣的能力已受侵蚀。”① 2004年12月，13岁的天津网游少年张潇艺在连续玩《魔兽争霸》36小时后，以标准的飞天姿势从楼上跃下，去追寻游戏中的英雄尤第安、复仇英雄及守望者。在他4本近8万字的网游笔记中，4万多字的《守望者传》就是根据《魔兽争霸》游戏改编而成，详细记述拼杀场面、武器功能和武功招

① ［美］克里斯多夫·拉斯奇，《自恋主义文化》，陈红雯、吕明译，上海文化出版社1988年版，第98页。

式。这些笔记大多以第一人称述说，情节充满了游戏的魔幻色彩，并且多次记录了“我”肉体死亡、灵魂升天的经历。一方面，主观认同机制的误置，也即社会心理学所界定的“自居作用”的影响，使得网络游戏和网络文学成为主体逃避现实的精神屏障。另一方面，网络公司追求利益最大化的倾向，使其对具有麻醉作用的低俗、色情、暴力缺乏必要的监控，像晋江原创文学网更是在鼓励这种趋向。2010 年 12 月，中央电视台二套曾在 19 点后的黄金时段批评盛大文学“低俗化、色情化、暴力化对青少年造成恶劣影响，过度商业化让网络文学网站眼睛里只有流量”①。“国产网游总体而言，精品少，平庸多；原创少，模仿多；个性少，照抄多。”② 与此相应，这些弊端也是网络类型文学的通病。

在社会心理学的视野中，网络类型文学与网络游戏之所以流行的文化根源，是作为受众群体核心的青少年普遍的寂寞和空虚状态。“独一代”的成长背景使他们在成长过程中缺少兄弟姐妹之间亲密的竞争与交流，升学压力、就业压力、升职压力和 20 世纪 90 年代以来金钱至上的社会风尚，都在强化个体所面临的生存焦虑的同时，使他们在孤独中无处申说。当父母、老师、上司以及同学、同事、朋友都成为升学、求职、升职竞争中潜在的压力制造者，在虚拟世界中转移压力、寻找寄托就成为重要的精神补偿机制。有节制的网络阅读与网络游戏，或许能够成为平衡心理冲突的自我治疗。但是，过度的沉溺只能加深内在的空虚和寂寞。正如佩斯所言：“在电脑游戏的虚拟世界里，在拼装的现实的夹缝中，他们发现自己做了主角。那种现实，半是形象半是实质，可谓模拟现实的中间现实，柏拉图或许会称之为中间世界。虚拟游戏玩得最欢的人是那些最想逃离现实的人，这绝非偶然。”③ 克劳特等人认为网络沉溺会导致社会交往圈子缩小和人际交往深度变浅，并增强内心的抑郁和孤独感受，网络使用的增多意味着

① 孙进，《央视批评盛大文学》，《第一财经日报》2010 年 12 月 9 日。

② 郝振省主编，《中国动漫游戏产业发展现状调研报告》，中国书籍出版社 2010 年版，第 137 页。

③ ［葡］何塞·马乔多·佩斯，《过渡与青年文化：形式与表演》，黄觉译，《国际社会科学杂志》2001 年第 2 期。

现实交往空间被挤压，浅尝辄止的网络人际交往对深度的现实交往的取代，都显著强化了人们的孤独状态，从而推导出一个著名的“网络悖论”（Internet Paradox）——在线联系越多就越孤独。① 总体而言，网络空间程式化的人际交往蜻蜓点水，停留于机械化的、条件反射的行为反应，很难产生实质性的心灵交汇，相见即意味着相忘。

“春哥教”的轨迹非常典型地反映出网民在空虚中盲从的心理状态，因为无所适从，就在群声沸腾中人为地制造出一个偶像或神灵。“春哥”一词起初是不满李宇春中性形象的“黑米”（反对李宇春的人）攻击“玉米”（李宇春的粉丝）的话语武器。2007 年 6 月 21 日 18：20 左右，“黑米”们聚集在百度“李宇春吧”“爆吧”（通过疯狂发帖来砸场子），战斗高潮时新帖发表速度为每秒 1 帖，最终以管理员关闭“李宇春吧”发新帖的指令，将其设置为“仅浏览”而告终。“6·21”事件宣告了“春哥教”的诞生。耐人寻味的是，“春哥教”随后逐渐偏离恶搞女星的初衷，发展成为一个具有粉碎一切现实压力的准宗教偶像。在网上流行的仿拟口号铺天盖地：“信春哥，不挂科”，“信春哥，娶媳妇”，“信春哥，得永生”，“信春哥，考本科”，“信春哥，炒菜不糊锅”，“信春哥，四级六级容易得多”，“信春哥，中国男足踢出世界波”，“信春哥，姚明已经不能当大哥”，等等。网络游戏玩家的口号是“信春哥，死后原地满血复活”。“春哥”成了万能的现实庇护者，这从下面的句式就可见一斑：“昨天我还不信春哥，今天我信了，真的就……”在一个理想崩塌、价值缺位的语境中，“春哥教”成为寂寞的盲众群体性的自我安慰。

在主流规范的领地里，青少年总体上属于边缘群体，其话语权利常常被熟视无睹。而青春期的反叛意识，又容易放大外部世界的冷遇所造成的内心的屈辱感。这种服从的、被抑制的、被忽略的边缘状态正是寂寞的前沿，容易激发内心的孤独感和无价值感。寂寞的蔓延和逃避寂寞的沉溺，就成为网络青年社区不断制造时尚热点以寻求快感

---

① Robert Kraut, Michael Patterson, Vicki Lundmark, Sara Kiesler, et al. Internet paradox：A social technology that reduces social involvement and psychological well-being? The American Psychologist, Washington：Sep 1998. Vol. 53, P. 1017-1031.

的精神根源与心理动力。2009 年 7 月初，百度贴吧里张贴出一张图文搭配的男子吃面的照片，配发的文字为："哥吃的不是面，是寂寞！"此帖引发一千多万的点击率，被网民封为"网络第一神帖"。"××的不是×，是寂寞"的句式一时风靡网络，使用这一句式的网民则被贴上"寂寞党"或"寂寞族"的标签。同一时期的"贾君鹏事件"同样具有典型意义。贾君鹏事件是指 2009 年 7 月 16 日发生的空帖莫名爆红现象，当日百度贴吧的魔兽世界吧中，一篇题为"贾君鹏你妈妈喊你回家吃饭"的无内容帖被回复 30 余万次，该帖题目迅速成为中国大陆网络流行语，贾君鹏这个真实身份不明的人物也随之走红网络。回帖中贾家"亲友"几乎倾巢而出。还有不少网民借题发挥，衍生出各类二次创作，如将这一句话制作成各类恶搞图片，或是将其翻译成各国文字，甚至为贾君鹏以文言立传。有不少商家敏锐地发现了这一现象背后的商机，有不少个人和策划公司冒名认领"贾君鹏"，宣称自己是始作俑者，有商家推出了相关的文化衫，还有的将"回家吃饭"嵌入广告语中，借以促销。这一现象源起魔兽玩家的精神寂寞，九城公司终止了网络游戏《魔兽世界》的大陆代理权之后，新东家网易因审批原因迟迟无法开服，至该帖出现时已有 40 余天，广大魔兽玩家因无游戏可玩寂寞无聊，借此发泄。在网民的跟帖中，出现频率极高的一条为："我们跟的不是帖子，是寂寞。"① 异曲同工的是所谓的"寂寞门"事件，2009 年 9 月 10 日晚 22 点 50 分左右，南京大学仙林校区校园广播突然响起，但声音嘈杂，听不清具体内容。学生宿舍 1 栋和 3 栋之间有人怒吼，引起 1 栋和 3 栋学生起哄。许多以为发生大事的学生聚集在校园的通道上，不知真相的人群开始猜测，因猪流感封校说、火灾说、地震说、跳楼说、求爱说等此起彼伏，20 多分钟后人群陆续散去。随后校园 BBS 上爆发大量"真相贴"，被版主迅速删除后，目击者和当事人又转战人人网、QQ 空间。次日，西祠、猫扑、豆瓣、天涯等网站都对此事展开热议。9 月 11 日下午 13 点 59 分，校方在本校 BBS 校园生活版对"广播响起"一事作出说明，事件平息。有趣的是，"寂寞门"事件的命名源于一名学生在网络帖

① 参见维基百科（http：//zh. wikipedia. org/）相关词条。

子中的表述："我们看的不是热闹，是寂寞。"①

伟大的文学创作源于寂寞，况周颐的《蕙风词话》卷一中有言："吾苍茫独立于寂寞无人之区，忽有匪夷所思之一念，自沉冥杳蔼中来。吾于是乎有词。"鲁迅在《而已集·小杂感》中也说过这样的话："人感到寂寞时，会创作；一感到干净时，即无创作。他已经一无所爱。"②里尔克在信中这样告诫青年诗人卡卜斯："你要爱你的寂寞，负担它那以悠扬的怨诉给你引来的痛苦。你说，你身边的都同你疏远了，其实这就是你周围扩大的开始。""在寂寞中你不要彷徨迷惑，由于你自身内有一些愿望要从这寂寞里脱身——也正是这个愿望，如果你平静地、卓越地，像一件工具似的运用它，它就会帮助你把你的寂寞扩展到广远的地方。"③翻译过里尔克的不少作品的诗人冯至对寂寞做出这样的诠释："我认为没有寂寞之感就没有自我，没有人际交流就没有社会。"④通过安于寂寞来摆脱寂寞，并在寂寞中进行独立的思考。面对作为这些寂寞的结晶的文学作品，高明的读者也通过体验文字背后的寂寞来直面现实，逼近自己的内心，承受心灵内部的重量，并遥感世界的广漠与荒凉。网络文学的活跃同样是从寂寞出发，寂寞是刺激网络文学批量化复制的内源性动力。网络文学写手安妮宝贝认为："在文字里反映了我所有的思想。我觉得爱情的实质，其实是一剂麻药。带来暂时的幻觉和麻醉。因为寂寞。因为疼痛。最后却带来更多的寂寞，更多的疼痛。"⑤宁财神这样描述自己的感受："为了满足自己的表现欲而写、为写而写、为了练打字而写、为了骗取美眉的欢心而写，当然，最可心儿的目的，是为了那些个在网上渡过的美丽

① 范利群，《试析高校突发事件网络舆论的引导——以N大"寂寞门"事件为例》，《科技信息》2010年第14期。

② 鲁迅，《而已集》，《鲁迅全集》第三卷，人民文学出版社1981年版，第532页。

③ ［德］里尔克，《给一个青年诗人的十封信》，冯至译，《冯至全集》第11卷，河北教育出版社1999年，第301、310—311页。

④ 冯至，《在联邦德国国际交流中心"文学艺术奖"颁发仪式上的答词》，《冯至全集》第5卷，河北教育出版社1999年，第206页。

⑤ 吴过，《桀骜不驯的美丽——网路访安妮宝贝》，《程序员》2000年第1期。

而绵长的夜晚而写，只是该换个名字，叫记录。”[1] 在好奇心和群体认同的驱使下，年轻的网络写手投身于写作时尚的潮流中，让个体的孤独感、无聊感被群体的狂欢所淹没、悬置。主体通过面对外部世界的强烈刺激来统一内部的混乱，来转移对自我矛盾的注意力，但这种逃避倾向并没有根除内心的空虚，被抑制的寂寞的强力反弹会再次将主体抛入焦虑、不安和孤独的漩涡，只能寻求更强烈的刺激来抑制自我的内部分裂。这样，网络文学的写作和接受都陷入了在寂寞与麻醉之间循环的怪圈。在我看来，“爱你的寂寞”或“逃避寂寞”，或许正是历久弥新的文学或转瞬即逝的文学的分界线。

近 10 年网络文学一浪紧接一浪的流行趋势，其潮流的底部涌动的正是作为“寂寞的共同体”的青年网民逃避寂寞的文化冲动。大多数青年网民游离于主流规范之外，又缺乏必要的身份定位与文化认同，陷身于多变、破碎的新价值与新规范的包围之中，往往催生了内在的疑虑，难以抉择，失去了明确的人生目标。李斯曼等合著的《寂寞的群众》一书对这种文化性格有精辟的论述：“所有他人导向的人的共同点是以同时代人作为个人的人生指南，不管他对这些人有深入了解还是道听途说，也不管是通过朋友介绍还是来自大众媒介的灌输。依靠外在的精神来源指导自己的人生，已顺理成章地被‘内化’为一种早已形成的自我意识。他为之奋斗的人生目标随着指南的变化而变化：终其一生不变的仅仅是为奋斗而奋斗以及密切关注他人导向的过程。”[2] 他人导向的人跟在群众后面乱跑，这也是一些在网上莫名走红的文化奇观的背后推手。而商业资本对网络文学的强势渗透，利用网络传播快捷、广泛的优势，用排行榜的手法来推高点击率，鼓励并利用网民的盲从与跟风倾向，刻意制造热点，吸引大批年轻人的追捧。这也进一步削弱了网络文学的自主性，在速生速灭的轨道上愈陷愈深。

在娱乐资本、消费时尚和社会心理的结合部，社会群体普遍的内

---

① 吴过，《水煮宁财神》（访谈），《传奇文学选刊（人物金刊）》2006 年第 4 期。

② David Riesman, Reuel Denney, Nathan Glazer, The Lonely Crowd, New Haven: Yale University Press, 1950, P. 22.

心寂寞成为流行文化的传播动力，甚至被改塑成一种潜在资本。作为寂寞群众的网民在网上的匿名化状态，使他们在网络面具的遮盖下，借助网络文学的阅读和网络游戏的娱乐来宣泄郁闷和寻找快感。他们在现实世界中的人格与价值分裂，成为在虚拟世界无休止的假面狂欢的生理基础和心理动因。更为关键的是，“寂寞—宣泄—更寂寞”的恶性循环加重了网民对网络和网络娱乐的依赖，因为脱离网络往往会使他们重新陷入“沮丧、困惑、孤独、经常悲观失望”的精神障碍，而“变成某个不同于他们自己的人的想法诱使很多使用者过度使用互联网”，“游戏可以白天黑夜、日复一日地进行下去——成为圣者的唯一办法就是经常玩”①。也就是说，网络娱乐在把寂寞转化成商业利润的同时，其强大的生产线也催生并强化了新的寂寞。这样，寂寞的再生产也就为网络娱乐的再生产提供了无限的空间和可能性。可以预言的是，网络文学的游戏化倾向在短时期内不仅不会衰落，而且方兴未艾，并向传统纸面文学写作逐渐蔓延。

（首刊于《南方文坛》2011 年第 6 期）

① ［美］金伯利·S.扬，《网络心魔——网瘾的症状与康复策略》，毛英明，毛巧明译，上海译文出版社 2005 年版，第 8、74、81 页。

论文学语言在电子文化语境中的变异

在大众媒介的发展历程中，电子媒介的快速扩张对媒介格局产生了强烈的冲击。电影、广播、电视和互联网以其技术优势，给大众带来新的娱乐方式与文化快感。而电影、广播节目、电视剧、网络游戏将技术与艺术统一起来，声音、画面、色彩的有机融合以及视听艺术的数字化进程，丰富了电子媒介的艺术表现手段，不断给印刷媒介和语言艺术带来巨大挑战。面对电子艺术的围逼之势，语言艺术通过自我调整来适应新的媒体环境。值得注意的是，语言艺术正在向视听艺术靠拢，一方面，一部分作家通过借鉴、吸收视听艺术的叙事方式和审美元素，拓展文学的艺术空间，探索文学创造的新的可能性；另一方面，更多的作家以追逐新潮的姿态，关注热点题材，叙事作品的创作采取脚本化的策略，在语言运用上表现出明显的视听化倾向。电子媒介技术的发展改变了人们的生活，改变了人们接触世界的方式。伴随着受众的阅读方式的变化，作家的写作方式和语言风格也发生了明显的变异。从语言本身来看，电子文化以其强大的渗透性，给文学作品的词汇、修辞、语篇、语体都留下或深或浅的印记；从更为宏阔的方面来看，电子文化潜移默化地影响语言背后的感知方式与思维方式，导致语言思维的弱化与视听思维的强化。

一、文学语言的视听化

文学语言视听化的重要特征是运用视觉语言和听觉语言同步呈现信息和情感，使得接受者有一种置身其中的在场感。与此相伴的是审美趣味的纪实化，题材贴近民众的真实生活，记录现实进程的不同侧面，语言具有鲜明的日常语言的特征，鲜活而粗粝，小说中的人物对话原汁原味，也显得散漫而絮叨。正如电影理论家巴赞所言："电影这个概念与完整无缺地再现现实是等同的。这是完整的写实主义神话，这是再现世界原貌的神话。""这场革命触及更多的是主题，而不是风格；是电影应当向人们叙述的内容，而不是向人们叙述的方式。"①

20世纪80年代出品的电影故事片与电视连续剧，绝大多数为文学影视，但当时文学创作和影视创作各走各的路，制片机构和导演从已经发表或出版的作品中挑选改编对象，作家尤其是小说家遵循语言艺术的法则构思情节、琢磨语言。进入90年代以后，越来越多的作家在写小说时，主动向剧本的叙事规则靠拢。1993年12月28日，3个创办了影视公司的作家王朔、吴滨、杨争光聚集在好梦影视策划公司对谈，王朔认为："我越来越觉得有一个东西需要改变，就是传达思想和情感不只是写字的方式、文字的形式，还有别的形式也很有效，比如视听的形式。好的电影并不比好的小说差，而坏的小说可能比坏的电影更没法看。"② 这一批从文学转向影视的作家推动了文学创作的影视化潮流，作家的影视化生存也成为一种普遍现象。到了1999年，在一篇对话录中，张英说"年前我回南方，许多作家都在写剧本，主要是赚钱"，邱华栋则当着王朔的面说："这一点还得感谢王朔，影视剧为作家挣钱找到了一条新路，提升了作家应得的报酬。连

---

① [法]安德烈·巴赞，《电影是什么?》，崔君衍译，江苏教育出版社2005年版，第16、289页。

② 白烨、王朔、吴滨、杨争光，《选择的自由与文化态势》，《上海文学》1994第4期。

我们这些小鱼小虾也跟着占便宜，抖擞抖擞精神。”① 不少作家将主要精力用于码剧本，文学创作成了副业，或者干脆像王海鸰、海岩等人，先写剧本，再把剧本改编成小说。王海鸰主张靠写剧本赚来的钱养小说：“靠剧本挣的钱，来买下我自己心的安静。写小说需要内心非常安静，心无旁骛。”② 关于剧本和小说的异同，她有这样的体会：“在这个年代最强势的媒体是电视，我感觉小说和戏剧的结合是最好的电视剧。文学的东西靠天赋，而戏剧的东西是可以学习的技巧的东西，比如一波三折、一唱三叹、起承转合、没有三角不成戏等等，都是中国戏曲里最古老的东西，这个把握起来很容易。”③ 当然，小说和剧本的语言有明显的差异。就小说而言，她的《牵手》《新结婚时代》《中国式离婚》都有明显的剧本的痕迹，人物对白成为核心内容，而且是推动情节发展和变化的重要力量。王海鸰很注意通过对白来塑造人物的性格，而且也很重视说话人的性别、职业、身份、个性对说话方式的影响，譬如《新结婚时代》中顾小西妈妈作为一个医生，说话干练、较真，而且带着浓厚的“职业腔”，其对白具有较强的辨识度。《中国式离婚》的结尾部分有这样一些文字：

> 林小枫伏在宋建平肩上耳语：“建平，你还走吗？”
> 宋建平迟疑一下，点头。
> “你恨我吗？”
> 宋建平毫不迟疑地摇头。
> “那，你还爱我吗？”
> 这一次，宋建平没摇头，但是也没点头。
> 于是林小枫明白了。她放开宋建平，打开随身带来的包，从

---

① 邱华栋、王朔、张英、刘震云，《从〈看上去很美〉谈起》，《作家》1999 年第 7 期。

② 何瑞涓，《王海鸰：“触电”之后，小说怎么办?》，《中国艺术报》2012 年 12 月 14 日。

③ 王海鸰、王陈，《“压垮骆驼的最后一根草”——编剧王海鸰访谈》，《大众电影》2007 年第 1 期。

里面抽出了她带来的离婚协议书。①

这些文字中的对白和动作都充满了戏剧性，简洁的对白可以让受众即刻明白语言表层的意思，也理解了人物语言背后隐藏的真实想法。在离婚大战激烈的对攻游戏之中，宋建平和林小枫不断用言语刺激对方，从怀疑、愤怒、惶恐到怨恨、动摇、决绝，言辞之中火星四溅，两人情绪大起大落，情节跌宕起伏。而结尾的这些对白，如同激情消退之后的余烬，尽管还有一些火星，但已经是心如死灰。对白中有欲说还休的苦衷，更多的是敷衍与无奈。值得注意的是，这些到了最后才抖出包袱的关键台词，总让人有似曾相识的感觉。事实上在如今的电视连续剧中，类似的场景频繁重现，即使细节也是大同小异，其效果和程式化的“再见”并无根本性差别。王海鸰试图强化对白的含混性，以此展示人物内心的矛盾性。遗憾的是，视听化的语言在强化画面感和听觉效果时，往往会抑制语义的丰富性与复杂性。

杨争光也是深度介入影视的作家，《黑风景》《赌徒》《杂嘴子》《流放》等作品都是先有剧本，随后改成小说。杨争光早期的小说表达简练，语义丰富，用混杂陕西方言词汇的小说语言刻画西北底层民众干渴、变异的灵魂，在叙事上没有过多的弯弯绕绕。像《老旦是一棵树》等作品，语言结实，都是挤掉了水分的干货，闪耀着刀锋一样的光芒，总能切中要害，又逼真而生动。但是，在剧本化创作的影响之下，其小说语言逐渐变得散漫，那种凝练有力的语感慢慢消散。以其长篇小说《少年张冲六章》为例，对白占据绝对的主导地位，尤其是作品中的“父与子的交谈”一节，从头到尾都是张红旗和儿子张冲你来我往的斗嘴。《少年张冲六章》过度堆砌对话，缺乏叙述的穿插与过渡，使得文本显得絮叨、松散且臃肿。

刘恒的《伏羲伏羲》《黑的雪》《贫嘴张大民的幸福生活》等小说都被改编成影视，他还担任了电视连续剧《少年天子》的总导演，还是《秋菊打官司》《集结号》《金陵十三钗》等电影的编剧。以其作品《白涡》中的一段文字为例：

① 王海鸰，《中国式离婚》，作家出版社 2007 年版，第 284 页。

> 太阳没有了，天空还留着阳光。周兆路把面包纸扔进果皮箱后，一抬眼便看见了那个人。一身淡绿色的束腰连衣裙。一双雪白的高跟皮凉鞋。同样白的不及一本书大的小挎包。一小片黑浪头似的卷发。两条亭亭玉立的长腿。她准时来到了。①

这段文字有很强的画面感，可以与镜头语言无缝对接，由远景、中近景、特写镜头拼接而成。作家运用镜头化语言，对人物的肖像、表情和服饰等具象性场景进行镜头式的记录，通过缤纷的颜色搭配、强烈的动静对比，营造出动态的、多层次的空间视觉效果。作者善于捕捉典型细节，使现场历历在目。在“一身淡绿色的束腰连衣裙”之后，连续五条偏正结构的短语独立成句，这在书面表达中颇为少见。严格来说，这些句子成分残缺，不符合语法规范。与文字规则不同的是，在影视的图像叙述中，连续的特写镜头的组接是常用手法，通过突出细节和局部，营造强烈的视觉效果。而且，这段文字表面上没有添加声音元素，却是此时无声胜有声，华乃倩赴约时的精心装扮就是无声的音效，而“她准时来到了”颇有画外音的意味。作家寥寥数笔，勾勒出私会的周兆路与华乃倩的焦灼状态，达到了令人印象深刻的戏剧效果。

《贫嘴张大民的幸福生活》的语言有逼真的视听效果，不断切换的对话场景构成了作品的主体，张大民的居所的变迁成了串联作品的内在线索。刘恒对房子内景的描述形象而精确，达到了一种摄像式的动态效果，叙事者的视角类似于移动的镜头。张大民家的房子“像一个掉在地上的汉堡包”，“第一层是院墙、院门和院子”；“第二层便是厨房了，盖得不规矩，一头宽一头窄，像个酱肘子”；“穿过厨房就进了第三层，客厅兼主卧室，10.5 平方米，摆着一张双人床和一张单人床，一张三屉桌和一张折叠桌，一个脸盆架和几把折叠凳。后窗不大，朝北，光淡淡的，像照着一间菜窖”；“最后一层是里屋，6 平方米，摆着一张单人床和一张双层床，猛一看像进了卧铺车厢一样。墙上没窗户，房顶上有个窗户，白光直着照下来，更像菜窖了”。这些

① 刘恒，《白涡》，《中国作家》1988 年第 1 期。

文字有类似于测量视图的动态效果。小说中的对话采用简洁的口语，不避重复而富于变化，用戏剧化的语言表现语气、音色、情绪的曲折起伏与细微差异，营造生动、活泼的听觉效果。张大民和张三民为了在狭窄的房间里再摆一张双人床，有一段对话通过反复修辞来突出双方的情感激荡。

“你的意思是……”
“把两张双人床摞起来。”
“把两张双人床摞起来？”
“对，把两张双人床摞起来！”
“我做梦也没想到……”
“我没做梦就想到了。”
“……摞起来？”①

在刘震云的小说《手机》中，第二章第二小节写到严守一和费墨第一次见面吃火锅，费墨以火锅为话题，“从胡人谈起”，“又扯到秦朝”，“又从秦朝兜回清朝”，接着说到陶器、铁器、青铜器，将一些完全不相干的东西“拧巴到一起”。严守一邀请费墨加入《有一说一》策划团队，一开始“担心费墨给弄拧巴了，没想到费墨能上能下，进得厅堂，也下得厨房，从深刻到庸俗，转变得很快”。② 电子文化语境中文学语言的变异，恰恰呈现出一种拧巴状态，许多让人感到别扭的、相互抵触的、格格不入的语言杂糅一体，以一种陌生化的效果引起关注，并且成为流行语。手机交流在超越物理距离的限制的同时，又在疏远人的心理距离，使得人们对手机传达的话语的真实性和有效性半信半疑，这是新技术改变人们生活的鲜活例证。另一方面，《手机》从小说到电影，讲述的是一个书面语言从日常生活中淡出的故事。在手机、网络等新技术的推动之下，俏皮机智的流行口语、鲜活生动的方言语汇迅速膨胀，抢占了书面语言的固有地盘。从书信到

① 刘恒，《贫嘴张大民的幸福生活》，《北京文学》1997 年第 10 期。
② 刘震云，《手机》，作家出版社 2003 年版，第 30—32 页。

手机，人们远程交流的语言从规范、精炼变得随意、杂乱。大学教授费墨平时说话文白相间，其讨巧之处在善于将书面知识戏谑化。有趣的是，在严守一看来，费墨的《说话》一书“每一句话都显得艰涩和拧巴，这些艰涩的句子连成一片，读起来就味同嚼蜡。研究人们‘说话’的书，通篇没有一句是‘人话’”①。日常语言与时俱进，书面语言停滞不变，书面语言与现实生活严重脱节，这正是书面语言处境尴尬的根源所在。因此，《手机》在某种意义上是一个听觉喜剧和话语魔术。《手机》和《一句顶一万句》中有一些对白成为流行段子，刘震云为此也被贴上“段子手”的标签。如果追溯这些段子的语源，会发现往往是对方言语汇和网络语言的改装。另外，小说《手机》第二章的15、16、24节，都只有非常简短的一句话，分别是：“从山西老家回来，严守一和沈雪同居了。”“春天到了。”“冬天到了。”这不符合小说书面叙事的习惯，容易导致情节破碎和文气断裂，却是剧本中转换场景的常用手法。

别开生面的对话不仅让受众身临其境，而且具有组织叙述的功能，是推动情节发展的动力。小说的书面叙事中也经常会出现对话场景，通常来说，经典的小说场景往往在叙述和对话的交替中向前推进，叙述交代了对话的来龙去脉，而对话是推动故事情节发展的重要环节。叙述与对话的切换能够调整故事的视点、叙述的节奏，在修辞手段与语言风格上也富于变化。而影视中的对白必须与影像融合才有意义，对话环境的光影效果和色彩对比，参与对话的人物关系及其戏剧冲突，讲话人表达感情的表情与动作，都是有机的组成部分。在剧本化的小说中，由于抽离了视听元素，常常给阅读者带来困惑，一方面是对话的膨胀，另一方面是情节发展中有太多的断点和残缺，缺乏内在的逻辑关系。

语言艺术在展示动态图像、构建场景感方面，与影视难以匹敌。视听化的文学语言生动、直观，但为了强化语言的视听效果，难免牺牲文学语言的多样性与表现力，譬如文学语言对内心世界的挖掘，譬如对看不见的世界和未知时空的探索，诗意和哲思都容易被镜头化的

① 刘震云，《手机》，作家出版社2003年版，第161页。

语言所滤除。尤其是那些贴着“文学”标签的影视脚本，其语言、文体都失去了独立性，仅仅充当镜头叙述的注释和说明，写作者的自我和想象都被捆住了手脚。语言艺术在抒情、议论以及繁复而精微的叙事上，都有其无可替代的魅力。瓦努瓦认为使用“运动影像、音响、演员的动作和表情”等类比传播手段的叙述性影片有明显的局限性——“不确切、模棱两可、含糊不清，无法表达话语的某些逻辑（矛盾、取舍），包含丰富的情感和主观成分，没有句法”①。当戏剧冲突成为火车头，牵引故事、情节和对白向前奔突，人物的重要性下降了，因为他们都只是隐藏在车厢里的乘客，起点和终点都已确定，他们无法选择自己的性格与命运。他们的面孔在受众的视野中快速闪过，内心与灵魂隐没在暗影之中。而且，剧本化写作过分强调技术和套路，使得作品同质化现象较为突出，缺乏艺术的原创性。电影理论家爱因海姆在电视还处于研制和试播阶段时就有卓越的预见：“我们所掌握的直接经验的工具越完备，我们就越容易陷入一种危险的错觉，即以为看到就等于知道和理解。电视是对我们智慧的一次严重的新考验。这个新手段，如果掌握得当，它将使我们的生活更加丰富。但是它同时也能使我们的头脑入睡。我们绝不能忘记，过去正因为人不能运送自己的亲身经历，不能把它传达给别人，才使得使用语言文字成为必要，才迫使人类运用头脑去发展概念。因为，为了描绘事物，人们就必须从特殊中概括出一般；人们就必须选择、比较和思索。到了只要用手一指就能沟通心灵的时候，嘴就变得沉默起来，写字的手会停止不动，而心智就会萎缩。”②

二、网络语境下文学的语体变异

语境是语言使用与传播的环境，而语体则是语言特定的功能，是

① ［法］弗朗西斯·瓦努瓦，《书面叙事·电影叙事》，王文融译，北京大学出版社2012年版，第42页。

② ［德］鲁道夫·爱因汉姆，《电影作为艺术》，杨跃译，中国电影出版社1981年版，第160—161页。

语言在具体语境的使用过程中逐渐形成的。在中国文学现代化的发展过程中，从文言到白话的语体变异是一次关键的转变，而互联网背景下电子语体的勃兴，也将有力地改变文学语言的格局。互联网的扩张推动了新一轮的信息革命，这激发了不少写作者投身于非序列性的超文本写作的热情，催生了中国的网络文学及其相关的产业链条。互联网加速了传统媒体与新媒体的融合，推动了不同社会领域的信息共享和不同学科的知识融通，也带来了文学创作尤其是网络文学写作的语体混融。在穿越小说、架空小说、玄幻小说、修真小说、职场小说、官场小说、盗墓小说、言情小说、科幻小说、恐怖小说等网络类型小说中，口语与书面语、白话与文言、公文事务语体与日常应用语体、科技语体与文艺语体、商业语体与新闻语体等千差万别的语体奇妙地混合生长，语体之间的界限被轻松地跨越。正如戴维·克里斯特尔所言："尽管因特网有着显著的技术成就和华美的屏幕布局，然而因特网各项功能之中体现得最明显的还是它的语言特征。因此，如果说因特网是一场革命，那么它很可能是一场语言革命。"①

在电子媒介出现之前，印刷媒介主导的传播环境塑造了文学语言的书面化特征。媒介环境学家沃尔特·翁用了"五个必需"来强调书面文化在人类文明史上不可或缺的作用："书面文化是绝对必需的条件，不但是科学发展之必需，而且是历史和哲学发展之必需，是明白理解文学艺术之必需，实际上还是阐释语言（含口语）之必需。"②在广播、电视等电子媒介的影响下，沃尔特·翁认为新的媒介环境催生了"次生口语文化"，这不同于文字出现或使用之前的"原生口语文化"，不再是个体与个体之间点对点、面对面的对话，而是虚拟的仿真对话，是一种以电话、广播、电影、电视、互联网为技术基础的公共对话，由"言语—听觉—视觉"的多元联合感知系统构建而成。迄今为止，电子时代的文学语言依然以书面语言为其基础，既保留了原生的口语，又不断强化其电子化特征。恰如沃尔特·翁所言，次生

---

① ［英］戴维·克里斯特尔，《语言与因特网》，郭贵春、刘全明译，上海科技教育出版社2006年版，"前言"第4页。

② ［美］沃尔特·翁，《口语文化与书面文化：语词的技术化》，何道宽译，北京大学出版社2008年版，第9页。

口语文化中的“遗存性口语和‘文字性口语’尚待我们深入研究”①。次生口语时代的文学语言表现出虚拟口语化的倾向，一方面追求交流的同步性、语言与思维的一致性、鲜活的在场感和高度的情境化，另一方面虚拟口语具有鲜明的技术化与商业化特征。电子媒介环境中的语言变异与其技术条件密切相关，譬如视频通话、QQ 和微信群聊、网络跟帖都有明显的口语化特征，而且频繁使用网络俚语和谐音词汇，在文字中夹杂表情包、图片、动画和视频，新的媒介场域变成多语体混融现象的生长环境。

网络空间众声喧哗，每个人都是媒体，手中都握着话筒，感性膨胀，理性枯萎。网络文学的语言是一种以书面形式表达的、视觉化的、电子化的口语。网络文学对文体类型的区分与定位，不同语篇对叙事、抒情或说理的侧重，都使得其语言保留了书面语体的部分特征。书面文化偏好沉思默想，使得印刷时代的文学语言有较强的思辨色彩和内省化的特征。书面化的文学语言具有内在的开展性和独白性，基本上以写作者自我为中心，是独自进行的语言活动，要求用规范的词句、正确的语法和连贯的逻辑，往往经过字斟句酌、反复推敲，讲究修辞，表意严密、精准和细致。与此不同的是，网络文学语言对即时性、陌生化效果和表达自由度的追求，使得其语体具有突出的电子口语的特征。对话语言脱离具体情境后往往难以理解，像网络类型小说中的玄幻小说、修真小说、穿越小说、架空小说都掺杂了一些类似于行话、切口的语言成分，对于不熟悉其表达习惯的读者而言简直就是一头雾水。虚拟口语的对话缺乏有效性，对话语言作为一种反应性语言，其后续发展往往取决于对方的反应，因而缺乏计划性，其语法结构和逻辑关系不完整，显得零散、随意、碎片化，虎头蛇尾是其常态。网络小说中普遍存在的难以为继的“太监文”就是典型表现。网络作家天下尘埃在谈到纸面写作与网络写作的差异时，有这样的文字：“文字落在纸上的时候，就变得神圣而庄严，再不能像从前那样在想象的世界里随时异想天开，也不能再有无关紧要的‘口水’

① ［美］沃尔特·翁，《口语文化与书面文化：语词的技术化》，何道宽译，北京大学出版社 2008 年版，第 123 页。

文字滴滴答答，更不能出现网络阅读中视为常态的语法错误和别字连篇。总有一天我的文字要变成铅字，作品要落地，虚幻的网络、虚幻的文字、虚幻的题材都不是我文学梦想的终极目标。”①

网络文学语体与传统文学语体具有较为明显的差异，这表现为语音、词义、词汇、语法、篇章都偏离了常规的语言特征，词汇上表现出文白夹杂、土洋结合、雅俗并存的特征。巴赫金认为：“在文学作品中我们可以找到一切可能有的语言语体、言语语体、功能语体，社会的和职业的语言等等。（与其他语体相比）它没有语体的局限性和相对封闭性。但文学语言的这种多语体性和——极而言之——‘全语体性’正是文学基本特性所使然。”② 文学作品中的语体关系丰富而复杂，被海量信息所包围的网络文学如同膨胀的海绵，相互渗透的语体如同纵横交错的迷宫。网络语体开放性地接纳不同功能、形式、时空的语体，口语语体与书面语体的混用是其语篇构成的常态。当一个语篇存在两种乃至多种语体，语体之间就形成一种互文关系，语体之间相互渗透、相互交叉，处于次要地位的语体穿插、嵌入主要语体之中。在大多数网络文学的语篇中，并存的语体缺乏有机的融合，大多呈现为犬牙交错、相互游离的板块状态。巴赫金在阐述对话理论时提出了一个核心概念——“杂语”，他认为社会话语的繁杂是长篇小说杂语共生的前提：“长篇小说是用艺术方法组织起来的社会性的杂语现象，偶尔还是多语种现象，又是个人独特的多声现象。统一的民族语内部，分解成各种各样的社会方言、各类集团的表达习惯、职业行话、各种文体的语言、各代人各种年龄的语言、各种流派的语言、权威人物的语言、各种团体的语言、一时摩登的语言和一日甚至一时的社会政治语言（每日都有自己的口号，自己的语汇，自己的侧重）。每种语言在其历史存在中此时此刻的这种内在分野，就是小说这一体裁必不可少的前提条件；因为小说正是通过社会性杂语现象以及以此为基础的个人独特的多声现象，来驾驭自己所有的题材、自己所描绘

① 天下尘埃，《我的写作观》，《人民文学》2017 年第 12 期。

② ［俄］米哈伊尔·巴赫金，《巴赫金全集》第四卷，白春仁等译，河北教育出版社 1998 年版，第 276 页。

和表现的整个实物和文意世界。”[1] 而电子文化的繁荣，也使得长篇小说尤其是网络长篇小说的语言变得更加驳杂。

杂语共生是网络文学语体突出的特征。以网络科幻小说为例，《狩魔手记》《异常生物见闻录》《叛逃者》除了科技语体和文艺语体，往往掺杂了其他语体，“科幻”只是娱乐的外衣。速水健朗在研究日本盛行的手机小说时，谈到了通俗文化在手机小说中的深层渗透——“流行音乐的歌词、漫画、流行文化等广义上的文化，都被视为孕育手机小说的温床”[2]，手机小说的语言因而具有混杂的特性。与此相通，言情类的中文网络小说往往会大量移植流行语体，尤其是流行歌词、诗句、网络段子和网络新词等等。譬如《绾青丝》就大量穿插了流行歌词和诗句，第一卷中有《落花流水》《寂寞沙洲冷》《卡门》《子陵·周郎顾》《琵琶语》《笑红尘》《蝶恋》《葬心》，第二卷中有《流光飞舞》《出塞曲》《纯真年代》，第三卷中有《写一首歌》《穿过你的黑发的我的手》《我的心里只有你没有他》《缠绵游戏》，还有徐志摩的《再别康桥》，这些流行歌词和诗句频繁地嵌入，使得语体在散文与诗词之间不断切换，语篇显得杂乱而破碎。网络小说《穿越与反穿越》的语言掺杂了许多网络流行语、网络符号和英文词汇，还抄录了流行歌曲《红颜》《中国娃》《不想长大》的歌词和《柠檬树》的英文歌词。不少穿越小说在语体上都表现出古今杂糅的倾向，较为典型的是《后宫·甄嬛传》，其语言有较为明显的模仿《红楼梦》的倾向，譬如反复使用“忖度”“方才”“攀扯”等北京味官话词汇和“猴儿崽子”“巴巴的”“攀高枝儿”“打千儿”等北京方言口语词汇，儿化词和后面带子的词出现频率很高。而且，流潋紫频繁地引用古典诗词，从《诗经》中的《绸缪》《椒聊》《硕人》到汉乐府《白头吟》，从李白、李商隐、杜牧、白居易、崔道融的诗到柳永、姜夔、蔡伸、苏轼的词，以此作为表现甄嬛的心境变化和命运转折的重要手段，也是写景状物的常规方式。“侯门一入深似海，从此萧郎是路人”

① ［俄］米哈伊尔·巴赫金，《巴赫金全集》第三卷，白春仁、晓河译，河北教育出版社1998年版，第40—41页。

② ［日］速水健朗，《手机小说的秘密》，汪平、陈乐兵译，南京大学出版社2010年版，“前言”第1页。

（崔郊《赠婢诗》），“愿得一心人，白头不相离”（汉乐府《白头吟》），这些诗句更是多次出现。网络文学语体杂糅，异质语体往往是机械地拼贴在一起，缺乏必要的融合。

“小白文”的流行是近年网络文学语言发展的新趋势。“小白文”的基本特点是语言通俗易懂，情节简单流畅，内涵浅显平实。“小白文”的追捧者认为它将复杂的问题简单化，质疑者认为它文字臃肿、口水泛滥、思想肤浅，情节有严重的套路化倾向。唐家三少、我吃西红柿、天蚕土豆等“网络大神”的文字都有明显的“小白文”特征。我吃西红柿的玄幻小说《盘龙》入选“中国网络文学20年20部优秀作品”，通篇文字几乎都由对话和动作描写构成，文风拖沓，显得冗杂而烦琐。文中有不少单音节、单音重叠、双音叠韵的拟声词成为一个独立的自然段，譬如：“蓬！”“哼。”“唉！”“砰！”“轰！”“滴答！”“哗哗！”“呼呼——”等拟声词的频繁使用意在增强作品的视听与动态效果，让阅读者如闻其声，想象出人物的各种表情。以第十三章为例，有不少自然段只有一个短句，用格式化的语言描述林雷的即时反应，譬如：“林雷一下子明白了。”“林雷轻轻点了点头。”“林雷点了点头。”“林雷一怔。”“林雷心中是恍然大悟。”“林雷一拍脑袋，不好意思一笑。”“听到这，林雷眼睛一亮。”“林雷嘴唇抿着，眉头微微皱着。”①“小白文”很难跳出流水账的陷阱。以《星辰变》为例，第六十五章写到秦羽与“未卜先知”的澜叔的对话过程，其间穿插着这些独句成段的文字：“秦羽只能装傻干笑。”“秦羽一愣。”“秦羽仔仔细细听着。”“秦羽看着澜叔。”“秦羽心中疑惑得很。”“秦羽心中更加疑惑。”“秦羽心中一震。”“立儿姑娘微微一喜。”②独句成段往往用于加强语气、强化情感、调整节奏、突显文脉，但《盘龙》《星辰变》中的独句成段，显得单调重复，用烦琐的语言描述主人公动作和表情的变化，追求一种慢镜头特写的刺激效果。一方面，在对话中不断插入单句段落，看似追求修辞的变化，其实也造成语篇

---

① 我吃西红柿，《盘龙》，起点中文网（https://read.qidian.com/chapter/Ou8OEduEwkM1/CkS6i08PLIwex0RJOkJclQ2）。引用日期：2018年4月18日。

② 我吃西红柿，《星辰变》（3），百花洲文艺出版社2008年版，第112—114页。

的切割现象，使得语篇呈现出碎片拼贴的状态，缺乏内在的衔接与连贯。另一方面，《星辰变》的文字受到网络游戏的影响，其语体有较为鲜明的游戏脚本的特征，每一章的段落群都会有类似场景标题的文字，譬如："赤血洞府内。""巨甲洞府。""赤血洞府。""赤血洞府大殿之上。"① 这为游戏改编、游戏地图布局和场景设计提供了极大便利，但就小说的书面叙述而言，这种语言模式将情节切割成碎片状态，大同小异的战斗场面不断切换场景，缺乏内在的逻辑关联。

近20年网络文学的快速发展，总体上走的是重量轻质的路线，过度强调商业性与娱乐性。大多数网络文学写手选择的是依附性发展模式，利用新的媒介技术、文化资本和流行审美资源带来的机会，借船出海。他们喜欢堆砌新词，模仿流行的腔调，作品的语言粗糙，猎奇却缺乏个性。网络文学要真正生成独立的艺术价值，实现艺术质量的提升，不仅其价值取向、文体策略、审美风格都应该有独特之处，而且作为以文字为介质的艺术类型，其语言也不能随波逐流。网络文学的语言有很强的包容性，不同形式的流行元素都浓缩成特定的词汇，注入网络文学语言的汪洋大海。问题在于网络文学语言贪多不化，而且一味求新求奇，随用随弃，缺乏必要的沉潜涵泳，没有建立一种相对稳定的语言扩展机制，很多新词都是昙花一现，不仅没有被吸收为一般词汇或特殊词汇，而且在语言自我调节的过程中，因其不合规范而被迅速淘汰。譬如一度在网络文学中常见的"斑竹""杯具""槑""饿滴神啊""鸡冻""神马都是浮云""No zuo no die（不作不会死）""然并卵"等网络词汇，就像一阵风刮过，转眼间无影无踪。

值得注意的是，网络文学语言有很强的渗透性，已经扩展到所谓的纯文学领域，年轻作家更是敏锐跟进。"90后"梁豪的《我想要一条尾巴》② 有一段文字是蔡思瑶和陈小年你来我往的微信短信，其文字类似于网络弹幕，语流急促，话赶话，短句增多，段落中的句数变少。作家东西写过一篇创作谈《每天都有新词句》，他在文中认为

① 我吃西红柿，《星辰变》（3），百花洲文艺出版社2008年版，第121—131页。

② 梁豪，《我想要一条尾巴》，《人民文学》2017年第4期。

"好作家都有语言过敏症，他们会在写作中创造新词新句，以求与内心的感受达到百分之百的匹配"；"霸道地下个结论：创造新词越多的作家很可能就是越优秀的作家"。他高度评价充满活力的网络新词，并以"网络新词句的拥趸"自居，"任何优秀的语词都建立在海量的不优秀之上，也就是说尽管网络上垃圾语言过剩，但总有一些可爱的精辟的词句脱颖而出。任何一个作家都不好意思拒绝使用优秀的民间语言，因而，也就没理由鄙视优秀的网络词句"。他在长篇小说《篡改的命》里大量使用了网络新词句，譬如"死磕""我的小心脏""抓狂""走两步""型男""碰瓷""雷翻""高大上""我也是醉了""点了一个赞""duang""弱爆""拼爹"等。对于评论界的质疑，他坦承自己"无意回避"，因为这些词句"准确生动且陌生"。[①]由此可见，网络文学语言与语体的新变迅速扩展开来，其拼装美学与杂糅的语体风格必将对文学语言的未来走势产生深远影响。

三、软性规范与语言创新

随着电子文化的日益主流化，在文学语言的发展过程中，语图互渗乃大势所趋。在这样的背景下，要求对文学语言进行纯粹的净化与生硬的规范，显然不具备可行性，而且会使文学语言与流动的现实脱节，使得文学语言失去活力。语言的发展如同流动的江河，不断有新的内容汇入，新词汇是标记不断涌现的新事物、新思想的符号，语言的封闭与停滞是文化缺乏活力的表现。

应当重视的是，过度突破规范甚至拆解语言规范会造成文学语言的荒芜。曾经名列"起点三大神书"之一的《九转金身决》，标题就有错别字，可其写手居然能够在网友的一片骂声中完篇，而且我自岿然不动，将错字连篇进行到底。人工智能"微软小冰"在其诗集《阳光失了玻璃窗》中，有不少诗行不合语法规范，譬如《飞落的海女》

① 东西，《每天都有新词句》，《长江文艺》2016年第19期（10月上·原创）。

的第一节“他有自你家乡来的大纸/飞来/热的心恻恻/乌鸦飞不止那的喉地歌唱”，《在梦里好梦》的第二节“当归的婴儿堕泪了/我欢乐之歌既已是/卷起了三时间初起的太阳/写命运的真珠”。[①] 像“乌鸦飞不止那的喉地歌唱”“卷起了三时间初起的太阳”，都是让人“懵圈”的病句。在纸媒主导的环境中，报纸、期刊、出版机构都设置了强大的编辑团队，对纸质出版物的文字进行严格的编校。相对而言，网站的编辑环节本来就较为薄弱。面对日益激烈的商业竞争，越来越多的网站为了节省成本，其首要措施就是压缩编辑团队。自媒体更是自行其是，废话和错字招摇过市，张冠李戴、豕亥鱼鲁的语言错误已成常态。在近年的网络新闻和网络文学中，真可谓错漏百出。2018 年 5 月 11 日，古巨基在香港红馆开演唱会，不慎坠下舞台，“新浪娱乐”的新闻标题却写成了“古巨基演唱会不慎堕胎”。此类笑话屡见不鲜。

如果拆解了所有的规范，语言仅仅是个人表达的符号，语言就不再有交际功能，语言也就失去了其存在的基础。以网络语言为例，如果仅仅在 BBS、QQ、微信的网络社群内使用，它沟通无太大障碍，还增强了语言的形象性和新鲜感。但是，当陌生化的网络语言进入网络文学创作，进入公共传播领域，充斥异读词、异体词、同形词的网络语汇就容易造成语言的斑驳乃至混乱，以讹传讹，正误混杂。由于青少年是网络空间的活跃群体，网络语言对他们有较强的吸引力，也更容易对他们的语言习惯和语言格调产生负面影响。

因此，在语言变化异常活跃的电子时代，文学写作者还是应该遵守基本的语言规范。首先，写作者无法脱离既有的语言系统，汉语背后的思维方式与文化传统是本土写作者的精神根基，切断这一根基无异于自断筋脉。其次，文学创作是写作者以语言为介质，与时代、社会的精神沟通，是心灵的交流和生命的对话。遵循语言规范是开展多元对话的前提，否则，只能是阻断交流通道，用“火星文”写成的天书只能是僵死的语言城堡。再次，合理的语言规范是平等的约束，为人们提供平等地获取知识、信息的权利和机会。当有价值的信息以公

---

① 小冰，《阳光失了玻璃窗》，北京联合出版公司 2017 年版，第 186、190 页。

共性最强、覆盖范围最广的语言表达和传播时，可以让尽可能多的人群从中受益。语言规范是守护语言公共性的必要约束。

当然，维护文学语言的基本规范不能单纯依靠禁止、惩罚的刚性手段，这样不仅效果不佳，还可能适得其反。总体而言，首先，应该以柔性的宽容对待新词和新的语言现象，以开放的态度观察语言的变异，只要这些语词不触犯公序良俗，都可以自由生长。其次，以柔性规范进行舆论引导，语言的规范化与美感原则应该成为文学评价体系的关键指标。当文学语言的质量成为文学传播、文学评论、文学评奖的重要砝码时，这种导向能够激浊扬清，积极地推动语言的调整与净化。再次，语言的规范化应该对不同语言环境、不同群体的语言使用者有所区别，对不同交际领域和交际目的灵活处理，分层次进行动态化规范。语言规范不可能一成不变，规范的目的并不是限制乃至禁锢语言的发展，而是保障语言的有序发展。语言的创新不断推动规范的调整与革新，语言在与时代的互动中激发潜能，也使语言自身变得丰富而有趣。

语言既是历史丰厚的馈赠，又敏锐地感应时代转换与文化环境的变化。语言是社会历史演变的晴雨表，近年层出不穷的“热词”形象地折射出社会焦点与世道人心的变迁。文学语言不同于公文语言、科技语言，公文语言和科技语言的第一要求是准确，而文学创作是主体以语言为工具的个性化创造，作家独特的价值取向和审美趣味会表现为自成一体的语言偏好。美国新批评派理论家布鲁克斯认为：“科学的趋势必须是使其用语稳定，把它们冻结在严格的外延之中；诗人的趋势恰好相反，是破坏性的，他用的词不断地在互相修饰，从而互相破坏彼此的词典意义。”[①] 文学语言不能墨守成规，否则就容易变成画地为牢、空洞无物的“八股语言”。穆卡洛夫斯基主张：“对标准语的规范的歪曲正是诗的灵魂”[②]。他认为诗歌语言必须有意识地突破普通语言规范的限制，只有通过语言的变形和陌生化，才能开拓有别于日

---

① ［美］克林思·布鲁克斯，《悖论语言》，赵毅衡译，《“新批评”文集》，中国社会科学出版社 1988 年版，第 319 页。

② ［捷］穆卡洛夫斯基，《标准语言与诗的语言》，伍蠡甫、胡经之主编，《西方文艺理论名著选编（下）》，北京大学出版社 1987 年版，第 424 页。

常生活的想象空间和情感世界，使语言的诗意破壁而出。电子媒体的快速发展，刺激了文学语言的文化变异，在电子语体中新词迭出、语法多变、语义别致，而且这种变异具有持续性和扩散性，这使得习惯了书面文学语言的作者、读者难以适应。总体而言，年长代群对日新月异的语言变异会有潜在的抗拒心理，语言风格相对稳定，而年轻代群热衷于语言的翻新，借此引领新的时尚。不同代群在语言习惯上的明显差异，可以称之为“语言代沟”。

在电子文化盛行的背景下，与语言相比，图像在制作和传播上具有更为明显的优势。面对语言的边缘化趋势，不少作家致力于语言的图像化实践，在语言实践中主动吸收图像符号的特性，增强语言的直观性和视觉性。必须指出的是，单向的图像化会导致图像的泛化，追求纯视觉性会窄化艺术的功能。长期沉溺于视觉快感的受众也容易导致深度注意力的缺失，在认知模式上向过度注意力模式转变，其主要特征为迅速转移焦点、喜好多重信息、追求强刺激、对单调耐性极低。① 语言艺术不受具体时空的限制，其表现领域广阔，对人生的展示广泛而深刻，想象自由不拘。黑格尔认为语言艺术是“最丰富，最无拘碍的一种艺术”，“是绝对真实的精神的艺术，把精神作为精神来表现的艺术。因为凡意识所能想到的和在内心里构成形状的东西，只有语言才可以接受过来，表现出去，使它成为观念或想象的对象。”② 由于语言在塑造形象时有间接性特征，黑格尔认为“语言在唤起一种具体图景时，并非用感官去感知一种眼前外在事物，而永远是在心领神会”③，这就要求受众全面调动感觉系统和思维系统，去感悟与理解文字背后的意义。语言艺术在直观性、感性方面有缺陷，其优势在于开掘精神深度，它与图像艺术可以形成良性的互补关系，语言与图像

① ［美］凯瑟琳·海尔斯，《过度注意力与深度注意力：认知模式的代沟》，杨建国译，周宪、陶东风主编，《文化研究》第 19 辑，天津社会科学院出版社 2014 年版，第 4—17 页。

② ［德］黑格尔，《美学》第三卷上册，朱光潜译，商务印书馆 2009 年版，第 19 页。

③ ［德］黑格尔，《美学》第三卷下册，朱光潜译，商务印书馆 2009 年版，第 6 页。

的融合也给艺术发展带来新的可能性。因此，文学语言创新的基本原则是不能放弃语言的独立性，语言不能成为图像的附庸，语言应该与图像平等地开展互补的对话，挖掘自身的潜能，拓展自身的表现力。

文学语言创新绝不是贴标签式的新词表演和鹦鹉学舌的语言翻新，这些语言现象只是表浅的语言化妆术，不仅无法激活语言的内在活力，还容易制造语言杂质乃至语言垃圾。首先，真正的语言创新不是新旧语言的随意拼凑，而是新旧语言交替过程中的融合与共生。《红楼梦》流畅多姿的语言就是成功的典范。《红楼梦》发掘并提升了古典白话的美学意蕴，以清代前期北京的口语为基础，夹杂了当地的土语和俗语，在白话中穿插着文言词汇，还吸收了下江官话和吴地方言的词汇，多样化的词汇水乳交融；作品中的人物对话更是惟妙惟肖，作者通过语言塑造人物的性格，以人物的性格决定其说话方式和命运走势。鲁迅、老舍、沈从文等中国现代文学巨匠的语言都有鲜明特色，作为背景语言的白话文中穿插着文言词汇、方言词汇和一些新术语，但并不突兀，而是水到渠成，各类词语都能用得其所。

其次，深入的语言创新不仅是细节的、局部的改进，而且是语言观念的革新。语言创新并不局限于词汇、语法、修辞等层面，电子文化的冲击也在改变传统的语言观念。《尤利西斯》别开生面的语言就借鉴了电影、摄影、绘画的技法，乔伊斯借用现代派绘画的拼贴技法来刻画现代人精神世界的破碎与扭曲，将电影中的蒙太奇融入语言之中，表现精神世界在多重时空挤压下的变形，人的意识流动呈现为脱离具体时空的无序与跳跃状态。豪泽尔认为，一方面，电影对乔伊斯的影响不仅是技巧的借鉴，“乔伊斯并不按照章节顺序写他的小说，而是像通常制作电影那样，不受情节顺序的制约，同时写几个章节。他的创作方式证明这种技巧具有电影特征”，另一方面，乔伊斯打破了既定的语言观念，图画、思想、念头、回忆在作品中杂然相处，“时间已经高度空间化”①。对于被电子文化包围的写作者来说，乔伊斯入乎其内出乎其外的语言实践挖掘出了新的可能性，指明了一种探

① ［匈］阿诺尔德·豪泽尔，《艺术社会史》，黄燎宇译，商务印书馆2015年版，第557页。

索的方向。

再次，综合的语言创新不是从语言到语言的游戏，而是提升语言境界的系统工程。字词、篇章的陌生化是语言创新的术，境界的提升才是语言创新的道。即使字字珠玑，那些观念陈腐、境界不高的篇章也难成大器。譬如周作人、胡兰成，他们在琢磨文字方面都有过人之处，才情不凡，但大节有亏，行文也多有鼠首两端的犹疑，他们笔下的魅惑散发出一股妖气。20 世纪八九十年代之交王朔的崛起，在某种意义上正是语言的胜利，他那完全口语化的京片子吊儿郎当，颠覆了一本正经的说话方式，让厌烦了说教腔调的人们找到了释放压力的方式。由于深度介入影视制作，王朔的小说语言有越来越浓重的台词腔调，那种嬉笑怒骂、自由不羁的风格受到影视规则的抑制，读者在餍足心理的影响之下轰然四散。而且，除了活泼、犀利的语言之外，王朔的小说在情怀、格调、叙述等方面都失之油滑，对读者缺乏持续的吸引力。当前流行的网络爽文与王朔小说颇为相似，善于捕捉热点，喜欢硬造新词，做足表面功夫，但难掩底子贫弱，终究随风飘转。那些被视为一个时代的语言标本的文学作品，不仅语言自成一体，作者能够从芜杂的新词旧章、雅言俗语中提炼出个性化的语言，而且在思想、文体、风格上卓有建树。只有真正具有经典性的作品，其语言创新才会有持久的生命力，不断被后来者模仿，并激发新的语言创造。

（《新华文摘》网刊 2019 年第 8 期全文转载；《新华文摘》纸刊 2019 年第 8 期论点摘编；《中国社会科学文摘》2019 年第 3 期主体转载；人大复印资料《文艺理论》2019 年第 4 期全文转载；《社会科学文摘》2019 年第 3 期主体转载）

跨媒体风尚与文学的前途

在图像、影视、网络等新媒介出现之后，文学书写与文学阅读的命运不时牵动着热爱文学的作家和研究者那根敏感的神经。面对电影对文学的冲击以及文学教育中急功近利的趋向，夏志清先生早在30多年前就在《文学的前途》中表露出悲观："我对文学的前途，不抱太大的乐观。"① 随后，"文学死了"的声音更是不绝于耳。本雅明在《机械复制时代的艺术作品》（1936年）中指出复制或"可复制性"内含于艺术作品的本质和它的历史之中。从希腊人的铜器铸造术、钱币冲压术到中世纪的印刷术，再发展到19世纪初的平版印刷术，机械复制一直以一种加速度向前发展。19世纪末20世纪初，人们掌握了复制声音和现实形象的技术——录音和电影，机械复制第一次获得了独立于自然和现实，独立于艺术品"原作"的价值。机械复制使复制品脱离了自然和传统的范畴，并在大众观赏和私人环境中赋予复制品以新的生命。在机械复制中，本真性（authentity）概念被逼入绝境，本真性指艺术品"原作"的独特性，本雅明把它定义为"在艺术作品碰巧出现的地方的独一无二的存在"。但他指出，机械复制把艺术作品从对仪式的依赖性中解放出来，这就使艺术品由少数人欣赏变为多数人欣赏，这在文化上具有革命和解放的意义，给无产阶级文化

① 夏志清，《文学的前途》，三联书店2002年版，第37页。

带来了新的广阔天地。[①] 在本雅明不无感伤的叹惋中，随着技术和传播的革新，艺术作品的文本在介质形态和审美趋向上的独特性与唯一性随风飘逝，机械复制的流行为无法模仿的孤本式创作唱响了挽歌，奠基于祭祀仪式的神圣性与价值崇拜之上的“神韵”（aura），被复制技术冷漠无情的“祛魅”扫荡一空。仪式性消失所带来的禁忌与界限的消弭，也为接受者带来了在阅读与观赏过程中化身为再阐释和再创造的潜在作者的可能性，文本不再是不容争辩的、静止的、神圣的范本，而是始终未完成的、敞开的、可以被反复改写的脚本。

互联网出现之后，新技术的力量摧枯拉朽地冲击着媒介之间的壁垒，封闭的、地域化的单一媒介传播逐渐受到冷落，传统的印刷媒介和广播、电视之间各自为政、相互割据的格局难以为继，同一种信息在多种媒体之间的立体传播与不同媒介之间交叉整合、共生互动的趋势蔚然成风。具体到中国当代文学传播领域，新媒体的崛起与媒介的融合催生了新问题与新现象：文学传播从传统纸媒独霸天下转向多种介质形态共存互动的格局，20 世纪 80 年代以前文学期刊作为文学前沿阵地的辉煌一去不复返；文学出版在出版技术变革的推力和商业利益的引力的交互作用之下，产业化潮流汹涌不息，促动了以集团化经营与多元化策略为中心的片面扩张，为了打破传统出版的封闭格局与线性思维，从其他媒介形式的信息渠道中挖掘出版资源渐成气候，这使图文出版、影视同期书、网络题材出版成为热点；电影尤其是电视连续剧在公众中的巨大影响力，诱惑不少文学期刊、文学出版机构把打造“剧本工厂”作为努力目标，而作家更是纷纷改换门庭，在文学的名义下转型为影视流水线上的文字机器；互联网有力地拓展了公共舆论空间，BBS、博客、网络游戏等技术形式的出现，一方面改变了纸面阅读的单向性，多种介质并存的网页结构强化了信息传播的直观性，作者与接受者之间互动性的增强使写作成为随意的、互文性的文字游戏，超文本链接在网上的流行也潜在地冲击着传统文学创作遵循

---

① ［德］瓦尔特·本亚明，《机械复制时代的艺术作品》，胡经之、张首映主编，《西方二十世纪文论选》第四卷，中国社会科学出版社 1989 年 9 月版，第 264—272 页。

的语法规范与文本结构；另一方面，榕树下、起点中文网等文学网站的资本意志与经营模式，网恋小说、穿越小说、玄幻小说等类型小说的兴起，在促动传统纸面媒介与网络媒介接轨的经营调整的同时，也加剧了网络写作泡沫化、逐利化的弊端。文学生态的这种转变，显然是政治、经济、技术、社会等的多重力量共同作用的结果，而初露端倪的跨媒体传播格局的构建，正是将诸种外部力量和内生应力扭结在一起的中介，犹如人体中的神经和血管，同时传输着滋养生命的活力和麻痹感觉的毒素。

一、跨媒体传播与跨媒体写作

最近几年，“跨媒体”（Crossmedia）一词渐成时尚而热门的术语。与此相关的常用术语还有“媒介融合”（Media Convergence）、“跨媒体出版”（Crossmedia publishing）和“媒体数据库”（Media Database）等。“跨媒体的基本概念是将数字化的所有视觉信息资源，如图像、图形以及其他的视频信息等转换成为一种与具体媒体无关的数据，存储在网络系统中形成庞大的与媒体无关的网络化数据库。数据库中的所有信息和数据可以通过网络进行访问、查询，甚至重新被加工处理，制成不同的媒体产品，如印刷品、胶片、音像制品、CD-ROM、电子出版物、各种显示图像、网页以及网络出版物等，或通过网络系统传输到任何需要的地方。”① 值得注意的是，“跨媒体”和“多媒体”（Multimedia）经常被混用，尼葛洛庞帝认为：“多媒体一方面代表新的内容，一方面也代表用不同的方式来看旧内容。多媒体即是本质上互动的媒体，随着比特数字通用语的出现而产生。同时，它也与计算机成本降低、体例增大和呈爆炸式增长的局面息息相关。”② 多媒体通过对模拟数据和数字数据的组合与交融来大幅度提升通信的效率与速度，约翰·帕夫利克认为“所谓多媒体是指文本、图

① 丁一，《多媒体与跨媒体》，《印刷工业》2007年第5期。

② ［美］尼葛洛庞帝，《数字化生存》，胡泳、范海燕译，海南出版社1997年版，第80页。

片、视频、声音以及这些元素的链接和交互的混合体"①。在某种意义上，"跨媒体"是"多媒体"的进一步发展和延伸，是网络技术出现后信息交流多向化的新趋势，跨媒体传播将广播、电视、互联网和传统的印刷媒介等媒体资源进行整合重组，一方面使每一种信息的传播都不再局限于单一的信息渠道，不同媒介形式交叉传播；另一方面使不同媒介形式在竞争与协作的互动中，既注重利用自身的技术优势开展特色鲜明的定向传播，又在认识到自身局限性的基础上，打破门户之见，通过借鉴并吸收其他媒介形态的优势，在合作中形成多层次、多向度的立体传播。相对于多媒体技术而言，跨媒体技术有力地提升了印刷传播的信息容量、覆盖范围和传播速度，极大地促进了信息的公共化步伐。跨媒体出版突破了传统的出版模式，带来了出版的技术革新与观念革命，出版内容不再局限于单一的纸面传播，成为在跨媒体、跨设备和跨标准中多向流动的接受对象，可以被应用和创建为多种媒体形式，出版形式和阅读方式都变得更加多样化，可以针对不同需求的受众采取更加个性化的特色传播策略。像 Adobe 的 InDesign、PDF 和北大方正的 Apabi 等等，都是为了适应跨媒体出版趋势而开发的新技术。

媒体影响力的差异带来的从业人员经济回报的反差，必然导致人才向高回报领域的流动，最为典型的就是作家的"触电"风潮，不少作家甚至把为影视"码剧本"作为主业。在文学传播的路线上，20 世纪 80 年代以前作家写好作品后总是最先在报刊上发表，积累相当数量并产生一定影响后才结集出版，广播选播和影视改编也往往是后话，尽管其中同样存在不同媒介同步传播的现象，但获得这种厚遇的作品寥若晨星。进入 90 年代中期以后，资本向文学生产领域的深入渗透，使不少作家放弃创作的独立性，听从张艺谋、陈凯歌、冯小刚等导演的召唤，根据他们的要求量身定做，写作命题作文；在电视的影响力不断扩张的媒体环境里，大量作家加盟电视剧本的写作，刘恒、朱苏进、海岩、周梅森、王海鸰、石康等都曾领一时风骚，根据

① ［美］约翰·帕夫利克，《新媒体技术：文化和商业前景》，周勇、张平锋、景刚译，清华大学出版社 2005 年版，第 126 页。

剧本改编成的“电视小说”借助电视传媒的狂轰滥炸，常常成为笑傲书市的畅销书；也有不少作家为“布老虎丛书”、跨国的“重述神话”计划而折腰。王一川将文学的跨媒体传播命名为文学的泛媒介互动，并认为其路径主要有四条：一是纸媒借影视复魅或还魂，二是与影视同步到纸媒，三是从互联网到纸媒，四是从移动网络到纸媒。尽管文学传播主要依靠影视、互联网和移动网络的扩张，但纸媒仍是当前文学的泛媒介互动的主渠道。①

与跨媒体相关的热门话题是传播学领域中热议的“媒介融合”。这一首先由麻省理工学院媒体实验室创始人尼克拉斯·尼葛洛庞帝提出的概念，敏锐地捕捉到了不同媒介形式交互性与替换性的迅速增强。有国内学者这样定义：“媒介融合是在数字技术和网络技术的背景下，以信息消费终端的需求为指向，由内容融合、网络融合和终端融合所构成的媒介形态的演化过程。”② 其实，媒介的融合不仅指信息的跨媒体传播，还应该包括政治导向、商业力量、技术支撑等外部因素联合作用下的消费逻辑。在“资本为王”的核心动力的驱使下，必然催生“发行量为王”“收视率为王”的调节机制，艺术逻辑成了可有可无的陪衬，当商业利益成为一家独大的评价标准时，无形中建构了一种等级制度，媒介按照其影响力的大小排序，文学期刊只能叨陪末座，文学出版也显现出紧跟电视、网络、电影的仆从面目。在文体关系上，中长篇小说因其在跨媒介改编、跨媒介传播方面的优势，渐成文学向商业献媚的主战场，长篇小说创作在数量上的“大跃进”即是明证。

在跨媒体传播成为新趋势时，使作品的形式、风格同时适合在多种媒体中传播的跨媒体写作也渐成风潮。最典型的就是先写影视剧本，经过简单的文字处理就以“小说”名义公开出版并发表在文学期刊上的“一鱼三吃”。莫言的《白棉花》，海岩的《一场风花雪月的事》《你的生命如此多情》《永不瞑目》《拿什么拯救你，我的爱人》《玉观音》《深牢大狱》《平淡生活》《五星大饭店》《河流如血》等，

---

① 王一川，《泛媒介互动路径与文学转变》，《天津社会科学》2007 年第 1 期。

② 王菲，《媒介大融合》，南方日报出版社 2007 年版，第 20—21 页。

王海鸰的《中国式离婚》《新结婚时代》，刘震云的《手机》《我叫刘跃进》，石康的《奋斗》，周梅森的《谁主沉浮》等，都是在这种思维影响下的产品。最为典型的表现是张艺谋向苏童、北村、格非、赵玫、须兰、钮海燕等6位作家“订购”以武则天为题的长篇小说，号称“同题作文，相互竞争，以便于电影改编”。“奉命而作”《紫檀木球》的苏童在接受研究者的访谈时，有这一番感叹：“这个长篇写得很臭，我不愿意谈它。我的小说从根本上排斥一种历史小说的写法，而《武则天》恰恰做的就是这样一件事情，可以想象它跟我希望的那种创作状态是多么不一样，而且一开始写的时候我就想，不能虚构，武则天这么个人物不好去虚构她的。结果是吃力不讨好，命题作文不能作，作不好。”① 这种好莱坞模式的集约化流水作业，最大限度地遏制了作家的艺术个性。一方面，图文结合以及文字艺术向影像艺术的靠拢，必然导致“改编文化”的流行。文学作品的影视改编就是一种常态的跨媒介写作方式，这种转换确实能够有力地推广原著的影响力，但是改编者对原著的误读、篡改甚至歪曲也会带来伤害，对原著的阅读者形成一种如同浓雾一样的遮蔽。另一方面，作为艺术载体的媒介形式本身也会给特定的艺术门类带来特殊的规定性，即在艺术表现上的优势与局限性，这正是麦克卢汉所言的“媒介即信息”的绝佳例证。譬如文字艺术在表现人类无法用肉眼看到的心理活动时，其优势难有超越者，正因如此，意识流小说一直是电影改编者难以啃下的硬骨头。文学作品中的隐喻与象征手法，通过高度浓缩的文字传达幽深的意蕴，由于象征意义本身具有不确定性，它不显示精确的语义值，造成一种虚实交错、明暗掩映的模糊风格；而影像艺术的直观性使其可以将文学不可言传的事物呈现出来，通过对“客观对应物”的直接显示，将虚渺的文学情感转换成写实的景观符号。张艺谋在执导《红高粱》《大红灯笼高高挂》《菊豆》《活着》等根据小说改编的电影时，奇观化的高粱地和高粱酒、被阴森的封灯黑裹布衬托得更加凄艳的红灯笼、倾泻而下的布匹、朦胧而暧昧的皮影戏等在某种意义上成了贯穿整部电影的核心元素，通过张扬的符号和浓墨重彩的颜色，

① 林舟，《生命的摆渡》，海天出版社1998年版，第79页。

将文学作品中秘而不宣、回味深长的深刻蕴含，毫不掩藏地裸露出来，在景观的堆砌中追求热烈而眩晕的视觉快感。

对于文学创作而言，迎合影像媒介的传播特性，必然会强化作品的戏剧冲突，增加人物对话的篇幅，让人物在连续的动作中奔忙，相应地削弱作品的心理描写，难以直观呈现的诗意与哲思被弃若敝屣，人性深层的内在冲突也被表面化、符号化的手法所阉割，甚至沦为闹剧与笑料。在语言风格上，诗意的、个性化的语言也常常遭到流行趣味的驱逐，简明扼要的、具体明确的、日常化的格式化语言取代了只可意会的、微言大义的、陌生化的创造性语言。不妨来看看罗伯特·赫利尔德对新媒体写作的语言风格的说明："保持口语风格。听众或观众未必有丰富的阅读经历，能够理解那些华丽、深奥的词汇。广播或电视都是稍纵即逝……具体明确。模糊、概括性语言信息很容易让受众觉得困惑，等于逼迫他们调换频道（频率）。要坚信不管写什么，是听还是看，都要简洁清楚。朦胧（模棱两可）的语言在印刷媒介中可能激发人们的兴趣，但是在广播电视中却显得枯燥乏味……在电子传播中语言是转瞬即逝的，受众并没有时间和机会去细细品味词与词、句与句之间细微的差别，这和阅读有很大的区别。广播电视的新闻、特写或情景剧中正在进行的表演是不可能中途停下来的，不像书面阅读那样如果要思考前面读过的内容，可以减慢速度停下来或重新阅读。要选择每个受众都熟知的词语。不要因为试图故弄玄虚或尝试去教会听众或观众新名词，结果反而失去了受众。最好的教会受众的方法是把脚本的内容和主旨有效地融为一体，靠它去传递你的思想。越是鲜明清晰的词汇，对受众的学习和理解越是有效。"① 根据新媒体写作的要求来配置文学作品，必然带来难以克服的弊端，即情节陷入过度戏剧化的漩涡，过度口语化和实用化的语言近乎陈词滥调。在某种意义上，文学创作尤其是小说写作的这种倾向，恰恰是丢弃了语言媒介天然的优势，以己之短攻人之长，这种对文学的无形损害常常被忽视。诗歌在跨媒体时代之所以日益边缘化，这与其模糊的语言风格以

① ［美］罗伯特·赫利尔德，《电视、广播和新媒体写作》，谢静等译，华夏出版社2002年版，第48—49页。

及偏重象征的文体规范密切相关，它将语言艺术的浓缩性、象征性发挥到了极致，因而具有极强的独立性与主体性，无法通过拆散后再重组的改编，转换成以图像媒介为主体的艺术形式。

同样不容忽略的是网络传播对文学写作的影响。曾经是网络文学积极鼓吹者的陈村的态度在 2008 年产生了大逆转，他说："因为我的希望落空了。我没等到很多在小说观念和形式上的努力。网络很快把文字拖入一次性消费中，变成快餐。在网上，非虚构比虚构发展得好。网络文学里那些俏皮、幽默或者说另类姿态的作品开始曾经被普遍看好，也迅速被大量模仿消解。我开始还认为，围绕网络，总会有一群人结成不同的圈子和团体，默默坚持他们的信仰和趣味，写出不同于以往、风情各异的文学作品来。后来我发现这种可能性非常小。写作本是安静的事情，在网上写则容易浮躁。在商业网站介入以后，网络文学马上商业化，文学价值的判断标准由艺术变成了商业，衡量一位网络作家成就的尺度变成了点击率和能否转化为纸质出版，是否畅销，版税是否高。"[①] 在艺术上，被反复渲染的网络写作的自由性、开放性、交互性所带来的审美可能性，并没有催生拓展想象空间的新元素，传统文学中的经典作品依然是它们所无法超越的艺术标杆。在起点中文网推出收费阅读和作者盈利的互动模式后，在文学的幌子下为钱写作越来越成为职业写手的主导倾向。在起点模式中，签约作品的前半部（一般是 20 万字）供读者免费试阅，后半部需付费阅读；收费标准为每千字两分钱，作者可按月结算，获得用户付费额的 50%—70%作为报酬；为了强化并加速作者与读者不间断的实时互动，作品的创作、发布、销售、反馈均以分钟为间隔。由于点击数是决定网站、作者收益的指挥棒，加快更新速度就成了吸引网民的重要手段，这就逼迫作者陷入出口成章的疯狂状态。像起点中文网的"天行健"作者签约计划就要求作者每月发稿量的底线为 10 万字。通常采用连载形式的网络小说，如果点击量大的话就会给网站带来源源不断的经济收益，因而网站总是希望作者把故事拖得越长越好。一些高点

① 张英、漆菲，《"我的希望落空了"—— 老网友陈村目睹网络文学十年怪现状》，《南方周末》2008 年 10 月 9 日。

击率的网络小说在出版纸质文本时，相应地采取系列化的形式，像《诛仙》《鬼吹灯》《藏地密码》都出满了 8 卷，《明朝那些事儿》也已写到第 7 卷。这种写作必然带来语言的口水化、情节的泡沫化、结构的流水账化等弊病，文学创作的难度和深度在工匠化的批量复制面前，被冲击得遍体鳞伤。值得注意的是《申江服务导报》上发表的一篇题为《网络写手这样挑战传统文坛?》[①] 的所谓“深度报道”，文章在某种意义上是起点模式的变相广告，记者在正题前面加了肩题——“写得快，挣得多”，文章通篇采取比较观照的形式，对比传统型作者哥舒意与网络写手“高楼大厦”的命运，文章中有 4 个小标题：“两年两万元 VS1 年 100 万”“两年出版 VS1 个月出版”“一天 1000 字 VS 一天 1 万字”“8%的版税 VS 看 1000 字收两分钱”。如果仅仅从世俗的利益角度而言，传统的文学写作确实已经是穷途末路，像哥舒意的第一本小说《恶魔奏鸣曲》获得了 2005 年“99 读书人网文比赛”第一名，随后在《收获》发表并被人民文学出版社公开出版，但是其物质回报居然远远赶不上那些胡拼乱凑的网络写手。“网络文学”过度的商业化与娱乐化倾向，以其背后强大的资本力量为支撑，将为了刷新而冲动的垃圾化逻辑渗透到传统文学写作的地盘；其充斥时尚用语、网络术语、缩写词、音译词和近乎黑话的隐语（又名“火星语”）的大杂烩语言，也以一种浮皮潦草的追新逐异，使文学语言陷入杂质化、浮泛化的怪圈，并且污染了其他文学主体志在挖掘语言的表现力与艺术潜能的创新思维。同时掌控着起点中文网、红袖添香网、晋江原创网的盛大公司以网络游戏为主营产业，其玩文学的选择中明确包含了为网络游戏提供上游素材资源的商业目标，游戏化、娱乐化成了其旗下的文学网站难以避免的宿命。正如日本学者桂敬一所言：“大众传播界内部盲目向娱乐产业倾斜的风潮，有可能导致破坏大众传播界的公共系统，使其整个沦为娱乐产业的一部分，造成隶属于来自其他行业或国外的多媒体商务巨头之下的结果。”[②]

---

① 职烨，《网络写手这样挑战传统文坛?》，《申江服务导报》2008 年 6 月 25 日。

② ［日］桂敬一主编，《多媒体时代与大众传播》，刘雪雁译，新华出版社 2000 年，第 18 页。

二、改编文化与空壳写作

跨媒体传播与跨媒体写作的流行，对于文学生态产生了根本性的改变，这不仅影响了接受者的接受方式与阅读习惯，还使在传统文学环境中毋庸置疑的作者与作品概念也产生了动摇。譬如小说的影视改编就经常引发著作权的争议，像那些作家与编剧同为一人的作品自然是万事大吉，纵然如此，投资方与导演的意志也常常强有力地瓦解了编剧的独立性，甚至逼迫作者将自己的小说改得面目全非。在工业化的流水线制作中，文学的个性往往是必须牺牲的代价。至于那些作家自己不参与编剧工作的“改编”，原作被“戏说”几乎就是围棋中的定式，成功的改编者都不愿意成为原作者的傀儡，总是极力突显自己的独立性。苏童的《妻妾成群》被改编成《大红灯笼高高挂》后，“最明显的改变是其中的主观感受与精神力量的相对削弱……小说中那个有着无数独特感受与个性追求的颂莲，在电影中被替换为不断地迫于命运的压力而无法应付的悲剧女性，这虽然可以说是加深了对没落的传统世界的批判性，但是实际上却丧失了小说中有着超越意义并含有丰富创造性的个人化的独特精神主题”①。在更强势的传播手段面前，文字文本已经沦落为“脚本”，而从事文字创造的作家也甘愿为别的艺术形式效犬马之劳，从文学主体退为影视客体。尽管金庸一再批评改编者的荒唐，但他同样无法拒绝改编后面的巨大诱惑。二月河对《雍正王朝》的改编多有批评，认为它矫枉过正，隐去了雍正阴冷、狡诈、残暴的一面。看看编剧刘和平对此作出的解释：“哪个历史集团或历史人物在自我完善的过程中起的是积极作用，我就肯定他，起的是消极作用，我否定他……如果一定要我说《雍正王朝》的主题，那就是家与国的矛盾……人们老是谈要忠实原著，我认为不能太谈忠实，两样东西如果完全一样，必定有一个是多余的，多余的就

① 陈思和主编，《中国当代文学史教程》，复旦大学出版社 1999 年版，第 333—334 页。

是后来的那一个。"[①] 在实用主义和消费主义的历史观面前，真实的历史本身同样只是一个脚本。显得有点滑稽的是柳建伟的《突出重围》，他自己担当总编剧，电视播出后他同样认为剧本不如原作，这种反应就难免有些戏剧性。20 世纪 90 年代以来小说的影视改编中，作家扮演的基本上是一种扈从的角色，"改编"常常导致了文本的伤筋动骨，变得面目全非，这种不平等直接导致了尤凤伟与姜文的官司。尤凤伟说："对方说，这种做法在过去电影圈里是司空见惯的，也就是说，一切都属正常……此案被告三年前与我协商改编《生存》，我是同意和支持的。既然是改编，对原作进行修改就是合乎情理的，否则便不是改编。改编是再创造，即使需要对原作做出较大修改也属正常，但不应对原作的基本精神和原则予以扭曲，同时应当得到原作者的许可，否则，便不是正确的改编。"[②]

前面列举的例证，讨论的都是忠实原著与再创造之间经久不息的冲突。进入 21 世纪以后，一方面，小说的影视改编不断引发著作权纠纷。2007 年 5 月底，多家网站的论坛里出现了一篇名为《中国文坛最大丑闻：抄出来的"海岩手稿"》的帖子，文中提到一个曾经充当枪手的编剧"祥子"的爆料，证实海岩的确有一个外界猜测的写作班子，从构思搭框架，到初稿写作，到最后润色都有人分别进行。为确证所有作品为自己所作，2007 年 6 月 4 日，海岩在北京向媒体展示了自己多年来创作的作品《便衣警察》《平淡生活》《河流如血》《五星饭店》和即将出版的《舞者》手稿。随后各地小报纷纷在娱乐新闻板块发表具有"通稿"意味的格式化文章，但也有一些言论认为这是为了促销新书的自我炒作。叶兆言的小说《马文的战争》被改编成电视剧后，成了编剧陈彤的独创成果；电视剧《杀出绝地》的出品人刘世杰署名为同名小说的作者，而原作者言美芳连第二作者的资格都被剥夺。在电视剧被改编成小说时，一些根本没参加创作的投资人、导演或雇佣枪手的大牌编剧，由于掌握了资本、版权或话语权，坦然地在图书上署名，这似乎已经成为一种潜规则。另一方面，抄袭的现象越

① 阎玉清，《〈雍正王朝〉编剧刘和平访谈录》，《中国电视》1999 年第 11 期。

② 田川流，《从容应对〈鬼子来了〉——尤凤伟访谈录》，《文学世界》2000 年第 1 期。

来越普遍，像郭敬明的《梦里花落知多少》被法庭确认抄袭了庄羽的《圈里圈外》；遥远除了改动标题外几乎全文照搬原作者作品；安意如的《人生若只如初见》和《思无邪》抄袭网友“江湖夜雨”的图书和网文；网络写手 vivibear（张薇薇）被网友曝光“直接粘贴”173位作者的203篇作品，被封为“极品抄袭女王”。抄袭之所以风行，屡禁不止，关键在于东窗事发后“文抄公”照样通行无阻，郭敬明照样受到媒体和粉丝的追捧。当出版商只为金钱而迷狂时，艺术标准、文学道义和出版规则都成了名存实亡的点缀，在劣币驱逐良币的格雷欣法则的支配下，文学生产陷入了恶性循环的沼泽，造假、贩假的利益共同体维持着粗制滥造的工业流水线的高速运转。

在跨媒体时代，信息的高速化、海量化、流行化和消费化趋势，一方面使写作者可以快捷地获得创作素材，可以通过对不同渠道、不同立场的信息的搜集与整理，把握事物的复杂性与丰富性，超越单一视点的狭隘；另一方面，驳杂的信息又常常漏洞百出，自相矛盾，追逐转瞬即逝的潮流化信息往往使写作者沉迷于肤浅而功利的趣味，因过度关注外部的信息喧嚣而忽视了自身的独立判断与心灵体验，这样的写作很难避免类型化与碎片化的陷阱。这种悖论可以从信息论鼻祖之一克劳德·香农（Claude E. Shannon）所创造的“信息熵”概念中得到解释。1864年克劳修斯首先提出熵的概念，推动了热力学的跨越式发展；1948年克劳德·香农将这一概念引入信息论中，提出了“信息熵”。所谓信息熵是用来描述信息系统不确定程度的度量，熵越大系统的混乱程度越高，通过有序化以获得确定性所需要的信息量也越大。“很奇怪，似乎是我们得到的信息越多，我们就越难做到信息灵通。作出决策成为难事，而且我们的世界也使我们更加糊涂……发出的信息越多，我们可吸收、保留和利用的信息就越少。”[①] 当文学创作过分依赖外部信息时，文学就很难发挥其自身谛听心灵、透视人性的独特优势，与新闻、电影、电视连续剧呈现出同质化倾向。

在传统的文学生态中，作者是独立的、完整的，他不可分割地享有其作品的著作权。当然，其前提是作品具有不可争议的原创性，作

① ［美］杰里米·里夫金、特德·霍华德，《熵：一种新的世界观》，吕明、袁舟泽，上海译文出版社1987年2月版，第155页。

家与作品之间的对应关系也成了传统文学史建构的立论基础。然而，跨媒体传播与跨媒体写作的出现，使不约而同的集体写作日渐盛行，作品如同工业产品一样，可以拆分和组装，由不同的部件构成。作者们成了隆隆运转的大型联合机床的组件，只负责完成其中的一道或多道工序。“在多媒体条件下，将外部情报作为素材，收录、利用、进行新创作的事例，会突飞猛进地增加。进而言之，多媒体是将外部情报作为素材，不断收录、利用和进行新创作的工具。所完成的多媒体软件，又进一步会成为第三人创作的素材。可以认为，多媒体软件就是为无限变化而存在的。做个比喻，就是通过对信息的二次利用、三次利用、四次利用，可以产生信息的自我增殖现象。当然，信息不能像生物那样自我增殖，但是通过人的复制、改编等行为，从外表上看，就好像信息自我增殖一样。”①

文学作品在跨媒体改编过程中，反复的“改写”容易导致以讹传讹的恶性循环。“熵的增加就意味着有效能量的减少。每当自然界发生任何事情，一定的能量就被转化成了不能再作功的无效能量。被转化成了无效状态的能量构成了我们所说的污染。许多人以为污染是生产的副产品，但实际上它只是世界上转化成无效能量的全部有效能量的总和。耗散了的能量就是污染。既然根据热力学第一定律，能量既不能被产生又不能被消灭，而根据热力学第二定律，能量只能沿着一个方向——即耗散的方向——转化，那么污染就是熵的同义词。它是某一系统中存在的一定单位的无效能量。”② 由于信息过度膨胀所造成的污染，使作品的真正意义与价值在商业化的蒸笼里无声无息地蒸发了，留下的仅仅是一些表面上轰轰烈烈、实质上空洞无物的文字垃圾。生活在一个充满了伪事件与假信息的世界中，媒体的神奇之处正在于它不考虑信息是否准确地描述了客观情况，而只考虑信息看起来是否显得真实。“记者们不再满足于传播信息，他们要生产信息。他们的确有能力‘炒热事件’——这是人们常说的话——有能力将讨论的问题、思考的问题及对这些强制性问题的强制性思考一天一天地强

① ［日］中山信弘，《多媒体与著作权》，专利文献出版社1997年版，第95页。

② ［美］杰里米·里夫金、特德·霍华德，《熵：一种新的世界观》，吕明、袁舟泽，上海译文出版社1987年2月版，第30页。

加于众。”[①] 在见报率、作品数量和版税、个人名声成正比的年代，作品的艺术质量只在圈子内被关注，而媒体的兴趣是寻找适合炒作的“话题”，这样的环境必然驱使相当数量的作家不靠作品的质量说话，而是靠粗制滥造和频繁的曝光打天下。既然写得再复杂再深奥再意味深长的作品，在媒体的视野中只剩下那些感性的、奇观的、非常的事物，那么何必在别的地方浪费心神呢？于是，形式上浅显易懂的、叙述停留于故事层面的、情感上煽风点火的、主题集中于肉体（性和暴力）的商业化叙事大行其道。只有当作家不仅利用传媒的趣味来宣传自己，而且将这一趣味贯彻到自己的写作当中时，传播对文本和作家的双重改写才真正显示出其威力。环境科学家关注所谓的“跨媒介污染”问题：“污染物质在环境中倾向于从空气到水再到土地的循环。如果忽略这种现象，一些环境保护措施所带来的难题往往比所解决的问题还要多。”[②] 我想，在文学的跨媒体传播过程中资本意志与商业趣味的不断放大，也恰恰是文学语境中的“跨媒介污染”。

不少研究者反复强调网络写作的互动性，即作者与受众之间身份的互换，受众可以通过编辑与改写化身为对文本进行再阐释和再创造的作者，这就是罗兰·巴特所言的“可写性阅读”。网络写手慕容雪村认为：“读者反馈是最大的动力。你写得好，别人会说‘赞，顶’，你写得差，别人会骂‘垃圾、狗屎’。”[③] 在博客之后出现的维客（wiki），这是一种支持社区协作式写作的超文本系统，也包含一套专用的辅助工具，进行维客写作的人都有写作者和阅读者的双重身份，都可以对文本进行创建、浏览、修改，在共同的题目下进行独行其是的接龙式书写，所有的痕迹都被保存下来。这样，作品的著作权就很难向个人还原，传统的作者观念在种种新挑战面前显得模糊，在无奈之下呈现出逐渐淡化的趋势。正如中山信弘所言：“在改编文化中，一个作品可有多数人参与，但是在很多情况下，不能断定这些人参与的

---

① ［法］皮埃尔·布厄迪尔、［美］汉斯·哈克，《自由交流》，桂裕芳译，三联书店1996年版，第30页。

② Laura Tangley, Tackling “Cross-Media” Pollution. Bioscience, Vol. 35, No. 2 (Feb., 1985), P. 70—73.

③ 吴波，《网络让我变成了穷鬼》（访谈），《广州日报》2009年1月30日。

程度和比例。此时，如果将全部作品的绝对支配权，只认定给某个特定作者，当然就会遭到质疑。因此对于新类型作品，虽然不得不按著作权法已有规定来认定作者，但是由于这类作者与以往作者不同，其权利的内容，当然也应存在差异。"①

作者的主体性的破碎，意味着作品也不再是独立思想的延伸和衍生物。罗兰·巴特宣告："我们懂得，要给写作以未来，我们必须推翻这个神话：读者的诞生必须以作者的死亡为代价。"② 巴特乐观地认为"作者之死"带来的结果是："重读不再是消费，而是游戏。"③ 读者能够从"可写性阅读"中获得自由和"阅读愉悦"。但是，巴特所指的文本应当是那种具有某种经典性的文本。在看过就扔的一次性文本铺天盖地的语境中，阅读就是消费。而且，当文学被包装成形形色色的娱乐形式时，它作为一种表演性的形式，无法表现也拒绝表现断断续续、欲说还休的思考过程，因而对受众的意志具有潜在的蒙蔽作用。麦奎尔认为"娱乐"的功能包括："逃避问题或转换对问题的注意力"，"放松"，"打发时间"，"感情释放"，"唤起性意识"。④ 这样，读者就变成了被迫接受麻痹的被动的受众。尤其值得注意的是，新兴技术的进步在打破不同媒介之间的传播障碍时，也将传统的出版业、影视业和网络产业整合成一个规模越来越大的娱乐体系，在形式多样、相互补充的产业链条中向公众提供"可买卖的信息"。也就是说，文学本身的信息特性被弱化，其娱乐功能与商品性质被放大。"如果说，信息的商业生产和销售正在成为新兴经济的最主要特征，正在造成文化生产与工业生产的会聚，那么，将文化和传播领域与社会基本制度结合的前提也许正在加紧而不是在放松。商业化的信息在各种各样的生产活动中地位的上升也许会使创造性工作和常规性工作

---

① ［日］中山信弘，《多媒体与著作权》，专利文献出版社 1997 年版，第 97 页。

② ［法］罗兰·巴特，《作者之死》，赵毅衡编选，《符号学文学论文集》，百花文艺出版社 2004 年版，第 512 页。

③ ［法］罗兰·巴特，《S/Z》，屠友祥译，上海人民出版社 2000 年版，第 77 页。

④ ［荷］麦奎尔，《大众传播理论》，张国良主编，《20 世纪传播学经典文本》，复旦大学出版社 2003 年版，第 461—462 页。

一样具有更少而不是更多的自主性。”①

作家的明星化使作品的传播与艺术品质的关联逐渐被削弱，相反，通过炒作作家的趣闻轶事乃至私生活以吸引注意力，成为图书宣传中的惯用策略。明星制作为起源于20世纪初好莱坞的一种商业手段，把制造和鼓励明星崇拜作为核心理念，刻意的造星行为使明星成为影片的主导力量，而明星的类型化角色与类型化表演风格是其难以摆脱的模式。德科尔多瓦认为：“为制造明星而编出的故事和明星们演出的影片在表现形式上是完全相同的。这两个领域的重叠和明星制度开始形成时对控制权力和宣扬内容的具体划分有密切关系。演员的私生活一旦变成有价值的认识领域，便需要作出规定，不许在报道上逾越某些界线。”② 不幸的是，渲染私生活与揭丑的负面报道在近年中国的文学界日益风行，像“美女作家”“妓女文学”等提法就是典型表现。福克纳强调：“我认为，只有作家的作品才归社会所有，才能作为讨论、研究、评论的对象；作家本人也是这样对待自己的作品的，把它们提供给公众，并因而收取报酬；所以，他不仅能够，而且应该接受公众对他作品的议论和态度：从赞扬直到付之一炬。然而只要一个作家没有犯罪或是出任公职，他的私生活就是属于他自己的；不仅他本人有权保卫自己的孤独，而且公众也应该这样做，因为一个人的自由正是在另一个人自由开始的地方宣告结束的。”③ 与福克纳保卫孤独的自由意识形成鲜明反差的是，越来越多的中国作家以兜售自己的私生活作为卖点，像郭敬明在自己主编的《最小说》上不仅连载作品，还连篇累牍地刊发搔首弄姿的个人照片。对文学作品的“讨论、研究、评论”大都沦落成不及物的宣传，作家个人的经历以及种种争议都成为扩大影响的重要手段。在这样的文学生态中，明星作家的名字就成了一种商业标签，像榕树下文化公司推出的青春写手郭

---

① ［美］丹·席勒，《信息与危机经济》，张国良主编，《20世纪传播学经典文本》，复旦大学出版社2003年版，第480页。

② 〔美〕理·德科尔多瓦，《美国明星制度探源》，宋琦、桑重译，《世界电影》1990年第6期。

③ ［美］威廉·福克纳，《谈谈私人生活》，刘保端等译，《美国作家论文学》，三联书店1984年版，第372—373页。

妮，其背后就依托着一个写作班子，署名郭妮的作品的目标读者是12—16岁的少女，“榕树下的聚星文化是郭妮背后的一个强大的团队，这个团队首先会深入初中女生进行市场调研和分析，向郭妮提供一个两三千字的提纲，大致列出人物关系、故事走向等框架，郭妮据此进行情节的扩充，最终操刀完成一个个类型化的故事。”[①] 这种流水线的生产与出版模式改变了传统出版等稿子的路径，书商一开始就对图书的整体框架与细节进行严格限定，所谓的创作自由就不再是个体的自由，而仅仅是成为商品进行交换的自由。“郭妮”有一段时间每月能产出二三十万字，这种纯打字的写作速度注定只能产出让人“看过一遍就厌烦”的文字泡沫。这样的写作类似于中国民间服装制造流程中的来料加工或“贴牌生产”。作为传统文学创作与文学史研究的根基的经典性与原创性，在此已经成了遥远的旧梦。

当作品在反复的改编中成为间接信息的堆砌，是来源各异、五花八门的信息碎片的拼接，作为作品灵魂的艺术个性与创造力就被掏空了。而作者则在商业法则和明星路线的包围中丧失了个人自由，其署名成为一种标价出售的空洞能指，是一种对快速制造的类型化文字进行粉饰的外在包装。正如福克纳所言：“问题不在于作者写了些什么，问题在于他不能不写……制造市场和制造充斥市场的商品（不是需求，需求无须制造，它只要满足）的贸易公司把拙劣的鉴别力变成了消费品，这种消费品可以被投放到市场上，因此可以课税，从而可以预先大做广告；而拙劣的鉴别力一旦获得了支付能力，就洗刷了自己的污垢被证明是正确的了。”[②] 在这样的情形下，作品和作者都在破碎化的状态中变成名不副实的空壳，而物化的空壳的魅力在于它们能够有效地转化成消费品和商业合同，空壳写作借助新传媒的渠道，用权力与金钱的魔杖驱逐了艺术的独立地位，并志在将艺术之神缪斯改造成言听计从的奴仆，成为只忠实于利益的、毫无立场的掮客。当空壳

① 娜拉，《打造书业“神话”——榕树下文化咨询有限公司个案研究》，郝振省主编，《2007中国民营书业发展研究报告——文化公司研究》，中国书籍出版社2008年版，第131页。

② ［美］威廉·福克纳，《谈谈私人生活》，刘保端等译，《美国作家论文学》，三联书店1984年版，第375—376页。

写作大行其道时，买椟还珠、鱼目混珠的现象将成为文学传播中的常态。

三、印刷文学的衰落或重生

在印刷术得到普及之后，印刷机在相当长的时期内统治了文化的传播，正如尼尔·波兹曼所言：“铅字在公众话语的各种舞台中产生的影响是持久而强大的，这不仅是因为印刷品的数量，更重要的是因为它的垄断地位。”① “铅字垄断着人们的注意力和智力，除了铅字以及口头表达的传统，人们没有其他了解公共信息的途径。公众人物被人熟悉，是因为他们的文字，而不是因为他们的外貌，甚至也不是因为他们的演讲术。”② 波兹曼将印刷文化一枝独秀的年代命名为“阐释年代”。他认为：“阐释是一种思想的模式，一种学习的方法，一种表达的途径。所有成熟话语所拥有的特征，都被偏爱阐释的印刷术发扬光大：富有逻辑的复杂思维，高度的理性和秩序，对于自相矛盾的憎恶，超常的冷静和客观，以及等待受众反应的耐心。”③ 书面阅读要求读者与阅读对象保持适当的距离，既发挥自己的分类、推理和判断能力去发现作者笔下的谎言、陷阱和错误，又调动自己的个人体验与之对话，达到情感的沟通与心灵的共鸣。印刷文化适于长期保存与反复阅读的特性，要求作品经得起反复的推敲，承受时间的考验。这样，就要求作者的创作必须为字句绞尽脑汁，为了语言的创新而犹豫不决，也为读者细细咀嚼的、滞后的阅读反应提供了充分的空间，而印刷文化的版本问题则揭示出其传播过程缓慢推进的连续性。而电子文化的特性则与此形成鲜明反差，它是快速的，其接受过程是共时的、娱乐的，波兹曼形象地将之描述为“躲猫猫的世界”——“在这

① ［美］尼尔·波兹曼，《娱乐至死》，广西师范大学出版社 2004 年版，第 54 页。

② ［美］尼尔·波兹曼，《娱乐至死》，广西师范大学出版社 2004 年版，第 80 页。

③ ［美］尼尔·波兹曼，《娱乐至死》，广西师范大学出版社 2004 年版，第 83—84 页。

个世界里，一会儿这个、一会儿那个突然进入你的视线，然后又很快消失。这是一个没有连续性、没有意义的世界，一个不要求我们、也不允许我们做任何事情的世界，一个像孩子们玩的躲猫猫游戏那样完全独立闭塞的世界。但和躲猫猫一样，也是其乐无穷的。”① 与印刷文化挑战心智的传播特性相比，电子文化制造的则是“一过性”的视觉盛宴与听觉狂欢。

电脑写作的普及带来了书写文化及其传播方式的衰落，与手稿、抄本等物质形式同时走向没落的还有书写规范，即作者往往是独立的，其物质形式一旦固定，就无法轻易改变，纵然改变，其所有变化也将以固定的物质形式——新版本完全呈现出来。因此，书写文学暗含着一种落笔无悔、文责自负的责任伦理，它作为传统文学史链条上的一环，其价值的体现必须以过去与未来的相关文本作为参照系，文本之间的继承关系或创新意义都必须承受后来者的反复阐释与鉴别。也就是说，书写文学漫长的历史及其经典化法则不断提升写作的难度，后来者必须站在前人的肩膀上挑战更高的文学境界，必须在布鲁姆所言的“影响的焦虑”的包围中寻找突破口。

作为书写文化最原始的证据，手稿具有不可再生性，是独一无二的。本亚明认为：“即使是艺术作品的最完美的复制物，也会缺少一种成分：它的时空存在，它在其偶然问世的地点的独一无二的存在。艺术作品的这种独一无二的存在，决定了它的历史。在它存在的全部时间里，它都是历史的主旋律。这里面包含了由于年深月久它在物理条件方面可能会发生的变化和它在收藏中可能会发生的变化。”② 正因此，那些珍贵的手稿具有很高的收藏价值，惊人的利益回报也催生了一些几可乱真的赝品。我喜欢翻看手稿，像《鲁迅手稿全集》《〈随想录〉手稿本》《钱钟书手稿集》等。手稿和定稿之间的差异，应当是研究者最为关注的地方。透过作品的修改，可以探索作者的思想轨

① ［美］尼尔·波兹曼，《娱乐至死》，广西师范大学出版社2004年版，第102—103页。

② ［德］瓦尔特·本亚明，《机械复制时代的艺术作品》，胡经之、张首映主编，《西方二十世纪文论选》第四卷，中国社会科学出版社1989年9月版，第267页。

迹与心路历程。譬如巴金的《怀念萧珊》，其手稿中的不少文字在定稿中都被删除，比如其中有这样一段：“人死犹如灯灭。我不相信有鬼。但是，我又多么希望有一个鬼的世界，倘使真有鬼的世界，那么我同萧珊见面的日子就不太远了。”其间沉积了作家炽热的情感和无尽的悲痛。我在上初中时，通过《藤野先生》这篇课文学会了“抑扬顿挫”这个成语，看了作品的手稿才知道，这个词是后来加进去的。在阅读这些手稿时，从反反复复的修改痕迹中，能够非常清晰地感受到作者对于文字的一种尊重，那种呕心沥血的求索痕迹跃然纸上。当然，通过手稿还能看到作家内心的犹疑、顾忌和迷茫，甚至可以透过笔迹窥察到作家当时的一些个人信息，譬如钱钟书手稿的写作时间从20世纪30年代到90年代，跨越了半个多世纪，风华正茂时的笔迹意兴遄飞、一气呵成，而暮年的笔迹就似断若连、气息微弱，折射出一个活到老学到老的知识分子的执着和严谨。

不止一次参观过一些著名图书馆展出的作家手稿，发现现代作家“抗战”时期的手稿用纸都是马粪纸，纸张质量很差，估计一碰就碎。当然，摆在玻璃柜中公开展览的，大多是收藏价值有限的手稿。据舒乙在《老舍先生的砚台》中回忆，老舍先生从英国回国后习惯用钢笔写作，但抗战时期在重庆只能找到粗糙的手工纸，现藏中国现代文学馆的《四世同堂》前两卷手稿就是被迫用毛笔写成的。为了方便写作，老舍特意选用了一方实用的土产砚台，磨一次墨可用半天。根据陈明的回忆，现藏国家图书馆的丁玲的《太阳照在桑干河上》的三册手稿，第一册是用白报纸订成，纸又薄又脆；后两册用的是日本人丢弃的记账簿，质地较好，是丁玲的孩子从废品堆里捡回来的。了解手稿背后的故事，是走进作家所处的时代及其内心世界的一条曲折小路，隐藏其中的种种信息犹如闪烁的星星，向我们显现朦胧的沿途风景。

在手稿自身的命运沉浮之中，不仅要承受灰尘与蛀虫的侵蚀，还要见证历史、人性的复杂和幽深。现在由辽宁省图书馆收藏的半部《聊斋志异》手稿是其镇馆之宝，它穿越了尔虞我诈的黑暗和弱肉强食的野蛮，得以幸存。蒲松龄传给后人的《聊斋志异》手稿，在传到蒲英灏手中时，被其上司盛京将军依克唐阿借走半部，未及归还，依克唐阿就客死于北京，自此半部手稿杳无音信。剩下的半部手稿传到蒲文珊手中时，曾被伪满洲国奉天省长袁金铠强借，随后汉奸和日本人都曾垂涎于手稿，幸运的是蒲文珊拒绝了利诱和威胁，终得物归原主。1950年蒲文珊将手稿和《聊斋杂记》稿一齐捐献给了国家。在“文革”时期的鲁迅手稿遗失事件中，许广平忧愤交加心脏病发作猝然逝世，追查鲁迅手稿还引发了由江青一手导演的“杨、余、傅事件”，即所谓在杨成武指挥下，傅崇碧“武装冲击中央文革”。而奉江青之命将鲁迅手稿从文化部取到“中央文革小组”的戚本禹，被抛出来当了替罪羊。一些幸存的古代稿本，上面都盖有不同时期的藏书印，还有种种题跋，达官贵人和文人雅士纷纷留下“到此一游”的烙印，但是，该腐朽的还是灰飞烟灭，随着手稿流传下来的只能是文化的薪火和作者不死的创造激情。那些巧取豪夺者不仅没有不朽，还适得其反，被历史钉上了耻辱柱。

眼下，除了一些中老年写作者如贾平凹、张承志、阎连科等仍然坚持用笔写作，大多数写作者都改用电脑写作，写作者不再留下自己的笔迹，思维的痕迹无影无踪。这就容易给人带来一种错觉，似乎所有写作者的手稿都是价值连城的宝贝。事实上，作者的贡献越大，作品的价值越高，其手稿的价值也越高。恕我直言，像署名“海岩”的“手稿”不管以何种方式生产，其艺术价值都是极为有限的，字里行间透露出鲜明的“机械复制”的模式化特征，这种作品追求速效，但速朽也往往是其难以摆脱的宿命。当作品被悄然遗忘时，其手稿也就成了一堆废纸。只有那些具有无可替代的原创性价值的作品，其手稿才可能历久弥新，纵然纸张不断脆化，字迹越来越模糊，却变得越来越稀罕。

电脑写作不仅提高了写作的效率，还改变了写作的观念。正如马克·波斯特所言：“与钢笔、打字机或印刷相比，电脑使书写痕迹非物质化了。随着键盘向电脑的输入，磷光体像素便在显示屏上发亮，像素就成了字母。由于这些字母不过是存储着的密码的显示，它们实际上是以光速进行改变。作者面对着的词是可以瞬息即消、瞬间即变的东西。简而言之，它是非物质的。比较而言，手书时的墨迹或打字机键打在纸上的痕迹则难以改变或抹去。”① 电脑成为写作工具大大提

---

① ［美］马克·波斯特，《德里达与电子写作——关于电脑写作的主体》，王逢振主编，《网络幽灵》，天津社会科学出版社2000年版，第82页。

高了工作效率，但也为复制、剪贴式的写作打开了方便之门，写作成了备份，它打破了传统审美规范的诸多禁忌，追求标准化、无个性、程式化，使陌生的创新变为庸俗的成规。在“手稿”消失的同时，“原作”也消失了。现在的作家写得越来越快，越来越多的作家将中篇扩充成长篇，将几篇短篇组装成长篇，不同作品中的细节和情节大同小异，甚至是改头换面的自我重复，那种“吟成五字句，用破一生心”的推敲成了明日黄花。更值得注意的是，网络媒体的迅速发展，使写作变得更加随意，“灌水”的网络语言使写作变成了大批量的垃圾制造，写作进入了一个无聊的废话时代，那种具有高度表现力与概括力的语言销声匿迹。

随着照相术、电影和电视的发明，影像文化在20世纪逐渐排挤文字文化，成为人类文化的主要存在形态。20世纪90年代以来，电脑的普及和互联网的横空出世，文字文化原有的地位变得更加岌岌可危。德国文学媒体学家费利德里希·基特勒甚至在《记录系统》一书中预言：“在未来，以书的形式为主要存在形态的文字文化将彻底消失，文字将仅仅成为历史学家和考古学家研究的对象，普通人将成为真正的‘文盲’，不再会阅读和书写。”看来，我们面临的不仅是手稿的消失，或许真有一天，图书也退出历史的舞台，未来的人群就像我们现在参观恐龙化石一样，只有到博物馆才能看到纸质的书刊。

在跨媒体语境中，电脑写作同时提升了写作、出版、消费的速度。把以最快速度卖给最多受众作为追求目标，宣告了那种为历史负责的写作伦理的幻灭。而历史上那些汗牛充栋的书写文学的经典，一方面被贴上“过时”的标签，被轻易地扫进历史的垃圾堆；另一方面则在油嘴滑舌的戏仿和改头换面的仿写的肢解下，在崭新包装的伪装下摆上货架，被反复地、毫无代价地榨取剩余价值。正如詹姆逊所言：“实际情况是，今天的美学生产已经与商品生产普遍结合起来：以最快的周转速度生产永远更新颖的新潮产品（从服装到飞机），这种经济上狂热的迫切需要，现在赋予美学创新和实验以一种日益必要的结构作用和地位。”① 值得注意的是，作为消费品的文学的新潮很可

① ［美］弗雷德里克·詹姆逊，《快感：文化与政治》，王逢振等译，中国社会科学出版社1998年版，第156页。

能是对旧作的改写，甚至是一种靠拼凑前人作品为生的虚伪的怀旧。史蒂文森认为：“媒介时间流动的加速和无序化可能导致的状况是，即时的观点、集体的遗忘和更广泛的不确定文化联手把民主所必需的合理化反馈破坏掉了。”[①]当文学写作、出版、接受都成为即时行为的时候，那些仅仅在数年前出版的作品往往被视为陈年旧作，它们因为受众的迅速厌倦而被抛弃，又因为受众不断轮回的厌倦与追逐，在被改装成回潮的时尚符号后再次唤起受众的好奇。这样，文学生产变成了一种广告行为，“广告制造自己的产品：永不满足、焦躁不安、充满渴望而又感到厌烦的消费者”。[②]这种写作形式降低了写作的门槛，谁都可以自称为作家，谁都可以著作等身，写作成为一种大众化的狂欢。与写作相关的每一次技术的革新都会引来热烈的欢呼，欢呼个性的解放与自由的拓展，欢呼互动与同步摧毁了禁锢与封闭，欢呼写作的无功利时代的到来。但是，就像曾经被寄予无限希望的网络写作一样，当大肆侵入的资本正在将网络写作的流水线改装成印钞机时，所谓的“无功利性”已经沦落成了笑柄。

在跨媒体写作与跨媒体传播的夹缝中，印刷文学究竟是难以逆转地走向衰落，抑或如凤凰一样浴火重生？这是一个哈姆雷特式的难题。从理智上讲，我个人认为这种衰落是必然的，目前不仅看不到转机，其衰落进程还有加速的趋势；从情感层面讲，我期待印刷文学重塑辉煌。当然，最好的结果是一如偏爱旧式图书的哈佛大学图书馆长达恩顿所言：“电子书将充当古腾堡的伟大机器的补充物，而不是替代品。”[③] 也就是期望印刷文化与电子文化相得益彰，共同构筑阅读的未来。

（首刊于《中国现代文学研究丛刊》2012 年第 2 期，《中国社会科学文摘》2012 年第 7 期主体转载）

① ［英］尼克·史蒂文森，《媒介的转型——全球化、道德和伦理》，顾宜凡等译，北京大学出版社 2006 年版，第 159 页。

② ［美］迈克尔·舒德森，《广告——艰难的说服》，陈安全译，华夏出版社 2003 年版，第 3 页。

③ ［美］罗伯特·达恩顿，《阅读的未来》，熊祥译，中信出版社 2011 年版，第 75 页。

媒体创新与文学的独创性

进入21世纪后，媒体技术突飞猛进，也带动了文学的快速变化。网络文学的出现与发展，就是媒体创新在文学领域的典型体现。媒体技术的革新，使得文学传播渠道日益多样化，文学的IP热潮加快了以文学为内容的印刷媒体与新媒体的融合进程。但是，从总的趋势来说，近年文学领域一方面出现了媒体创新的繁荣，另一方面文学内部的创新却相对冷寂。

从20世纪90年代以来，在先锋小说的热潮降温之后，作家们对于文字艺术的“怎么写”不仅普遍失去了热情，而且滋生了一种餍足的疲倦和逆反的抵触。文学从“触电”到“触网”，写作者力图走出文字的城堡和迷宫，学会适应影视和网络的传播规则，掌握影像化与网络化的写作法则。不应忽略的是，以文学期刊和出版机构为主体的媒体策划，如同无形之手引领90年代文学的发展。从“新状态文学”“新体验小说”“新新闻小说”“新市民小说”“新现实主义”到“新生代”“晚生代”“文革后一代”“60年代出生作家”“70后”，每一个新鲜的命名都如同盛大的化装舞会。尽管参与的作家艺术个性千差万别，但入伙后都被贴上同样的标签。在文学逐渐边缘化的态势中，抱团取暖的危机感强化了集群意识，我行我素的写作方式和独行侠的文学人格必须承受巨大的精神压力。不少新生的作家为了获取媒体和市场的青睐，以改变自己的风格、特色的代价，迎合媒体需求和市场口味。这就像一些果农，苹果好卖时种苹果，等苹果树好不容易长大了，看看市场风向又变了，就砍掉苹果树种樱桃。跟风写作的结果，往往是制造速朽的泡沫。

创新往往被简单地理解为“变化”，也就是“不一样”。这像极了曾经风行一时的表演性的辩论赛，一方是正方，另一方是反方，势不两立，互相对抗，互相不服气。凡是对方赞同的，就必须坚决反对。在二元对抗的态势中，没有模糊地带。在代群更替的逻辑中，新一代都成了上一代的挑战者，“60 后”“70 后”“80 后”互相看不起，后起的作家要争得话语权，前提是把前辈构筑的大厦推倒，然后在平整的地基上从头开始。在某种意义上，以自我为中心的“创新”成了相互拆台。如果缺乏对文学发展进程的深入理解，缺乏对已有成就的尊重，文学发展就可能遭遇切香肠式的断裂，变来变去，只破不立。以汪曾祺为例，其《受戒》《大淖记事》等作品在新时期初期别具一格，那种冲淡而旷远、凡常而脱俗的风格在锣鼓喧天的合唱中显得卓尔不群。汪曾祺的写作为当时的文学版图提供了一种稀见的精神向度与艺术风骨，开拓了文学的另一种可能性。以现在的眼光回顾那段文学史，汪曾祺的选择无疑是影响了文学进程的艺术创新。值得注意的是，汪曾祺的创新其实是一种追忆和致敬，他重新接续了一度断裂的京派文学传统。汪曾祺就像一个格格不入的精神孤儿，他通过对现代文学传统的继承，既与当时的文学主流保持一种疏离的姿态，又在一个边缘的领地开拓出另一片天地。因此，撇开继承、毫无根基的所谓“创新”容易陷入石上栽莲的困窘。

不应忽略的是，在创新焦虑的压迫之下，所谓的创新容易变质成一种大呼隆的形象工程。在技术主义的视野中，文学的创新被单一化，也变成一种群体化的行为，似乎只有一呼百应、声势浩大、群策群力的才是创新，才能成为独步一时的主流，而势单力孤、冥思苦想的推敲就不是创新。当文学创新被置换成文学造势，创新的真实内涵就被抽空和歪曲了。媒体在推动文学创新时，将立竿见影的轰动效应作为追求目标。进入 21 世纪后，随着消费文化的繁荣，市场效应成为媒体机构衡量“创新”的效果的核心指标。也就是说，能够带来显著商业利益的“创新”才能活得下来，缺乏经济效益的“创新”只能被弃若敝屣。

本雅明在《机械复制时代的艺术》一文中，对摄影技术给艺术创作带来的颠覆性影响进行了深刻的分析，他认为“复制的艺术品变成了为复制性设计的艺术品”，“当原真性的标准不再适用于艺术生产，艺术的功能就已经全部颠倒了”①。近年媒体技术的革新，一方面扩大了那些适应媒体趣味的作品的传播范围，另一方面强化了文学的标准化、可复制化进程，尤其是以玄幻小说、穿越小说为代表的网络类型小说，其叙述模式、人物关系、故事情节都日趋套路化。商业文化和媒体权力的侵入，削弱了文学创作的自主性，要求写作者遵从雇佣者的意志，进行一种具体到细节的定制写作。1997 年 11 月，“布老虎丛书”用 100 万元征集一部“金布老虎爱情小说”书稿，就对小说的写法和题材都提出了明确要求，规定“小说的故事背景应是 90 年代的城市生活”②。王安忆这样谈论为《风月》编剧的经历：“《风月》是很奇怪的东西。陈凯歌带着一个很简单的故事雏形来我这儿。他一定要两男一女，一定要中间去过上海。他有一定的条件在那儿。我就把它写成一个合理的有日常生活面貌的故事。”③以起点中文网为代表，其评价标准已经完全量化，原创风云榜、24 小时热销榜、会员点击榜、推荐票榜、收藏榜、粉丝打赏榜……各种榜单令人眼花缭乱，点击率和粉丝评价直接跟写手的经济收益挂钩。在每天必须更新的压力之下，处于机械化写作状态的写手无暇他顾，吸引眼球成了唯一目标。黄天鹏在 1930 年论述“新闻文学”时，认为趋时的写作具有广告性特征：“广告文学之性质，与普通文学迥异。不问内涵如何，但求惹人注意，惹人兴趣，使其信服，而为顾客，或触其需要，因而购置。”④

迅猛发展的传媒技术和野蛮生长的商业文化的结合，使得文学创作的自主性受到严峻的考验。在影像艺术的法则和网络类型文学的框架面前，屈服的写作者逐渐放弃了难以直观化的心理描写，放弃了抽象的哲思和朦胧的诗意，放弃了那些典雅的、隽永的语言。高度技术

① ［德］瓦尔特·本雅明，《机械复制时代的艺术》，李伟、郭东编译，重庆出版社 2006 年版，第 8 页。

② 安波舜，《“金布老虎”征稿启事》，《中华读书报》1997 年 11 月 12 日 4 版。

③ 夏辰，《王安忆说》（访谈录），《南方周末》2001 年 7 月 12 日。

④ 黄天鹏，《新闻文学概论》，光华书局 1930 年版，第 237 页。

化的传媒以明确的目的性，对文学创作进行选择性的塑造，以最为经济的、规模化的形式，追求社会影响和经济利益的最大化。在信息日益膨胀的文化环境里，人们对于阅读、视听都很容易产生疲倦和抵触，而传媒机器为了吸附受众的关注，一方面是对标准化的作品进行细分，针对受众的口味添加不同的娱乐元素，另一方面是通过反复的、连续性的传播，使受众形成一种依赖性的习惯，乐此不疲。麦克卢汉的《机器新娘》一书分析了广告和流行文化的负面影响，他说："到了工业时代，开机器的人就更加像他们开的机器了。成群的人把全部精力用在机器的使用和改进上。但是，机器的力量不知道要比开机器的人强大多少倍。"① 在传媒机器的流水线上，写作作为其中一个环节，逐渐被改造成标准化、模具化生产。网络类型小说的规模化生产越来越接近制造业的代工生产，产品定位和销售渠道由文学网站掌控，网络写手只负责码字。尽管每天保持更新的网络写手已经类似于开足马力的写作机器，但人毕竟还有思想和感情，在机械化的写作状态中难免会疲惫和懈怠，写出来的文字质量也容易忽高忽低，有时超水平发挥，有时掉链子，写出次品和残品。于是，玄幻小说和诗歌的写作软件问世，而且不断升级。在围棋第一人柯洁面对 AlphaGo 只能徒唤奈何的时代里，写作软件入侵文学世界已经成为无法回避的现实。在商业化的通俗文学、类型小说的写作领域，人类写手确实没有什么优势可言。首先，写作软件可以不间断地连续作战。其次，写作软件可以根据客户的需要，随时调整写作的方向。再次，商业化写作并不要求作品具有超前的、独一无二的创造性，它要求作品的内容和形式都包含时尚元素，能够被最广泛的人群所接受。

因此，传媒创新一方面提升了文学作品的传播效率，丰富了文学作品的传播形式，扩大了文学作品的传播范围，另一方面将写作方式纳入统一的、标准的运行机制之中，以资本和娱乐的力量操纵、控制作者，用高效和舒适的方式，将成群结队的作者诱入没有归途的歧路。也就是说，产业化的媒体创新对文学传播形式的改造，包含着抑

① ［加］马歇尔·麦克卢汉，《机器新娘》，何道宽译，中国人民大学出版社 2004 年版，第 191 页。

制文学独创性的潜在风险。在表面上，传媒创新为文学的独创性提供了千载难逢的历史契机，可事实上，这场盛大的传媒游戏的前提是作者放弃自己已经成型的写作理念，放弃“陈旧”的思想和“僵化”的个性，接受新技术的改造和新思维的洗礼。

作为一个开放的话语空间，文学在网络空间的可能性并没有被完全激发出来。就网络文学的现状而言，以流行、通俗为基调的审美趋向，在很大程度上是文化资本刻意塑造出来的结果。媒体创新确实激发了文学发展的活力。但是，文学领域的技术创新在很大程度上是被裹挟着前行，缺乏必要的自主性。新媒体时代的文学要健康、持续地发展，必须加强文学内部的创新，改变文学创新相对滞后的局面。文学从注重内部变革转向热衷于外在包装，恰恰反映出文学从生产本位向消费本位的转变。而且，在新技术的催逼之下，写作的速度变得越来越快，文学的评价也日益重视量化指标。在网络写作中，越来越多的写手以量取胜，通过地毯式轰炸来提升自己的曝光度，避免被信息淹没。当创新变成时尚的换装仪式，写作者不再专注于发掘文学的新元素，再混合文化（Remix Culture）日益盛行。玄幻小说、穿越小说、职场小说、官场小说等类型小说都具有再混合文化的特性，写手们“用业已存在的文化成分去创制新文化制品”①，这使得“创新”变成一种轻松的游戏，其中普遍存在生吞活剥、移花接木、偷梁换柱的行为，各种元素杂糅在一起，因为缺乏有机的融合，显得斑驳而模糊。在文学创作的手工时代，文学创作恰如土法酿酒，需要经历漫长的发酵和蒸馏的过程；而电子时代的文学写作，更像是利用现成材料的调制和勾兑。

文学创新跟工业大生产的最大区别在于写作者可以不理会最先进的科技，不必使用最新潮的装备。作家依然可以使用最原始的书写工具，在最偏僻的荒郊野外进行独立思考，同样有可能写出具有文学独创性的作品。文学独创性与生命的独立性紧密关联，是对个体化存在的感知与确认，是对唯一而渺小的生命实体的尊重。正如韩少功所

① ［加］罗伯特·洛根，《理解新媒介——延伸麦克卢汉》，何道宽译，复旦大学出版社2012年版，第62页。

言："文学之所以区别于一般娱乐（比如下棋和扭魔方），就在于文学长于传导价值观。好作家之所以区别于一般'文匠'，就在于前者总是能突破常规俗见，创造性地发现真善美，守护人间的情与义。技术主义者看来恰恰是在这里严重缺弦。他们一直梦想着要把感情、性格、伦理、文化以及其他人类表现都实现数据化，收编为形式逻辑，从而让机器的生物性与人格性更强，以便创造力大增，最终全面超越人类。但他们忘了人类智能在千万年来早已演变得非同寻常——其中一部分颇有几分古怪，倒像是'缺点'。"① 面对传媒技术的革命性进展，不少写作者都被一种很强烈的落后于时代的焦虑所笼罩，总想追赶时代的步伐，这就像掰棒子的狗熊，在见异思迁的采撷中，把人性与思想、启蒙与抒情、想象与修辞都当成了旧的包袱，统统抛掷一旁。值得注意的是，在衔枚疾进的过程中，追赶者追求脱胎换骨的努力，恰恰是放弃了完整的自我，把自己变成一个标准化的新我。当作家与作家之间、作品与作品之间都缺乏差异性时，所谓的创新仅仅是写作背景和写作模板的变化。文学要真正具有独创性，写作者不能一味地追逐新潮，应该与时代保持必要的疏离，用批判性的眼光去观察，用独立的内心去体悟，用个性化的形式去表达，使得每一篇作品都不一样，都具备独特的内涵。

（首刊于《文艺争鸣》2017 年第 7 期）

① 韩少功，《当机器人成立作家协会》，《读书》2017 年第 6 期。

屏蔽内心：新世纪文学的外向化趋势

“外向化”一词常用于经济学领域，它和“外向型经济”的术语密不可分，经济外向化就是外向型经济发生、发展的动态过程，外向型经济的根本特征是以外部市场尤其是国际市场为导向，积极参与国际分工与协作。本文讨论的文学的外向化，当然有别于经济的外向化。荣格用“内倾”和“外倾”来区分不同的艺术创作方法或倾向：“我们知道，席勒试图用‘感伤的’和‘素朴的’概念来对艺术作品和创作方式进行分类。而心理学家则把‘感伤的’艺术称为‘内倾的’艺术，而把‘素朴的’艺术称为‘外倾的’艺术。”① 他认为：“内倾型态度是一种抽象的态度；在本质上，他总是企图从客体中撤回欲力，就像他不得不摆脱客体加在他身上的压力一样。相反，外倾型则与客体保持着一种过分信赖的关系。”② 所谓文学的外向化，类似于荣格所言的“为客体所定向”的过程，就是文学接受和适应外部现实变化的过程。外向化的文学是对现实的再现和反映，追求外在真实，将文学内在精神外在化，重视传播效果，选择大众容易理解的表现方式，注意和其他艺术形式的融合，努力拓展艺术边界。而21世纪文学的外向化趋势，主要表现在三个方面：一是在文学边缘化的背景下，创作主体为了吸引更多的受众，扩大文学的影响力，就整体态势而言，在价值倾向上从关注个体及其内心世界转向关注社会现实，

---

① [瑞士]荣格，《人、艺术和文学中的精神》，卢晓晨译，工人出版社1988年版，第125—126页。

② [瑞士]荣格，《心理类型》，吴康译，上海三联书店2009年版，第283页。

在创作方法上从现代主义转向现实主义，在创作题材上倾向于关注现实经验，在文体风格上逐渐向实用性的新闻文体靠拢；二是在媒体多元化的格局中，随着印刷传播的逐渐边缘化，创作主体在媒介策略上越来越重视影视、网络等新的媒体形式，通过改变创作方式和语言风格，强化文学作品的可视性，使得作品容易被改编成电影、电视剧、网络游戏，适合在多种媒体上传播，文学的视觉化转型渐成风尚；三是在追求实用的文化氛围中，创作主体对内心世界的疏离成为一种潮流，在创作情感上表现为一种淡漠，选择一种旁观的姿态，与社会、现实保持一定的距离，在艺术手法的选择上日益忽略心理描写。在外向化潮流的影响下，文学的中心任务是再现看得见的世界，反映快速流动的外部现实，对于那些无法看见的、未知的、隐秘的世界缺乏审美激情。

一、“现实”的反转

20 世纪 80 年代中期，在思想解放潮流的冲击之下，伴随着主体意识的觉醒，一部分作家从西方现代文学中汲取艺术养料，并且对时代情绪和社会心理做出敏锐的反应，越来越重视对人类自身的复杂人性和心灵历程进行深入探索。从朦胧诗到新生代诗歌，从意识流小说到先锋文学，中国文学逐渐摆脱机械反映论的束缚，艺术面貌从单调走向丰富。鲁枢元形象地将这种变化描述为新时期文学的“向内转”：“在文学与人、文学与生活的关系方面进行了明显的调整，文学呈现出强烈的‘主观性’和‘内向性’。”[①] 进入 90 年代以后，随着市场经济的发展，消费文化蓬勃生长，长期孤芳自赏的纯文学变得门庭冷落。由于文学潮流的发展存在一种内在的惯性，新生代作家在 90 年代的创作依然以混杂的形式融入现代派文学的元素，而且以“个人化”的精神吁求冲击保守的文学观念，寻求艺术的突破和人格的独立。遗憾的是，“个人化”最终变成了一种浮泛的表演。1998 年，韩

① 鲁枢元，《论新时期文学的“向内转”》，《文艺报》1986 年 10 月 18 日。

东、朱文和鲁羊一起策划了“断裂”事件，以一种行为艺术的形式宣告和现存文学秩序一刀两断，在某种意义上成了一种文化炒作，“个人化”的文学理念被商业化的宣传策略所扭曲。而且，在新生代作家的小说创作中，对具有自叙传色彩的主人公的塑造，往往难以摆脱成长小说的框架，在美学上也显得犹疑而暧昧，使得作品呈现出一种碎片化的状态。朱文的小说《我爱美元》《幸亏这些年有了一些钱》《什么是垃圾　什么是爱》都描述了游荡在都市空间的个体的无聊和迷惘状态，当虚伪的伦理、爱情和理想被一种油滑的反讽揭穿假面后，金钱和欲望似乎成了个体确证自我的精神屏障。朱文的小说的价值在于表现了成为独立的个人的艰难，外部的重重压力和个体内心的分裂都在动摇脆弱的个人性。《把穷人统统打昏》中的“我”为了应付地痞黑子的讹诈和威胁，在恐慌状态下只好垂死挣扎：“我随时准备把任何一个冲上来的人打昏，同时也等待着别人把我打昏。”①《什么是垃圾　什么是爱》中的主人公作家小丁在没有目标的漫游中迷失，连喝酒也不再有任何感觉，“这大概是因为在身体的夜色中已经看不见也触摸不到一种真实可信的、能够确立起责任感的联系，已经没有一种可以像弦一样绷紧起来的联系，所以身体永远不会发热”②，周围人对作家小丁的结论是：“没钱、没名，而且不合时宜，也就是没有出路。”③值得注意的是，新生代作家在审美风格上本来就有较为明显的个体差异，用同样的标准衡量他们的创作，有时难免会削足适履。但是，作为一个松散的时代共同体，他们的创作是在先锋文学和新写实小说共同影响下的混合物。一方面，新生代作家追随先锋小说，兼收并蓄西方现代主义和后现代主义文学的理念和技法，擅用反讽形式突显现实的荒诞，表现个体孤独、虚无的状态；另一方面，他们借鉴了新写实小说的冷漠叙述，沉溺于瞬息万变的日常生活之中，笔下的人物往往被本能和欲望所牵引，对外在的压抑逆来顺受，使得灰色成为作品的审美底色。

随着文化环境的转变，昔日的先锋作家不约而同地放弃了形式实

① 朱文，《看女人》，重庆大学出版社 2011 年版，第 127 页。
② 朱文，《什么是垃圾　什么是爱》，江苏文艺出版社 1998 年版，第 248 页。
③ 朱文，《什么是垃圾　什么是爱》，江苏文艺出版社 1998 年版，第 278 页。

验。在这样的文学氛围中，后起的新生代作家风卷云散，其后续写作也变得更加贴近现实，作品的故事性被逐渐强化。对于先锋作家审美态度的调整，格非现身说法：“80 年代采取那种先锋小说的写法，我个人觉得跟社会的关系还比较有效，1989 年以后，到了 90 年代，本能地感觉到这个写法有某种虚化的危险，那种特定的写法的有效性正在失去。我已经预感到市场经济、商品文化，新的社会体制化的东西出现了，这个东西是不可阻挡的。所以对早期的那种创作，就觉得难以为继，所以就停下来了。”① 不容回避的是，先锋文学的形式游戏是一种无根的写作，并没有植入本土的文化土壤，和时代现实处于一种隔膜状态。尤为重要的是，先锋小说具有较为浓重的模仿色彩，从整体构思到惯用句式都能依稀看到其母本的痕迹。也正是由于这种先天不足，先锋文学缺乏艺术的潜力与后劲，持续发展的空间较为逼仄，不调整艺术路径的话较难出新，而且容易跌入自我重复的陷阱。也正是意识到这种潜在风险，而且先锋文学在接受视野中已经失去了那种新奇感，甚至让人产生餍足心理，格非认为：“到 90 年代，现代主义的很多的东西，它在发展的变化过程中，很容易被认同，这种疏离的关系和震惊效果都消失了。形形色色的所谓‘先锋派’，市场都会自动给你提供一个准入证，把你纳入它的机制里，吞噬掉，从而化迹于无形。这个说法也许极端了一点，但我们只要看一看现在的商业广告就清楚了。先锋成了小资的装饰物。另外，现代主义最大的问题就在于它特别形式化，特别外在和风格化，这导致一个弊病，就是很容易被模仿，被包装和销售，这是一个很重要的方面。”② 从格非的反思中可以看出，先锋文学乞灵于西方现代主义，大都停留在形式移植的层面，而没有把握其挖掘人性深度和表现世界复杂性的精髓，更没有注入新的艺术元素。也就是说，从文学创作和文学传播的角度来看，先锋文学都还没有深入人心。余华也认为：“别说是思想启蒙，称先锋文学是文学启蒙，我都认为是给先锋文学贴金了。先锋文学没那么了

① 王中忱、格非，《“小说家”或“小说作者”》，《当代作家评论》2007 年第 5 期。

② 王中忱、格非，《“小说家”或“小说作者”》，《当代作家评论》2007 年第 5 期。

不起，它还是个学徒阶段。”[①] 就格非自己的创作实践来说，从《欲望的旗帜》到“江南三部曲”，尤其是《春尽江南》，叙事线索清晰，语言通俗而混杂，还通过植入一些时代符号来强化现实感。谭端午的形象如同现实与理想之间的屏风，格非想通过这一符号来疏离现实，浮现批判性视角，但桃花源的破灭又使得知识分子无处可退。而放下身段跃入时代漩涡的庞家玉，最终成了被现实机器压裂的残渣，作家试图以这个人物无谓的牺牲和注定的失败来撕裂现实厚重的幕布，但撕裂一层之后还有另外一层。

从 20 世纪 80 年代开始的以西方现代主义为范本的形式探索，在某种意义上是一种精神的“出走”，就像余华《十八岁出门远行》中的少年一样，他们在反叛意识和创造激情的吸引下，要摆脱教条化的现实主义的束缚，去寻找艺术的另一种可能性。18 岁的少年漫无目的地踏上了前程，遭遇到接二连三的荒诞事件。而先锋作家的“出走”，如今已经被不少文学史家定位为新时期文学的一种转折。至于先锋作家重回现实主义怀抱的转向，研究者和作家本人大多理解为时代环境转换的结果，似乎除此以外别无选择，却忽略了从作家本身和文学潮流内部挖掘其根源。我认为有三个问题值得注意。其一，从朦胧诗、新生代诗歌到“伪现代派”、先锋文学，研究者在审视研究对象时往往忽略了创作主体的个体差异性，将一群诗人、作家纳入一个群体时，总是搜集各种证据来证明他们是志同道合的群体，而他们之间的分歧还被曲解为群体内部的丰富性。事实上，80 年代中国的现代主义文学表现出一种审美的混杂性，创作者对外来文学中的古典主义、浪漫主义、批判现实主义、魔幻现实主义、现代主义、后现代主义一知半解，并没有进行明确的区分，在模仿时也有捡到篮里就是菜的实用倾向。刘索拉、徐星笔下的人物，就容易让读者联想到 19 世纪俄国文学中的“多余人”形象。也正因为这种审美的混杂性，作家在面对时势的转换时就缺乏一种精神根基和艺术的立足点，通过放弃自我来适应潮流。其二，现代主义在 80 年代中期逐渐成为一种新兴的文学时尚，吸引了不少年轻的文学爱好者趋之若鹜。时尚的逻辑是追求新

① 王侃、余华，《我想写出一个国家的疼痛》，《东吴学术》2010 年第 1 期。

颖，在某种程度上也能带动文学的创新。而时尚的发展动力在于喜新厌旧，时尚的根本特征就是快速流转，一旦流行起来，就无法避免重复和冗余的命运，因此新时尚会取代并覆盖所有的旧时尚。另外，先锋叙述往往剥离时代面貌和时代精神，在封闭环境中呈现一种不变的人性，这使得不少先锋作家陷入一种同质化的写作状态中。当时尚成为一种了无新意的俗套，先锋作家的分化也就顺理成章。其三，先锋作家在取得成功之后，他们一度与主流背道而驰的经验，逐渐被主流所接纳。先锋的本质是无所顾忌地标新立异，坚决地不与大众合作，通过反对大众趣味来捍卫自己的艺术个性。然而，不管是在意识形态层面还是在文化市场层面，主流都必须关注大众，主流作家的影响不能仅仅局限在小圈子内。向现实主义的回归，正是融入主流的过程。叶兆言认为："先锋一旦成为一种事实，一旦成为大众都喜欢的某种话题，它就已经失去先锋的意义。一个作家，他应该很清醒地知道一点，那就是当你是一个先锋但还没有成功的时候，大家都排斥你，成功了，你被大家接受了，你的末日也就差不多了。传统在不断地招安中发展壮大，艺术史上的很多现代派的东西一开始都是以背叛传统的方式出现的，但是最后都难免被招安，成为传统的一部分。"①

从 90 年代开始，面对快速转型的时代进程，一代一代的作家被卷入拥抱现实的合唱。从 90 年代的留学生文学、新体验小说、新都市小说、新现实主义、反腐小说到 21 世纪的底层文学、打工文学、青春小说、非虚构写作、官场小说，众声喧哗，但遗留下来的往往是空洞的框架和类型，没有实质性的内容，而是等待作家往里填充格式化的经验和同质化的故事。关于 21 世纪文学向现实复归的转型，林白往往被当成一个典型例证，因为从《一个人的战争》走向《枕黄记》《万物花开》《妇女闲聊录》《致一九七五》《北去来辞》的旅途，就是走出内心世界融入现实并与现实对话的过程。《万物花开》中的王榨村和大头，《妇女闲聊录》中木珍的世界，《北去来辞》中银禾的村庄，为林白的小说引入了另一种经验，开启了通往乡村世界的一扇门。林白在《北去来辞》的"后记"中有这样的文字："我竭

① 姜广平，《写作是一种等待——与叶兆言对话》，《莽原》2002 年第 1 期。

尽所能，要让海红突破她与现实的疏离感，同时希望自己也能找到与世界的真切联系，若非如此，人的存在怎能够真确？我越来越意识到，一个人是不能孤立存在的，必与他者、与世界才能共存！”① 林白的这段话，和朱文的《什么是垃圾　什么是爱》中主人公小丁的一段话颇为相似：“我想接触人，真正地接触，因为我觉得自己已经和这个社会，和别人没有关系了。一点真正的‘关系’都没有了。我想觉得自己有用。”② 尽管林白的这种转型获得如潮的好评，但我却不以为然。一方面，林白用道听途说的故事建构起来的乡村世界，经过文字的转述，已经是影子的影子；另一方面，并不是每一个作家都必须深入生活，都必须按照同一种模子进行创作。真正的好作品是那些唯我独有的个性化创作，具有不可替代的价值，而不是面面俱到的大杂烩。从文学史的角度来看，《一个人的战争》提供了异质性的元素，也将作家的风格发挥得淋漓尽致。如果说《一个人的战争》是原汁原味的牛奶，那么林白 21 世纪的创作都是混合了其他成分的奶制饮料。

中国当代作家绝大多数喜欢顺应主潮，以期成为引领潮流的代表性作家。但是，真正独特的创造往往发生在潮流之外，因为潮流化的创作总是以模仿为前提。在 21 世纪文学集体转向的背景下，不少作家的现实情怀也是情不由衷。既然不是自由选择的行为，就只能盲目地跟随。因为，“被孤立，从而失去与群集的联系，这对个体立刻意味着生存的威胁。群体行为一定显示出它的功用，因为它无论对群体还是个体的生存都有优势”③。文学发展要有可持续性，就不能步调一致，应该多元竞放，尤其需要那些独立于潮流之外和逆流而动的作家。

二、文学的视觉化

进入 20 世纪 90 年代以后，文学的边缘化是一个多向并进的复杂

① 林白，《北去来辞》“后记”，北京出版社 2013 年版，第 419 页。
② 朱文，《什么是垃圾　什么是爱》，江苏文艺出版社 1998 年版，第 286 页。
③ ［德］伊丽莎白·诺尔-诺依曼，《沉默的螺旋：舆论——我们的社会皮肤》，董璐译，北京大学出版社 2013 年版，第 97 页。

过程。一方面，文学的社会影响力日渐式微，像80年代初期凭借一部作品点燃社会兴奋点的轰动效应，已经恍若隔世。在商业化的背景下，功利主义价值观迅速弥散开来，文学因其在世俗层面的“无用”而饱受冷落。另一方面，在快速变动的媒体格局中，期刊、报纸、图书在影视、网络的冲击下，其受众群体日渐萎缩，发行量和盈利能力都呈现出下降的趋势。作为语言艺术的文学，长期以印刷传媒作为主阵地，已经形成了一套与印刷传播形式相辅相成的语言习惯和审美风格。1998年，《昆仑》《漓江》《峨眉》《小说》等文学期刊相继停刊，被期刊界称为“天鹅之死”。文学期刊的生存困境，进一步加剧了文学的内在危机。在不断高涨的“拯救文学”的呼声中，文学界普遍认为应该重建文学与现实的精神联系。值得注意的是，在具体的操作中，对“边缘化”的抵抗就是以一种工具主义的方式，使文学变得“有用”。在媒介策略上，职业写手的选择是通过改造文学来适应新的媒介形式，而经过改造的文学往往面目全非，文学性的泛化成为一种普遍的现象。正如作家东西所言：“我分明又看见广告在寻找诗意，新闻在讲故事，短信在优化语言，网络在展开想象，影视在吸收思想。文学似乎又无处不在，它的寄生能力好像从来没这么强大过，人们对它的需求也从来不曾熄灭，只不过是把整车皮、集装箱似的进货变成了各取所需的零星采购，在过去‘来单照收’的流程上增设了验货关卡，读者对文学的衡量不再是一把尺子，写作的标准因此越来越多。”[①] 值得注意的是，在无处不在的寄生状态中，文学难免会失去其独立性，逐渐蜕变成一种日常装饰和实用的小工具。

90年代中期，小说家为影视写剧本或创作文学脚本的“触电”潮流席卷了整个文坛。王朔参与策划和编剧的电视连续剧《渴望》《编辑部的故事》风靡一时；莫言曾经为张艺谋量身定做小说《白棉花》；王安忆为陈凯歌导演的《风月》担纲编剧；而苏童、格非、北村、须兰、赵玫、钮海燕一起接受张艺谋的邀请，撰写以武则天为中心人物的长篇小说。进入21世纪以后，像刘恒、朱苏进、杨争光、李冯、东西、述平等作家，都将工作重心转向影视编剧。尤其重要的

① 东西，《相信身体的写作》，《小说评论》2008年第3期。

是，影像化的逻辑对于文学尤其是小说创作的影响日益增强。小说家们越来越重视营造戏剧冲突，在塑造人物时突出传奇性和英雄性，通过人物关系的复杂化来强化戏剧性。文学的语言叙述是一种时间艺术，影视的画面叙述是时间艺术和空间艺术的结合。影视的优势在于直观地表现人类能够看得见的生活，在表现“看不见的生活”时就有一种天然的缺陷。影视当然也可以表现人物的内心世界，譬如让人物以独白的方式喃喃自语，让人物将情绪投射到动作、物件和其他人物身上，还可以采用旁白和内心银幕的形式，但都必须以视觉化的方式，用影像将人物内心的意识流动和精神挣扎表现出来，让观众在银幕上看到其内在冲突。值得重视的是，以影像化的方式表现内心的缠绕，会延缓叙事的节奏，其叙事转换也难免显得突兀。因此，总体而言，影视作品更加倾向于用动作化的造型和外在冲突来刻画人物的性格。编剧的信条是“平凡有罪”：“不能太平平无奇，也不能太个人化，更不能太思想化，因为要顾及观众和市场需要。”[①] 文学与影像艺术的关系，不再是一种各自独立、各司其职的松散状态。作家以前期介入的形式，使自己的作品兼具可读性和可视性，或者干脆像海岩、王海鸰那样，先写剧本，再将剧本改编成小说。

影像叙述对文学叙述的深入渗透，使得文学叙述和影像叙述以混杂的形式结合在一起。当这种混杂叙述或跨界叙述成为文学创作中的常态时，文学的视觉化转型就成为一种无法忽略的现象。所谓视觉化，就是将无法看见的事物转换为可视物。米尔佐夫认为：“新的视觉文化最惊人的特征之一是它越来越趋于把那些本身并非视觉性的东西予以视觉化。”[②] 21 世纪网络文学的崛起，为文学的视觉化转型提供了更为多元的发展空间。随着一批玄幻小说、修真小说、盗墓小说如《诛仙》《星辰变》《斗罗大陆》《神墓》《佣兵天下》《凡人修仙传》《鬼吹灯》等被改编成同名在线游戏，网络写手在构思作品时常常会借鉴游戏杀怪升级的叙述框架，故事的主人公遵循主角不死定律，在经历重重考验后脱胎换骨，成长为一个大英雄。穿越小说、架

---

① 吴昊、陈家乐，《编剧手册》，香港天地图书有限公司 2012 年版，第 1 页。

② ［美］尼古拉斯·米尔佐夫，《视觉文化导论》，倪伟译，江苏人民出版社 2006 年版，第 5 页。

空小说、言情小说、职场小说等网络类型小说成为影视改编的新宠，根据《步步惊心》《后宫甄嬛传》《失恋三十三天》《致我们终将逝去的青春》《杜拉拉升职记》等作品改编的影视获得了巨大的市场反响，更加坚定了文学网站实施全媒体运营策略的决心和信心。建立在熟悉不同媒体特性基础上的跨媒体写作，已经成为网络写作的发展趋势。在媒介融合的背景下，网络写手从专才型向全能型的转变，将市场需求作为自己的指挥棒，表明市场导向的威力日益强大。

21 世纪文学的视觉化转型，最为直接的表现是现实的景观化和文体的类型化。首先，将生活和现实景观化，逐渐成为 21 世纪文学的主流风尚。影视以其动态的画面形式制造强烈的真实感与现实感，让观者在身临其境的体验中将虚构转换为真实。随着 3D 等影视新技术的发展，虚假的技术幻觉以其强大的视觉冲击力，显得比真实的世界更为逼真。视觉奇观带来的错觉中的虚拟真实，悄悄地置换了实存的真实。居伊・德波认为："景观自身展现为某种不容争辩的和不可接近的事物。它发出的唯一信息是：'呈现的东西都是好的，好的东西才呈现出来。'原则上它所要求的态度是被动的接受，实际上它已通过表象的垄断，通过无须应答的炫示实现了。"[①] 复杂的现实转化为表象，它并不是流动的影像的堆积，而是通过影像这一中介整合错综复杂的社会关系。

在 21 世纪文学创作中，都市文学的景观化倾向较为突出。在中国当代文学版图上，以农业社会为背景的文学创作有着深厚的传统，而都市社会与都市文学的发展都处于滞后状态，因此，为了突显都市文学的新奇性与异质性，不少作家都浓墨重彩地呈现都市万花筒的绚丽景观，都市中的人却成为面目模糊的符号，成了都市空间的填充物。在景观社会中，视觉以其优先性引领文化潮流，"整个的生活都表现为一种巨大的奇观积聚，曾经直接地存在着的所有一切，现在都变成了纯粹的表征"[②]。邱华栋在长篇小说《教授》中大量植入了令

① ［法］居伊・德波，《景观社会》，王昭风译，南京大学出版社 2007 年版，第 5 页。

② ［法］雅克・拉康、让・鲍德里亚等，《视觉文化的奇观》，吴琼编译，中国人民大学出版社 2005 年版，第 58 页。

人眼花缭乱的都市奇观，如玫瑰浴、皇帝按摩、代人受孕、学术腐败、消费场所的豪华摆设等等，而经济学教授赵亮的人生轨迹正是被欲望所操控，沦落为物质的奴隶。何顿的《黄泥街》通过对书商张逊发迹过程的描述，对黄泥街书市进行全景式的展示，张逊不过是黄泥街这盘棋局上的一枚棋子。郭敬明的《小时代》宣扬的就是一种都市拜物教，作品中活动的人物，只不过是展示各种名牌商品的模特。叶倾城《麒麟夜》中所有人物的命运都在一条名为饮马长街的城区中展开，在某种意义上，人物已经被灯红酒绿的都市景观所吞噬，是他们的活动将隔离的景观串联起来。都市与人的对位乃至同构，是新时期以来城市文学中常见的一种叙述框架。方方的《水在时间之下》、王安忆的《遍地枭雄》、朱文颖的《莉莉姨妈的细小南方》都以感性的笔触，生动地表现了时代变迁和环境氛围对主人公性格的熏染，从人物依存的城市空间中寻找左右其命运的文化密码，人景合一。人的生存必须与外部生存环境和谐共处，人的性格中也难免打上环境的印记，但是，如果人物塑造仅仅是对城市性格的一种印证，只不过是一种观念的人格化，人物的独立性和丰富性就难免会受到无形的抑制。

在21世纪文学的格局中，都市文学与底层文学形成一种对照关系。在底层文学创作中，进城的农民工和城市的边缘人成为作家聚焦的对象，城乡关系成为一个重要的切入口。繁华的都市在作品中成为弱势的底层人物的命运障碍，这种强烈的反差构成的戏剧冲突，既是点燃作家的道德激情的触发点，也是招徕围观的兴奋点。底层文学作品普遍包含过火的戏剧性，残酷美学颇为流行。也就是说，“底层”在某种程度上成了被娱乐和被消费的对象。尤凤伟的《泥鳅》中的国瑞在逃离乡村后“死也不肯回去”，结果死在城市后落了个“死后回家”的悲惨下场。贾平凹的《高兴》中的“锁骨菩萨”孟夷纯，为了挣钱给亲人报仇，居然甘愿为妓。曹征路的《那儿》中劳模出身的工会主席“小舅”，在抗争无望后启动空气锤砸死了自己。王华的《花村》双线并进，一方面描述进入城市的花村男人充满屈辱的经历，另一方面关注留守女人的生理折磨与精神痛苦。作者花了太多笔墨写留守女人如何挖空心思满足自己的性要求，尽管留守的男人非老（如张大河、李四爷）即傻（部落），但他们都是留守女人们的猎取目标。

而且，关于儿媳妇和留守公公之间的性事，作者也大肆渲染。由于作家与底层的隔膜状态，“底层”是一种被动的表述，缺乏互动的对话空间，就像被操纵的木偶一样，真实的底层在沉默中被改造成一种被凝视的对象。《小说选刊》在 2006 年第 1 期封面刊发了“民工啃馒头”的摄影作品，在某种意义上正是将杂志极力推举的“底层文学”进行景观化塑造。编者对罗伟章《我们的路》的点评耐人寻味：“作者若在他们黯淡的生活场景中再给出一抹温馨的亮色，作品或许将更为饱满。”① 而主编杜卫东对底层文学的期待是：“关注生活中的苦难与罪恶，同时又主张在罪恶面前亮出正义的利剑，在苦难旁边点燃希望的篝火。”② “黯淡+ 亮色”、“苦难+希望”，底层文学被点染成了一种配方式的社会图景。

其次，视觉艺术的类型化与文学的类型化相互推动，相互强化。与文学相比，影像艺术的历史显得非常短暂，但电影的类型意识在电影诞生不久就开始孕育并逐渐成形。类型电影高度模式化，是将观念与形式结合起来的创作成规，是不断重复的惯例。“随着辨认出这种反复出现的情节模式，我们早已熟悉的类型元素的出现又再次确认我们所看到的影片的类型，同时还将强化我们对于这个故事将如何发展的预期。”③ 类型电影是流水线式的标准化制作的产物，娱乐性是其根本特性，观众的文化需求、消费心理是区分并定位类型的关键因素。就传播策略而言，文学艺术的类型化是从宽泛的大众传播向精确的定向传播的转型。商业是推动类型电影发展的核心动力，其艺术形式以商业上的成功为诉求，商业和美学融合在一起。

20 世纪 90 年代以来，类型化是中国当代影视商业化进程的核心战略。在与影视的互动中，文学的类型化步伐加快，并相互呼应。在民国时期，以通俗为定位的鸳鸯蝴蝶派作家就有较为明确的类型意识，当时的言情小说、侦探小说、武侠小说都是较为成熟的类型小说。而且，从王度庐、宫白羽、平江不肖生、还珠楼主到金庸、梁羽

① 刘均，《也算是建议》，《小说选刊》2006 年第 4 期。

② 杜卫东，《守望小说的尊严》，《小说选刊》2007 年第 1 期。

③ ［澳］麦特白，《好莱坞电影——美国电影工业发展史》，吴菁、何建平、刘辉译，华夏出版社 2011 年版，第 81 页。

生、古龙，武侠小说的创作和大陆、香港、台湾的武侠功夫片唇齿相依，在市场和美学上都形成互动共生的关系。在21世纪文坛，王海鸰集小说家和编剧于一身，尽管也涉猎军队题材，但使她声名大振的还是婚恋题材。从《牵手》到《不嫁则已》，从《中国式离婚》到《新结婚时代》，王海鸰的写作形成了自己的模式，她聚焦于知识分子群体，从不同侧面表现了都市里的婚姻所面临的考验与挑战。在她的笔下，家庭出身、学历、职业和收入都是人物的重要标签，人物的身份塑造了人物的性格，而人物的性格决定了人物的命运。基于此，王海鸰作品中的人物都有扁平化特征，像《中国式离婚》中林小枫的偏执，像《新结婚时代》中何建国的愚孝，这种夸张而极端的性格强化了戏剧冲突。从艺术层面来说，人物某一性格侧面的过分突出，会削弱作品的丰富性和艺术张力，但这种类象式的人物往往能够给观众留下深刻印象。王海鸰认为："编剧的艺术就是一种妥协的艺术：跟政策妥协，跟投资方妥协，跟演员的条件妥协。""面对电视这种大众媒体，过分坚持所谓'自我'，我觉得是自取灭亡。你可以坚持，比如在小说里；可是一旦到电视剧里，你必须做这种妥协——又不能完全失去自我，这样你才能脱颖而出。"① 比照王海鸰的小说和剧本，两者已经高度一体化了，她的小说中的"自我"同样模糊。在类型化策略的支配下，她的小说也只能是"妥协的艺术"。在与影视相互磨合的过程中，越来越多的作家适应了类型化的生产机制，像池莉和张欣的市民小说、陆天明和周梅森的反腐小说、徐贵祥和石钟山的军旅小说、麦家的谍战小说等，都有较为鲜明的类型化特征。

在网络文学领域，从盛大文学公司到腾讯文学公司，其策略都是将网络文学打造成跨媒体娱乐产业的核心环节。为了追求商业价值的最大化，就必须深入挖掘网络文学的版权衍生价值，给影视、网络游戏提供上游的资源支撑。随着资本的深度介入，网络文学产业已经建立环环相扣的传播渠道和清晰稳定的盈利模式，通过引入细分市场的机制，针对不同的受众群体，实行有差别的创作方式与传播方式。譬

① 王海鸰、王陈，《"压垮骆驼的最后一根草"——编剧王海鸰访谈》，《大众电影》2007年第1期。

如玄幻类作品，又可细分为玄幻小说、仙侠小说、修真小说、奇幻小说等，其作者、核心受众和故事主人公被锁定为青年男性，克服艰难、战胜对手、成为“大神”是情节的主线，而主人公的情爱历程是情节的副线。玄幻类作品的主要盈利途径是在线付费阅读和游戏改编，因此，其叙述结构中往往掺杂着游戏元素。主人公的成长历程往往被转换为旅行模式，不断地变换外部环境和生存空间，在魔界、红尘、仙界之间腾挪跳跃。这给游戏改编提供了极大的便利，改编者可以在绘制的游戏地图中，轻易植入主人公的人生故事。至于穿越小说，其作者、核心受众和故事主人公被锁定为青年女性，讲述的往往是现实时空中的“丑小鸭”在异时空中蜕变为“白天鹅”的故事。随着越来越多的穿越小说被改编成古装言情剧，其创作也呈现出明显的剧本化倾向。包含惊天动地的爱情故事、暗藏机锋的对话和勾心斗角的细节的作品，既能吸引大量粉丝的追捧，也容易被改编成影视作品。网络文学的类型细分，体现的是一种商业美学，审美的同质化是标准化生产的文化目标，也是其必然结果。因此，如果以原创性的标准衡量网络类型小说，那无异于缘木求鱼。

三、文学的空心化

关于“屏蔽”一词的词义，《现代汉语词典》有两项解释：“像屏风似的遮挡着；屏障。”[①] 我在本文中使用“屏蔽”一词，想要突出的是：在这个屏幕改变阅读的年代里，文学的实用化和视觉化趋势正在阻断文学对内心生活的关注。米兰·昆德拉在《不能承受的生命之轻》中有这样的文字：“视觉受双重边界所限：让人什么也看不见的强光与完全彻底的黑暗。”[②] 当前文学对内心世界的屏蔽，也表现在两个方面：一方面是外部世界的诱惑犹如高光的屏幕吸引着人们的眼

① 中国社会科学院语言研究所词典编辑室编，《现代汉语词典（2002年增补本）》，商务印书馆2002年版，第982页。

② ［捷克］米兰·昆德拉，《不能承受的生命之轻》，许钧译，上海译文出版社2003年版，第113页。

光，使得内心世界成为一个视觉的盲区；另一方面是创作主体刻意地回避，在内心世界面前闭上眼睛，让内心世界沉入黑暗。反映在文学创作中，一方面是作品中充满了五光十色的物质表象，缺乏对内心困惑的揭示，在创作手法上崇尚写实，抑制个性化的抒情，或者以戏谑和油滑的姿态进行矫饰的伪抒情；另一方面是创作主体的冷漠，以客观、理性、克制的情感和文字进行表述，以旁观者的姿态置之度外，不动声色，敬而远之。

当文学作品失去了探索内心世界的激情，使得内在世界在艺术的空间中成为黑洞时，文学就容易陷入空心化的危机之中。我们现在常见的“空心化”概念，源自一个经济学术语——“产业空心化”（Industrial Hollowing）。“产业空心化”，在日语中也被称为“产业空洞化”。这是指一些发达国家产业部门或企业削减在本国的生产而将部分生产向国外转移的现象。有关产业空心化现象的讨论，在 20 世纪 80 年代的美国曾经风靡一时。[①] 21 世纪以来，“农村空心化”的说法在中国颇为流行，被用来描述中国农村在人口、土地、产业和基础设施等方面的弱化、虚化乃至异化现象，土地抛荒、人口减少和结构失衡为其主要表现形式。而“文学空心化”是指文学创作作家的自我定位是一个避免深度卷入的观察者和记录者，并在影视、网络艺术的影响下向直观的视觉艺术靠拢。也就是说，“产业空心化”中的“心”是指“中心”，而“文学空心化”中的“心”是指“内心”和“灵魂”。艾略特 1925 年创作了诗歌 The Hollow Men，中文一般译成“空心人”，偶尔也译作“稻草人”。作品描述了现代人的精神空虚：“有声无形，有影无色/瘫痪了的力量，无动机的姿势。”[②] 当人的深刻思想和丰富情感游离了主体，人就成了精神空虚的空心人。

西方现代派文学与现实主义文学的根本性区别在于，它对于展现世界、社会和现实的广度缺乏兴趣，而是致力于挖掘人的内在世界的深度，在心理描写方面也忽略对明晰的表层心理的描写，而是将注意力转向晦暗不明的潜意识与无意识。后来的一些作家为了寻求文学别

---

① 李琮主编，《世界经济学大辞典》，经济科学出版社 2000 年版，第 89 页。
② ［英］艾略特，《四个四重奏》，裘小龙译，漓江出版社 1992 年版，第 99 页。

样的可能性，有意识地避免与现代派作家进行正面较量，开始弱化对内在世界的关注。就中国当代文学而言，在先锋文学退潮之后，作家调转方向，放弃对内在世界的掘进，似乎也包含着另辟新途的冲动。余华在《内心之死》一文中对心理描写提出质疑，以自己的实践印证“心理描写的不可靠”，他认为“内心在丰富的时候是无法表达的”，“当人物最需要内心表达的时候，我学会了如何让人物的心脏停止跳动，同时让他们的眼睛睁开，让他们的耳朵矗起，让他们的身体活跃起来，我知道了这时候人物的状态比什么都重要，因为只有它才真正具有了表达丰富内心的能力”。[①] 在21世纪发表的《兄弟》和《第七天》中，作家基本放弃了有深度的心理描写，狂欢化的情节和夸张的语言使得人物形象显得浮泛而做作，缺乏立体性和丰富性。杰斯·罗读完《兄弟》的英文版后，在发表于《纽约时报书评周刊》上的文章中认为：“小说充斥着狂风暴雨般的语言和肉体暴力——诅咒、贬斥、鄙视、痛殴——而且余华描写此种暴力时是如此写实，不厌其烦，虽经翻译过滤，仍然令人感到无法消受。”[②]

在21世纪的文学环境中，“内心之死”已经成为一种主导性趋势。在内外交迫的双重压力下，一些作家只能随波逐流。首先，内心独白和心理描写等手法，会延缓作品的节奏，不仅要求作者拥有高超的驾驭本领，还要求读者在阅读时保持气定神闲的心境。“语言在无声思维和传讯思维阶段并非有截然差异。其差异程度部分地依存于说、听双方的关系。一般说来，双方愈投契，愈在共同的处境中，语言就愈简略、不连贯、不完整，语法上愈随便。一个极端的例子是自己和自己谈话的情况，另一极端的例子是向陌生的人正式以书面通信的情况。”[③] 也就是说，自说自话的语言较为含混和随意，而故事化的语言较为明晰和规范。在21世纪急剧变化的社会环境中，媒介的多元化加快了信息传播的更新速度。为了和其他娱乐形式和媒介形式竞

---

① 余华，《温暖和百感交集的旅程》，上海文艺出版社2004年版，第91—92页。

② ［美］杰斯·罗，《中国偶像》，《上海文化》2009年第6期。

③ ［美］克雷奇（Krech）等，《心理学纲要》（上册），周先庚等译，文化教育出版社1980年版，第216页。

争，作家们把快节奏的叙述视为制胜法宝。因此，慢节奏的心理小说在21世纪的衰落，似乎是一种难以逆转的趋势。其次，在消费文化盛行的环境中，通俗文学、娱乐节目和商业广告中充斥着煽情和矫情的元素，这也导致了受众对于过火的热情心怀警惕。那种具有浪漫化倾向的作家对主观感情的倾泻、直抒与渲染的方式，难免流于顾影自怜和无病呻吟，显得造作而失真。评述性的心理描写一般将人物的心理状态和叙述者或作者的评论结合在一起，读者可以在叙述者或作者的引导下层层深入地挖掘人物的内心世界，文字也较为凝练。但是，以叙述者或作者的主观臆测替代人物心理的发展逻辑，容易导致失真。相对而言，客观的心理分析会显得更真实一些，呈现的是人物在特定情境下的特定的心理活动。

在“眼见为实”的逻辑的支配下，无视或悬置内心世界是一种根深蒂固的审美惯性。就像旧衣新穿一样，远离内心已经成为21世纪文学行进道路上的一种翻新的时尚。长篇小说《繁花》结尾处有言：“阿宝说，我当时告诉玲子，面对这个社会，大家只能笑一笑，不会有奇迹了，女人想搞懂男人心思，了解男人的内心活动，请到书店里去，多翻几本文艺小说，男人的心思，男人心理描写，里面写了不少，看一看，就全部懂了。”① 这段话以反讽的形式，质疑了小说中的心理描写的可信度。这部作品借鉴了中国传统话本小说的艺术技巧，擅用白描，经过筛选的方言成为其主导的语言风格，日常情景中七嘴八舌的人物对话成为小说发展的内在动力，它拒绝描写人物的心理世界。作品采用在慵懒中年与青涩少年之间间隔性穿插的双线结构，将生活实景如一帧帧电影画面一样再现出来，手法类似于电影里的闪回、场景切换和时空交错。作品中有不少段落涉及电影的话题，淑婉说：“我情愿，一脚跨进电影里去死，去醉，电影有这种效果，这种魔法。”② 在写到樊师傅加工不锈钢汽水扳手时，也有这样的比喻：“这个过程，是一段动人的纪录电影，DIY奇迹，寄托男人的感情与细心。”③ 结尾处，正在为写电影剧本做准备的瑞福安说：“有个法国

① 金宇澄，《繁花》，上海文艺出版社2013年版，第442页。
② 金宇澄，《繁花》，上海文艺出版社2013年版，第42页。
③ 金宇澄，《繁花》，上海文艺出版社2013年版，第194页。

人讲过，头脑里的电影，非常活跃，最后死到剧本里，拍电影阶段，又活了，最后死到底片里，剪的阶段，复活了，正式放映，它又死了。”① 在某种意义上，《繁花》就是一部纸上的电影，它就是为电影准备的，其中活跃着电影的魂魄，被搬上银幕似乎是它别无选择的宿命。金宇澄在《繁花》的“后记”中非常明确地声称：“放弃‘心理层面的幽冥’，口语铺陈，意气渐平，如何说，如何做，由一件事，带出另一件事，讲完张三，讲李四，以各自语气、行为、穿戴，划分各自环境，过各自生活。对话不分行，标点简单。”② 作者的眼睛如同沙沙作响的摄影机镜头，人物的心理状态蕴藏在对话和行动的背后，最终归于反复出现的“阿宝不响”“小毛不响”“沪生不响”“统统不响”“笑笑不响”“一声不响”，这也是对扉页上的题记的反复呼应：“上帝不响，像一切全由我定……”这萦绕不息的“不响”犹如漂浮在海上的冰山，而人物的心理世界深藏在海平面以下的幽暗之中。这似乎在暗示我们：只可意会不可言传，一切尽在不言中。但这种近乎国画中常用的“留白”手法，也可以理解为对内心世界的一种逃避和屏蔽，说出来的成了故事，说不出来的才是真正的内心。通过对话和行动展现的心理状态只是灯火下的河岸，而“不响”背后的内心世界，就像远处幽暗的水流那样深不可测。《繁花》在拓展时间跨度和现实广度上都有自己的特色，却是一部缺乏心理深度的作品。

影视趣味在文学创作中的渗透与扩散，使得人类的内心世界在文学作品中被转换成身体语言和口头语言，而那些无法转换成行动和对话的内心状态，就只能无声无息地被掩埋。在严歌苓的作品中，《小姨多鹤》的心理描写得到不少评论者的赞誉。确实，严歌苓非常擅长用外在的形式呈现人物的内心状态。《小姨多鹤》中有多处描写张俭的“骆驼眼”，通过眼睛的“半睁”“半闭”来刻画张俭瞬间的心理状态。下面一段文字以直观的动作画面，刻画张俭和多鹤之间的眼神交流：

---

① 金宇澄，《繁花》，上海文艺出版社 2013 年版，第 442 页。

② 金宇澄，《繁花》，上海文艺出版社 2013 年版，第 443 页。

他的骆驼眼睛从半闭变成半睁。

他收回了目光，心里在一遍遍看她刚才的神色。

她的目光也跟着收回去，在心里看着他半闭的骆驼眼不经意地睁开。①

还有一段描写被短暂拘留的张俭和小环“大眼瞪小眼”的场面：

心是什么时候变的？

张俭看着小环，眼光又怕又迷瞪：心是变了吗？

小环从他眼睛里看到了他问自己的话：是变了吗？是吗？②

眼睛常常被认为是心灵的窗户，但是，过分地依赖视觉表情，人物的心理状态也就被脸谱化了。最为关键的是，在剧本化写作的模式中，间接的心理描写犹如被折射进黑屋子的阳光，转瞬即逝。而且，这些心理片断在波涛汹涌的叙述的裹挟下，就像沙滩上的鹅卵石一样来去无踪。严歌苓2014年的《老师好美》以2007年贵阳六中因师生三角恋引发的杀人事件为素材，故事情节和人物关系都是这则旧年新闻的翻版，作品多次穿插“网上新闻”“网上传闻”“网上讯息”“网上评论”，在叙述中掺杂了不少网络语汇，有明显的拼贴痕迹。为了强化戏剧冲突，作品中的两个少年被推向两个极端：杀人的刘畅是学渣、富二代，性格嚣张；被杀的邵天一是学霸、穷二代，性格沉稳。叙事者过于急切地为丁佳心辩解，对她的遭遇表示同情，并将她和两个学生偷情的行为仅仅理解为缺心眼的表现，这已经突破了小说叙事伦理的底线。尤其值得注意的是，严歌苓创作中的弊病并非个别现象，在21世纪文学中已经成为一种常态。在张欣的《深喉》和六六的《蜗居》《双面胶》等作品中，都有类似的问题。从《手机》到《我叫刘跃进》，刘震云充分发挥了插科打诨的语言才华，但剧本化的操作方式抑制了作者的想象力，而破碎的心理描写就像补丁一样，显

① 严歌苓，《小姨多鹤》，作家出版社2008年版，第40页。

② 严歌苓，《小姨多鹤》，作家出版社2008年版，第112页。

得多余而突兀。

讲述新奇的故事是21世纪文学的流行风尚，因为直白、酷烈的叙事往往更能满足受众的猎奇心理和窥视欲望。消费文化将文学变成标准化的商品，将现实转换成直观的、视觉化的符号。当文化掮客将情感、伦理、信念、思想都摆放在商业的天平上，衡量其实用价值时，一切的精神都被置换成了“物”，而且是不值钱的无用之“物”。从20世纪80年代后期开始，漠视内心的倾向在文学场域中潜滋暗长，在21世纪逐渐发展成一种酷烈的流行文化。人物的情绪流动和心灵轨迹在叙述中也被事件化，肉体的快感与疼痛遮蔽了内心的体验与挣扎，作品中的人物大多是观念化的性格符号。在叙事作品中，当故事和情节变得越来越紧张离奇，人物关系变得越来越扑朔迷离，人物性格的重要性就下降了。“人物就像是被情节安排好的一个棋子，人物完全为情节的转变而设置，没有什么情节会让观众认识一个非常复杂的人格。”① 以迟子建的《群山之巅》为例，人物众多，而且人物关系盘根错节，辛、安、陈3个家族的恩怨情仇更是错综复杂：辛欣来是陈金谷的私生子，被辛七杂所收养；辛欣来在争吵中误杀了养母，在逃命途中强奸了侏儒安雪儿；公安局长陈庆北积极追捕辛欣来，主要目的是为了给得了尿毒症的父亲换肾，辛欣来被视为最佳肾源。在纠结缠绕的人物关系中，数十个人物的性格晦暗不明，面目模糊不清。在贾平凹的《老生》中，张收成奸驴以及自我阉割的情节，很容易让人想到《秦腔》里引生在偷了白雪的胸衣被暴打一顿后自断尘根的疯癫行为；而且，作品中戏生夫妇在秦岭发现老虎的内容，明显是对周正龙华南虎事件的戏说，这种拼贴式的叙述也容易削弱作品的整体性，在文体上显得斑驳而芜杂。为了突显情节的紧张感，作家频繁使用悬念、陡转、扑空等手法，这不仅使情节失真，也使人物在动荡中无从展示其内在性格和心理轨迹。

不容回避的是，作家内心的冷漠是21世纪文学屏蔽内心的精神根源。新写实小说以自然主义的笔法再现现实，将情感降到零度状

① ［法］多米尼克·帕朗-阿尔捷，《电影剧本的创作》，孟斯译，中国电影出版社2006年版，第35页。

态，作家试图以一种局外人的视角保持价值的中立。值得注意的是，在文学商业化和世俗化潮流的冲击之下，超然物外的旁观者慢慢蜕变成了鲁迅所批判的“看客”，看热闹不怕事大，而且通过一以贯之的无动于衷来强化叙述的戏剧性。在21世纪的社会环境中，道德冷漠症已经成为一种难以忽视的社会现象，人与人之间的信任变得日益脆弱，这也是作家在文学创作中表现出冷漠性的社会成因。底层文学常常被贴上“道德优势”和“悲悯之心”的标签，但是，底层文学写作中也存在一种容易被忽略的冷漠叙述。在陈应松的《马嘶岭血案》中，两位老实巴交的挑夫（“我”和九财叔）一气之下杀死了7名地质踏勘队成员，阶层与贫富之间的对立成为点燃仇恨的导火线，杀人者陷入了难以自拔的屈辱之中，但让七个人为团队的傲慢付出生命的代价，已经轰毁了人性的底线，这只能是一种罪恶的逻辑。透过血腥的暴力叙述，也能隐约发现被仇恨叙述所裹挟的作家陷入了一种偏执和冷漠。正如斯塔尔夫所言：“光是震撼人心是不够的，必须照亮人心；而一切仅能打动视觉的东西，诸如坟墓、酷刑、暗影、战斗，只有当它能够直接有助于我们从哲学的角度刻画一个伟大的性格或者一个深刻的感情的时候，我们才能容许它在剧中出现。”[①] 山西作家葛水平的《喊山》和《甩鞭》在呈现底层人生的酷烈时，也会在坟墓的边缘点缀几朵温情的野花，譬如《喊山》中的韩冲在炸死了腊宏之后，对寡母孤儿的呵护；《甩鞭》中王引兰的两任丈夫麻五和李三有离奇死亡，深藏不露的凶手居然是对王引兰情有独钟的铁孩。在小说《守望》中，农妇米秋水在被迫进城后，因为丈夫暴戾和家里缺钱，跟对她痴情守望的张相征进了麻田，结果被性无能的张相征误杀。作品的结尾是对米秋水死亡场景的诗意描述，她的尸体成了路过的画家武明远眼里最美的风景：

> 那个女人把整个麻田扩大了，她给春到深处的景致长流水般的本真，那红色的上衣撑得麻田的干黄生动起来。阳光一点一点

---

① ［法］斯塔尔夫人，《从社会制度与文学的关系论文学》，伍蠡甫、胡经之，《西方文艺理论名著选编》（中卷），北京大学出版社1986年版，第28页。

> 地升起，阳光移到麻田的光线正好温暖了这个女人的半边脸。他有些激动，很少看见过这样的女人，这样的风景，她的睡姿是那样的羞涩、腼腆，女人是这个麻田最美好的成分，他不便打扰她，他害怕她醒来，他想用秋水来形容这个女人，她平淡安宁。①

作家笔下的死亡诗意，难道是对这个充满不幸的底层妇女的一种反讽式的同情？可在我的阅读体验中，感受到的分明是对生命的一种淡漠。

新媒体技术的发展，使得人们可以突破时空限制进行随时随地的交流，这种不见面的交流阻隔和疏远了亲友之间的温情，使技术化的冷漠弥散开来。麦克卢汉认为："传播样式的变化可以改变人们的感觉，可以改变人与人的关系。"② 在传播渠道日益多元化的今天，为了让文学信息在海量信息中突围而出，文学与其他信息的混溶也渐成风尚。余华的《第七天》大量植入社会新闻事件，像杭州卖肾车间、杨佳袭警、佘祥林冤案、济宁抛弃死婴等负面新闻。作品让在爆炸案中去世的杨飞回归现实，去料理自己的后事，让他再次去目击毒食泛滥、假货横行的世道，见证相互欺骗、丧失底线的怪现象。尽管穿插叙述了杨金彪和长辫子姑娘、杨飞和李青、伍超和鼠妹的情爱故事，但作品的主调还是让一个幽灵在纸面上进行冷酷的新闻联播。作为亡灵的"我"只能是现实世界的看客，更关键的是心也彻底死了，即使天崩地裂也能无动于衷。在某种意义上，冷漠的作家也就是像杨飞一样的幽灵，他就是一个空心人，脱离了现实束缚，只剩下一双飞翔的眼睛和一张饶舌的嘴巴，可以四处巡视，喋喋不休地讲述离奇的故事。在这样的视野中，主体对于现实只有事实判断，没有价值判断，并不在乎现实会如何发展，更没有意愿去介入并重塑现实。作品中也有一些煽情的"泪点"，譬如杨金彪在临死前找到抛弃杨飞的地方，在那里等死，因为"我难过，我想到丢弃过你就难过"③，但这些片段有太强的表演性。缺乏了生命的温热与内在的追问，《第七天》只

① 葛水平，《守望》，《中国作家》2006 年第 3 期。
② ［加］马歇尔·麦克卢汉，《理解媒介》，商务印书馆 2000 年版，第 189 页。
③ 余华，《第七天》，新星出版社 2013 年版，第 213 页。

能是行死走肉的新闻集锦。正如斯各特·拉什所言："象征和想象都将被炸成碎片，从主体散布出去，进入冷漠状态，依附于一组人与非人，消费文化对象、影像、思想机器以及设计机器。所剩的只是一个没有器官的躯壳，一个思考着的躯壳，一个思考着的机械躯壳，使用着符号，发挥着想象。"①

四、激活内在的力量

文学应当向现实致敬，但绝不能向现实下跪，文学主体应该以内在力量激活现实。21 世纪文学重归现实的潮流，纠正了那种沉迷于形式游戏、自闭于现实之外的文学取向。但是，文学重归现实并不是屈从于现实，更不是通过与现实的妥协来兑换文学的商业价值。正如阿多诺所言："小说如果想要忠实于自己的现实主义遗产，如实地讲述，那么，它就必须抛弃那种靠再现正面的东西来帮助社会干欺骗买卖的现实主义。"② 要焕发现实主义的活力，在揭示现实真相的基础上，还需要具有一种批判精神与反思意识。而且，真正的现实主义并不是与现代主义水火不容，向现实回归并不意味着必须远离内心世界。拒绝审察内心世界和人性深度的现实主义，很容易沦落为庸俗现实主义，它满足于对现实表象的机械反映，丧失了独立意志和主观能动性，缺乏内生性的精神力量。在 19 世纪以来的欧美文学史上，以托尔斯泰、陀思妥耶夫斯基、司汤达、福楼拜、莫里亚克、亨利·詹姆斯、茨威格等作家为代表的心理现实主义，给心理小说带来新的生机，它突破了以歌德的《少年维特之烦恼》和卢梭的《新爱洛绮丝》为代表的心理浪漫主义耽于倾诉与宣泄的模式，既保留了现实主义的故事性，又重视对心理流程的深入揭示，以内在现实对抗被粉饰的现实。陀思妥耶夫斯基在给阿·尼·迈科夫的信中颇为自信地宣称："我对现实

① ［英］斯各特·拉什，《信息批判》，杨德睿译，北京大学出版社 2009 年版，第 216 页。

② ［德］阿多诺，《当代小说中叙述者的处境》，伍蠡甫、胡经之编，《西方文艺理论名著选编》（下卷），北京大学出版社 1987 年版，第 700 页。

和现实主义的理解与我们的现实主义作家和批评家完全不同。我的理想主义比他们的现实主义更为现实。”① 2013 年获得诺贝尔文学奖的加拿大作家门罗的创作，也有较为明显的心理现实主义的趋向，她笔下高度写实的生活都经过心理的过滤与浸染，使得文本与文本中的现实都具有一种内在的丰富性与层次感。阎连科所言的神实主义与心理现实主义颇为神似，阎连科在《受活》的“后记”中写道：“事实上，并没有什么真实的生活摆在你的面前。每一样真实，每一次真实，被作家的头脑过滤之后，都已经成为虚假。当真实的血液流过写作者的笔端，都已经成为水浆。真实并不存在于生活之中，更不在火热的现实之中。真实只存在于某些作家的内心。来自于内心的、灵魂的一切，都是真实的、强大的、现实主义的。”② 心理与现实的交融，有利于解除现实主义的外在束缚，建构现实主义的多样性，提升现实主义的艺术含量，而且能拓展现实主义的精神深度。

文学与视觉文化的关系，应该是在竞争中共生，维护和推动文化艺术的多样性。在视觉文化占据主导地位的文化语境中，文学应该具有一种开放性的视野，通过与视觉文化的良性互动来激活新的可能性，但这并不意味着文学应该以放弃自己的独立性为代价。总体而言，在消费文化的驱动之下，21 世纪文学的视觉化转型，将文学贬低成了影像艺术的仆从，这显然会抑制文学内在的生机与活力。如果不是与影像作品进行对照阅读，那些剧本化的文学作品往往难以卒读，因为它们以影像化的法则阉割了语言艺术的自身特性。意识流小说家乔伊斯、伍尔夫、福克纳等都通过对电影艺术的借鉴，为小说艺术带来技法的创新，激活了语言的艺术潜能。在经过深入的细读之后，爱德华·茂莱不得不惊叹：“可以毫不夸张地说，几乎所有的电影技巧都可以在《尤里西斯》里找到其对等物。”③ 乔伊斯经常在意识和无意识之间“剪辑”，又在主观和客观视点之间“交叉切割”。爱德

---

① ［俄］陀思妥耶夫斯基，《陀思妥耶夫斯基论艺术》，冯增义、徐振亚译，漓江出版社 1988 年版，第 327 页。

② 阎连科，《受活》，春风文艺出版社 2003 年版，第 370 页。

③ ［美］爱德华·茂莱，《电影化的想象——作家和电影》，邵牧君译，中国电影出版社 1989 年版，第 133 页。

华·茂莱认为将《尤里西斯》改编成电影的尝试注定会失败，“电影的再现事物表象的能力是无与伦比的；然而，在需要深入人物的复杂心灵时，电影就远远不如意识流小说家施展自如了。”① 乔伊斯对电影的借鉴丰富了小说艺术，同时又超越了电影艺术，这样的创造犹如探险者打开了一个长期沉睡在黑暗中的宝库。小说艺术和影像艺术相比，各有优长和局限性，在互补中共生。乔治·布鲁斯东在肯定电影的现实感和直观性的基础上，指出了电影的软肋：“含义异常丰富的借喻，在银幕上是无法表现的。由于同样的原因，像梦境、回忆这类仅只存在个人意识中的东西，也不可能用空间形式来充分地表现。或者不如说，由于电影只能以空间安排为工作对象，所以无法表现思想；因为思想一旦有了外形，就不再是思想了。”② 也就是说，与影像艺术相比，文字艺术在挖掘内心世界、表现思想和思想的过程上具有天然的优势。如果作家并不满足于仅仅充当商业的傀儡，要想让自己的文学作品独立于影像而存在，就必须扬长避短，以思想深度和心理深度笑傲于艺术之林。

文学是人学，更是心学，直面内心困惑是文学永恒的课题。刘熙载在《游艺约言》中就说：“文，心学也。心当有余于文，不可使文余于心。”③ 中国古代文论很重视“心化”，即人在与外部世界的交流和对话过程中，将身外万物纳入主体的精神世界中，经过生命的体悟与融汇，通过文学形式创造出“心化”的另一个世界。“心”在文学创作中发挥着重要作用，只有经过“心”的浸润，文学才不会是简单、机械的模仿，而是一个血肉丰满、生机勃勃的生命实体。正如里尔克所言：“我们应该将这些表象和事物进行最深刻的理解与变形。变形？对，因为我们的任务是将这个暂时的、朽坏的尘世深深地、忍受着并且充满激情地刻印在我们心中，以使其精髓在我们身上‘无形

① ［美］爱德华·茂莱，《电影化的想象——作家和电影》，邵牧君译，中国电影出版社1989年版，第140页。

② ［美］乔治·布鲁斯东，《从小说到电影》，高骏千译，中国电影出版社1981年版，第51页。

③ 刘熙载，《游艺约言》，徐中玉、萧荣华校点，《刘熙载论艺六种》，巴蜀书社1993年版，第571页。

地’复活。我们是采撷这些无形者们的蜜蜂。”① 对内心世界的轻视，必然降低作家的感受力，导致想象力的贫困。越来越多的21世纪作家逃避内心的质询，关键的问题在于主体放弃了独立思考，接受权力、商业、媒体等外界因素的控制，以潮流的流向来决定自己的方向，在追新逐异中描述不断变幻的表面现象，像泡沫一样永远浮在事物的表面。一个真正的作家必须在寂寞中独立地面对世界，打开内心的眼睛，才可能以灵魂的光照穿透世俗尘垢的蒙蔽。就文学表达而言，冷静有其独特的审美功能和艺术魅力，但是，冷漠乃至冷血的文学注定缺乏内在的生命力。在文学娱乐化和商业化的背景下，商业美学对文学的重塑作用日益增强，具有独创意义的文学作品日见其稀。就商业价值而言，那些连作家自己都无法感动的作品，注定也无法感动大众。因此，在文学外向化的过程中，作家关注现实、理解现实、介入现实的桥梁，还是从自己的内心抵达别人的内心，而冷漠只能是对现实的一种隔离。正如罗洛·梅所言：“关切，是对他人，对一个像我自己一样的同胞的承认；是把他人的痛苦和欢乐视为自己的痛苦和欢乐，是一种罪孽感、怜悯感，是意识到我们所有人都具有我们由此发端的共同的人性基础。”② 在社会转型时期，复杂的利益冲突和急剧的格局转换会给人们带来焦虑、紧张、不适应的心理状态。这种精神现实给文学提供了丰富的创作素材与无限的创造空间，文学创作大有可为。

（首刊于《文艺研究》2015年第12期，《新华文摘》2016年第6期转摘，人大复印资料《中国现代、当代文学研究》2016年第3期全文转载）

① ［德］里尔克，《杜伊诺哀歌》，刘皓明译，辽宁教育出版社2004年版，第182页。

② ［美］罗洛·梅，《爱与意志》，国际文化出版公司1987年版，第326页。

浅阅读语境中的浅写作

文学阅读作为文学传播与文学接受的重要一环，其阅读对象的选择空间以及不同阅读需求的满足程度，受制于文学创作与文学出版的发展水平，但是文学阅读的趣味与状况必然反过来影响文学生产。在这种多向互动的格局中，读者“要什么”与作家“写什么”、出版商“给什么”之间呈现出一种复杂的运动形态。在当代中国的计划经济体制中，文学的创作、出版和接受都把政治导向与文化宣传作为指挥棒，其独立性空间相当狭小。随着计划经济体制向市场经济体制的过渡，文学生产与文学阅读都趋于多元化，以阅读需求为本位的导向提升了读者的地位，改变了长期以来只能被动接受的局面。不同主体的利益与权利在复杂的博弈过程中，作者、出版商和读者之间存在着一种权力关系，即以谁的趣味与意志为核心。随着传播媒介形态的多样化以及读者接受趣味的分化，作家写什么出版社就出什么而读者饥不择食的时代一去不返，阅读需求对于写作和出版的反向调节的力度逐渐增强，迎合读者口味的出版物通过刺激新的阅读要求来拓展市场，而出版主体对于创作主体的筛选与淘汰，也常常逼迫作家委曲求全，放弃主体性与独立性，遵从出版商的要求量身定做。20 世纪 90 年代中期以来，肤浅化、片断化、瞬间化的浅阅读渐成风潮，为了制造具有轰动性的阅读热点，浅出版借风使船，推波助澜，文学的消费化趋向成为催生并激化浅写作的文化酵素，畅销书路线为文学阅读市场带来了大量速生速灭的文学泡沫，那种慢功出细活的经典路线的相对淡出，也使文学市场越来越缺乏具有强韧的、持续的销售力与阅读余味的新品种。

一、浅阅读与浅出版的循环链

20世纪90年代以来，在市场经济大潮的冲击之下，文学的边缘化趋势日渐突出，与之相伴的是消费文化的勃兴，影视传播和图像文化以新颖的媒介形式刺激了通俗的、时尚的快感文化的生产与接受。尤其是网络媒介的迅速崛起，在此消彼长的媒介变迁进程中，带来了纸面媒介难以逆转的衰退。文学作为语言艺术，印刷媒介的特性为其发展进程打上了深深的文化烙印。希利斯·米勒说："文学就要终结了。文学的末日就要到了。是时候了。不同媒体有各领风骚的时代。"[①] 就中国的具体情况而言，一方面，文学阅读的衰落，与国民阅读整体状况的衰退具有同步性。2006年第四次《全国国民阅读与购买倾向抽样调查》结果显示，1999年首次调查发现国民狭义的识字者阅读率为60.4%，2001年为54.2%，2003年为51.7%，而2005年为48.7%，我国国民图书阅读率连续6年持续走低。另一方面，网络阅读率持续增长。在国民主要阅读的杂志类型中，文化娱乐类杂志排第一，为26.2%，比例远远高于排在第二位的家居生活类杂志（15.9%），文学艺术类杂志排第三（11.5%）。文学类图书继1999年和2001年连续两次居读者最喜爱的读书排行榜第一位后，于2005年再次居第一位。[②] 根据2010年4月19日发布的第七次全国国民阅读调查结果，2009年我国18—70周岁识字国民人均每天读书时长为14.7分钟，读报时长为21.02分钟，读杂志时长为15.4分钟，上网时长为每天34.09分钟，手机阅读的时长为6.06分钟，与上年相比，国民每天平均接触报纸、图书、期刊的时间均有所下降，上网和手机阅读时间在增加，数字阅读成为主导性新趋势。"国民最喜爱的十本

① ［美］希利斯·米勒，《文学死了吗》，秦立彦译，广西师范大学出版社2007年版，第7页。

② 中国出版科学研究所第四次"全国国民阅读与购买倾向抽样调查"课题组，《我国国民阅读与购买倾向又有重要变化—— 2006年全国国民阅读与购买倾向抽样调查有六大发现》，《出版发行研究》2006年第5期。

书”中有金庸的《射雕英雄传》《天龙八部》和丁远峙介绍实用的处世哲学的《方与圆》，排在前三位的国民最喜爱的作家分别是金庸、鲁迅和琼瑶，而古龙排在第五位，郭敬明排在第七位，郭敬明是读者最喜爱的前十位作家中唯一一位当前仍然活跃的作者。有趣的是，“文学”类图书再度成为国民最喜欢的图书类型。[①] 就上述抽样调查的结果而言，国民文学阅读的状况喜忧参半。值得注意的是，文学阅读大概是浅阅读最为盛行的领域，武侠小说和青春文学的风靡就可折射出跟风阅读渐成时尚。关于浅阅读现象，柳斌杰在 2007 年国际出版论坛上的讲话中认为：“屏幕阅读与在线阅读的兴起，海量信息的搜索与快餐文化互为因果，使人们的阅读呈现出‘浅阅读’的特征。即时的在线浏览取代了传统的青灯黄卷式的经典阅读。快餐式、浏览式、随意性、跳跃性、碎片化的阅读就是典型的浅阅读。”[②] 其实，不仅在网络阅读中存在较为突出的浅阅读现象，传统的纸面阅读中的浅阅读趋势同样不容忽视。随着社会竞争的残酷化和生活节奏的快速化，周围的人们似乎都感染上了“人生匆忙症”，越来越难以拥有深度阅读的闲暇与耐心。最近网络流行一首打油诗《疯油经》：“急事快快做，缓事当天出。大事优先办，小事要兼顾。忙得眼发直，累得屁股木。喝茶看报纸，哪有闲工夫。”在绷得像弹簧的扭曲状态中，细嚼慢咽地阅读文学只能被视为浪费时间的怪癖。

在新时期初年，文学阅读的盛况呈现出一种广场式的狂欢景象，人们在街谈巷议中汇聚到空旷的场地，在竞相传阅中产生轰动效应。这种振臂一呼应者云集的状态，在我个人看来并不正常，文学在这样的传播模式中往往沦落为社会、政治的工具，个体的心灵感受往往被忽略，甚至成为必须牺牲的陪葬品。只要还有真正热爱文学的人待在偏僻的角落，安静地阅读寂寞地体会，文学就永远不会失去知音。对于文学阅读而言，真正的危机在于作家、批评家对于文学阅读的背叛，这种情形无异于自掘坟墓。说实话，一个作家或批评家自己都不

① 中国出版科学研究所、全国国民阅读调查课题组，《第七次全国国民阅读调查十大发现》，《中国新闻出版报》2010 年 4 月 24 日。

② 柳斌杰，《引导阅读新趋势　推动出版大发展》，《编辑之友》2007 年第 5 期。

好好读作品了，你凭什么要求读者阅读作品？我认为这是有违职业道德的！作家戴厚英在 1993 年写了一篇短文《怕读小说》，其中有言："写小说的不想读小说，可不像卖棺材的不想死那样毫无干系，卖棺材的只有自己不死人家死才能财源茂盛，可是写小说的不想读小说，却是生存危机，或者一个时髦的概念，叫'存在危机'，因为自己动摇了自己存在的理由。"① 阎连科认为："现在的情况是，许多作家不读书，不关心当代文学，而忙着成名成家是为了赚钱，可一些评论家们也不读书，也忙着成名成家，你不知道他们是为了什么。"② 今天，随着影视传播和网络媒体影响力的不断增强，文字艺术呈现出难以逆转的边缘化趋势。在 20 世纪 90 年代初期被视为新生现象的作家"触电"风潮，更是成为一种常态，作品被改编成影视，或者充当著名导演的"御用"编剧，似乎成了成功的小说家的重要标志。既写小说又写剧本的作家东西毫不掩饰地说："这几年，我读小说比较少了，看电影比较多。实际上，有些电影做得非常好，让我的心灵产生了化学反应，而大部分的小说却达不到这种效果。"③ 这其实只能说明作家个人的阅读倾向，事实上，大部分电影尤其是商业电影基本上与心灵无关。春树更为直接地说："阅读肯定会影响写作，所以我现在基本不看中国大陆作家写的书。"④ 当所谓的作家们理直气壮地将自己的不读书视为前卫风范时，这表明文学的纸面阅读已经呈现出危机状态。

浅阅读的盛行，内含着对文化市场的一种巨大需求。在"需求—供给"的循环链上，浅出版推波助澜，形成一种恶性循环。"物质在循环再利用的过程中，必须有外部能量的输入，需要消耗别的物质和能源，而且也很难避免污染物的生成。客观地说，循环的过程中，能量总是会耗散，垃圾总是会产生，受物质和能量物理特性的限制，无限的循环是不可能的。"⑤ 浅出版与浅阅读的循环，必然催生许多速生

① 戴厚英，《怕读小说》，《文学自由谈》1993 年第 2 期。

② 阎连科，《我为什么写作》，《当代作家评论》2004 年第 2 期。

③ 东西，《小说与影视剧的跳接》，《上海文学》2009 年第 3 期。

④ 谢迪南，《"70 后""80 后"作家阅读调查报告》，《中国图书商报》2008 年 7 月 29 日。

⑤ 董骁、冯肃伟，《论循环经济》，上海人民出版社 2009 年版，第 58 页。

速朽的文化垃圾，文学出版呈现出严重的泡沫化趋向。在当前的文学文体之中，长篇小说的浅阅读与浅出版现象最普遍，也最为严重。在某种程度上，这种浅阅读甚至不阅读实在是迫不得已。根据《中国新文学大系（1949—1976)》的材料，整个“十七年”时期长篇小说的总量在260部左右，出版最多的1959年也只有32部。80年代每年不超过100部，1998年以后每年产量均维持在800—1000部左右。如果加上张贴在文学网站上的长篇小说，每年有可能突破3000部。面对如此海量的长篇小说，专业批评家要通读公开发表和出版的新作只能是一种幻想。现在不少长篇小说都出版了缩写本，早在1980年就有读者为之叫好：“由于阅读的时间长了，真有点顾此失彼，读了前面，忘了后面……办法是取其精华，弃其枝节，写成一本故事梗概之类的书，既忠实地反映了原著的主题思想，又方便了那些工作、学习比较忙的读者。我认为这种出缩写本的办法值得提倡。”① 现在各地的晚报、都市报等市民报纸选载的长篇小说几乎全都被掐头去尾，都是经过大刀阔斧的砍削的故事梗概。《长篇小说选刊》一般每期主题选发3部长篇小说，限于篇幅常常对作品进行删节，而“小说视点”栏目则发表多部作品的300字以内的“作品简介”和若干名人三言两语的“作品评论”；《当代·长篇小说选刊》的“佳作存目”栏目，发表的也是名家对新作的点评，尤其值得注意的是每期必有的“读者阅读排行榜”“专家阅读排行榜”“市场销售排行榜”和“长篇小说出版信息”，用量化的排行榜来指导阅读，其逻辑为——越多人读的就越是好的，这无异于鼓励盲目跟风。尤其突出的是，不仅选刊在选载长篇小说时进行删节，原创期刊对发表的长篇小说进行压缩也早已成为惯例，发表在原创期刊或选刊上的长篇小说版本与单行本相比，其艺术性和文体的完整性上都难免被损伤。长篇小说出版总体上的高产量低质量现象，必然引发读者的抵触心理，浅阅读行为也是读者内在的不信任的表现形式。尽管众多文学出版机构都把长篇小说作为拳头产品，投入大量人力物力进行宣传炒作，书讯和书评漫天飞舞，但普通作家的普通作品依然应者寥寥。当作家的名气、作品的销量成为出版

① 徐家德，《希望出版长篇小说的缩写本》，《中国出版》1980年第4期。

界选择作者的核心标准时，文场势利的规则必然助长势利的阅读风气，误导读者盲目地跟风阅读，甚至催生一种时尚化的炫耀性阅读倾向。其实，这种为了追逐时尚而放弃独立性和个人品位的模仿趋向，广泛存在于人群之中。畅销书成为今日的主流文学阅读所追逐的目标，就是这种从众心理驱使下的畸形现象。“时尚过早淘汰各类用品”①，将浪费视为荣耀的炫耀性阅读也必然走向“翻过就扔”的恶性循环。

浅阅读的流行既有阅读主体方面的原因，也与文学期刊界和文学出版界的“浅编辑”“浅出版”的推波助澜密切相关。浅出版在操作程序上体现为速成速效的、批量生产的类型化制造。策划了“布老虎”丛书的安波舜认为畅销书出版必须遵循“出版产业化的 COPY 原则”，“抽象、复制出一套有普遍意义的选题运作程序”，执行“专家的量化、标准化、理想化的操作程序和要求”，“先从一个鸡蛋的家当做起，按产业化的 COPY 原则，再推第二部、第三部；或者选取不同类型、不同风格的两个作家的两部作品进行同步试验，然后再选取其中最畅销的一部进行解构分析，整合出一套程序”②。主攻爱情题材的“布老虎”丛书就贯彻了这种 COPY 原则：“‘布老虎丛书’的标志性口号是‘创造永恒、书写崇高、还大众一个梦想’，而且我们和所有的作家签约时，在合同上都有三条要求，一是书写当代城市生活，二是要有好读耐读的故事，三是必须具备比较鲜明的理想主义色彩。”③不客气地说，除了“比较鲜明的理想主义色彩”成为丛书堂而皇之的幌子之外，其他要求确实是被严格执行的，其最为核心的模式就是以《情爱画廊》和《渴望激情》为代表的婚外恋题材。先后与国内的现代出版社、外文出版社、外语教学与研究出版社、春风文艺出版社、作家出版社等 5 家出版社有过合作的加拿大禾林公司，是世界上规模最大的爱情小说出版商，其主推的禾林小说占了世界爱情小说市场的 80%，配合读者

① ［法］尼古拉·埃尔潘，《消费社会学》，孙沛东译，社会科学文献出版社 2005 年版，第 25 页。

② 安波舜，《从一个鸡蛋的家当做起——关于出版产业的 COPY 原则与试验》，《中国出版》1998 年第 1 期。

③ 安波舜，《创造品牌的三个要素》，《出版广角》2000 年第 4 期。

的口味写书是禾林的一贯理念，根据“四情原则”——爱情、亲情、激情、奇情和各地读者口味来规划题材，并针对不同系列定出不同的写作大纲，其同质性高、严格控制的大纲、假名作者及大量出版的风格常受批评，甚至被谑称为出版界的“麦当劳”。[①] 尤其值得注意的是其发行方式，禾林小说新书的发行时间只有一个月，到下个月初经销商就要停止销售，未销售出去的小说由销售商将封面撕下后寄还出版社。由于中国图书发行渠道的多环节与低效率，本土畅销书无法像国外畅销书和好莱坞电影一样执行严格的销售期限和销售速度，但是速成速效的类型化制造已经成为其普遍的运作规则。在这样的情境中，为了打造经典而甘受寂寞的文化情怀被打入冷宫甚至弃若敝屣，精神产品因其思想性、艺术性和学术性追求，历久弥新的精品的产生注定只能是一个潜滋暗长的渐进过程。吹尽狂沙始得金，文化的传承创新总是必须反复淘汰那些缺乏原创性的跟风之作。从文化市场的多元化角度考虑，出版作为一项产业，畅销书有其合理性，以思想、艺术至上原则强求一律会造成出版生态的僵化，但是，当今出版界畅销至上的趋势显然会造成速食文化的泛滥。正如霍克海默和阿多诺所说：“由于出现了大量的廉价产品，再加上普遍地进行欺诈，所以艺术本身就更加具有商品的性质，艺术今天明确地承认自己完全具有商品的性质，这并不是什么新奇的事。但是，艺术发誓否认自己的独立性，反以自己变为消费品而自豪，这却是令人惊奇的现象。”[②]

在文学与文化出版中，“浅编辑”与“浅出版”最为典型的表现是丧失创造性，使编辑与出版工作沦落为急功近利的机械劳动。为了争夺时效性，强化即时性成为出版界的潮流。“即时的，才是新鲜的，才是有价值的。”在这样的信念的引领下，出版热点像网络媒体上的滚动新闻一样，不断被刷新，不断被覆盖，凡是过时的就被无情地淘汰。责任意识与敬业精神的匮乏，使浮躁的跟风出版大行其道。1998年，安顿的《绝对隐私》一炮走红，这引发了迎合窥探隐私的猎奇冲

① 参阅《世界爱情小说出版业霸主——禾林出版公司》，《出版参考》1995年第3期。

② ［德］霍克海默、阿多诺，《启蒙辩证法》，洪佩郁、蔺月峰译，重庆出版社1990年版，第148页。

动的跟风出版潮流，书名中含有“隐私”字眼的效颦之作扎堆登场，其后果是迅速激发了读者的餍足心理，同类图书大量积压。编辑和出版的娱乐化倾向，通过对出版的人文教育、知识创新、文化积累和文化批判功能的抑制以致阉割，使其休闲娱乐功能片面膨胀。通过对娱乐功能的过度放大，那些具有娱乐性元素的材料被奇观化制作所改塑，作品整体的真实面貌被掩盖。为了突出休闲娱乐的消费效果，一些编辑和出版者更是不惜以扭曲事实真相的手法来牺牲真实。难怪罗贝尔·埃斯卡尔皮会认为出版者充当“助产士”“仅仅是出版者的主要功能”，此外他还是“产前顾问、对新生儿操生杀大权的法官（甚至是非法堕胎者）、保健医生、教师、裁缝、指导者等，甚至是奴隶贩子”。[①] 譬如起印数为 10 万册的老村的《骚土》，封面就赫然印着这样的广告语：“承金瓶之莲露　渍红楼之顽玉。”扉页上还有这样的文字：“《骚土》虽有性描写。作者认为，性，不仅是生命激情的根源，也是艺术激情的根源。最好的艺术无不是性的最艺术的表现。”[②] 再譬如春树的《北京娃娃》[③]，其原名为《冰的世界—— 献给那些年轻而骚动的心》，但是第一版的封面除了在右下方竖排印刷了副标题“十七岁少女的残酷青春自白”之外，还在左下方竖排印刷了一行英文——“ I, Seventeen，Badness girl ”（即“我，十七岁，不良少女”），书商误导阅读的恶意昭然若揭。出版界理性的缺失和文化传承意识的沦陷，造成了如哈贝马斯所言的“阅读公众的批判逐渐让位于消费者‘交换彼此品味与爱好’”[④]。即时性策略的流行，使出版无法顾及人类历史上以往的思想文化成果和伟大的生命经验，将过去完全推出了地平线之外，同时也缺乏对于真正的未来的展望。

---

① ［法］罗贝尔·埃斯卡尔皮，《文学社会学》，符锦勇译，上海译文出版社 1988 年版，第 71 页。

② 老村，《骚土》，香港：中国文学出版社 1993 年版。

③ 春树，《北京娃娃》，远方出版社 2002 年版。

④ ［德］哈贝马斯，《公共领域的结构转型》，曹卫东等译，学林出版社 1999 年版，第 196 页。

二、浅写作渐成风尚

中国当代文学对于深度模式的反思与自觉的解构，早在 20 世纪 80 年代中期就已经初见端倪。1985 年，詹姆逊在北京大学的演讲成了倡导“拆解深度模式”的创作理念的有力的理论支架。他认为新的理论的出现是以四种解释或深度模式的消失为标志的，这是一个很重要的历史转折。所谓四种解释或深度模式包括：第一，黑格尔或马克思认为存在现象与本质的区别的辩证法；第二，弗洛伊德关于“明显”与“隐含”的区别的精神分析法；第三，存在主义所区分的确实性和非确实性；第四，符号学区分了所指和能指概念，认为在能指里面隐含了某一意义。[①] 在所谓的纯文学阵营，创作主体在创新焦虑的驱使下，为了另辟蹊径，质疑朦胧诗以及从伤痕文学、反思文学到改革文学确立起来的主流规范，成为暗潮涌动的文学潜流。第三代诗歌以反现代反崇高反文化的姿态，在形式上标举反意象反优雅反结构，诗歌语言在平民化、通俗化、口语化的反叛中走向粗鄙，尚仲敏在《大学生诗派宣言》中宣称：“它所有的魅力就在于它的粗暴、肤浅和胡说八道，它要反击的是：博学和高深。”韩东的《有关大雁塔》《你见过大海》和李亚伟的《中文系》都通过对宏大抒情的颠覆，呈现事物凡庸的面相。王朔的《顽主》《一点儿正经没有》《橡皮人》更是以粪土一切的姿态，在质疑伪善的同时抹杀了崇高与卑鄙之间的分界，通过对任何超越生活的努力的嘲讽来确立与现实同流合污的合理性，理直气壮地认为“咱们这个时代的人，有一个算一个，统统无价值”[②]。而今先锋小说被不少作家和批评家视为深度模式建构的成功典范，事实上，像《迷舟》对于偶然性、宿命的强调，《瀚海》在修辞上对于反讽的玩味，《现实一种》以游戏心态片面放大暴力和人性恶的极端情境，《山上的小屋》对作品人物的非个性化、符号化的

① ［美］弗雷德里克·詹姆逊，《后现代主义与文化理论》，唐小兵译，陕西师范大学出版社 1986 年版，第 180 —183 页。

② 王朔、王童，《王朔在线》，《小说界》2001 年第 2 期。

处理，都揉入了后现代主义拆解二元对立的深度建构的平面化手法。至于新写实小说压制到“零度状态”的叙述情感，对粗糙素朴的生活“原生态”的实录，价值立场的淡化以致缺席，在无奈叹息中也隐含着类似法国新小说将人物视为道具的倾向，以贬低人的尊严为代价，同时颠覆了批判现实主义的人道主义传统和现代主义不懈探索内心隐秘的审美范式。

不容忽视的是，随着金庸、梁羽生、古龙的武侠小说和琼瑶、亦舒的言情小说在大陆的广泛传播，20 世纪 80 年代中期形成了通俗文学热潮，《啄木鸟》《今古传奇》《章回小说》《传奇文学选刊》等通俗文学刊物纷纷创办，不少地市级文学期刊趋时而动，一窝蜂地改版为通俗文学阵地。模仿港台风格的武侠小说和言情小说创作遍地开花，这些作品在情节上追求曲折、奇幻、惊险，呈现为线性结构，人物性格扁平化、极端化、类型化，叙事节奏快速推进。80 年代后半期北美的西德尼·谢尔顿、阿瑟·黑利、马里奥·普佐的黑幕小说和日本的森村诚一、西村寿行、松本清张的推理小说成为大陆出版社追逐的目标，本土的法制文学在延续鸳鸯蝴蝶派作家程小青模仿柯南·道尔的《福尔摩斯探案集》的路数之外，将眼光集中于现代都市空间内色情、暴力、金钱和权力交织的重重黑幕，而批判意识的匮乏使作品流于猎奇的展示与过度戏剧化的渲染。面对种种纷乱的现象，擅长于通俗文学研究的范伯群认为：“除了应该发展的通俗文学之外，打着通俗文学招牌的庸俗文学像一个噩梦似的令人惊悸。它们曾像泛滥的洪水一般，将有人称之为‘纯文学’和‘严肃文学’的作品逼得像汪洋中的岛屿。”① 进入 90 年代以后，市场化大潮席卷文化领域，从雪米莉、汪国真、留学生文学到“布老虎”丛书、官场小说、美女文学，纯文学与通俗文学的合流现象日益突出。雅俗共赏的名义成了工匠化写作的遮羞布，当独立的艺术追求成为换取商业通行证的抵押品，创作主体就逐渐沦落为被市场注意力所操控的傀儡。正如布迪厄所言：“短期生产循环的机构，目的是将按照需要进行调整带来的风

① 范伯群，《沙漠正想吞食绿洲——二十世纪八十年代文学的困扰》，《复旦学报》1986 年第 4 期。

险降低到最低限度，这种需要是定向的，充满商业化流程和生利过程，商业化流程和生利流程用于保证收回利益，注定会很快过时的产品的快速循环加快了收回。”①

纯文学的非深度化潮流与通俗文学的庸俗化倾向，里应外合地将文学创作的深度模式撕扯成风中飞絮，使经典化的文学理想腹背受敌。在拜金主义、享乐主义的侵蚀之下，将经典、理想、责任和一切深度模式都视为“假大空”的虚无化倾向，浅写作如同废墟上的杂草一样四处蔓延。当真理、良知、美感等价值体系被当作束缚文学的无用、无聊甚至可恶的枷锁，文学就沦落为谋取实利的工具。就表现形式而言，浅写作包含以下三个方面。

（一）趋时媚俗的速成写作

在文化商业的流水线上，文学消费品的写作、传播与接受都呈现出规范化和可控化的趋势。在资本高速运转的急剧变化的社会环境中，文学消费成为一种变化越来越快的时尚，其快速的更新也就催生了追赶潮流的快速写作。在此意义上，浅写作具有明显的麦当劳化特征，即为读者提供了从饥饿到吃饱的最佳途径，遵循效率至上和“快吃—快走”的模式。“量成了质的对等物。有足够的量，或者能做到快速交递，这就意味着是好的。”② 当高产量就意味着高质量，字数井喷就成为当代文学创作的常态。在“不发表则淘汰”的压力下，一方面，作家越写越快，作品的篇幅越来越长，“长河小说”也就越来越多。少女写手蒋方舟的《都往我这儿看》中，扉页的作者照片下方有这样一行文字：“小商贩只有不停工作才不会被老婆骂作猪狗羊，我只有不断写书才不会被人遗忘。”③ 在快速写作、快速出版、快速被遗忘的怪圈中，作家要抗拒被遗忘的命运，就只能成为高速运转的永动机。莫言 45 万字的《生死疲劳》只写了 43 天，“有时不只写 1 万字，最多时是 1.65 万字。看起来写了 43 天，其实可以说酝酿了 43 年，我

① ［法］皮埃尔·布迪厄，《艺术的法则》，刘晖译，中央编译出版社 2001 年版，第 175 页。

② ［美］乔治·里茨尔，《社会的麦当劳化——对变化中的当代社会生活特征的研究》，顾建光译，上海译文出版社 1999 年版，第 17 页。

③ 蒋方舟，《都往我这儿看》，春风文艺出版社 2002 年版。

一直想写这么一部跨度比较大的反映新中国成立以来农村生存状态的大作品。”① 通过地主西门闹先后转世为驴、牛、猪、狗、猴及大头儿蓝千岁的“六道轮回”，来见证中国当代农民颠来倒去的艰难遭遇，这种狂欢化的“章回体”确实具有形式上的陌生感，但其重新审视“土地—农民—地主”关系的核心理念并没有摆脱《白鹿原》的叙述模式。其形式上的变脸术和近乎失控的语言洪流，颇有欲盖弥彰的意味，恰恰显露了作家自我超越的瓶颈。另一方面，快餐、快感、快扔的逻辑必然诱发跟风写作的趋向。譬如《尘埃落定》中麦其土司的傻子二少爷，《生死疲劳》中“唯一由于爱情受胎的婴儿”大头儿蓝千岁，林白的《万物花开》中脑子里长瘤子的大头，迟子建笔下的大鲁和二鲁（《采浆果的人们》）、宝坠（《雾月牛栏》）和刘曲（《雪坝下的新娘》）等，这些视点人物都是“傻子”或者先天性智障。作品都以似傻非傻的视角揭示现实的荒诞，同时展现常人难以涉足的生命奇观。《秦腔》中介于正常与不正常之间的引生，因暗恋白雪而惹祸，羞愧之下自断了命根子。作家们对这种具有苏格拉底式反讽效果的叙述模式的偏爱，也浮现出文坛创新乏力的冰山一角。

近几年在阅读市场上走红的网络类型小说，其写手的日产量大都在万字以上。起点网上高点击率的玄幻小说《斗罗大陆》《盘龙》《星辰变》《恶魔法则》等都在300万字以上。《神魔》的作者血红坦承：“保证更新的速度，就是持之以恒地写。作品质量嘛，其实很多时候不是作者写不出好东西了，而是懒得写好东西或者是因为外面的一些诱惑太大太多，都忙着玩耍去了，自然就写不出东西来了。”② 因为写手写得太快，“小白文”（又称“小白书”）在网上泛滥成灾。“小白文”专指那些平淡温馨、苍白肤浅、空洞无物的网络文字。我吃西红柿被不少网友视为“小白文”的始作俑者和王者，《星辰变》因其语言浅白、情节粗糙、故事重复、细节雷同、人物僵硬而成为“小白文”的代表作。对于“小白文”甚至“脑残文”的铺天盖地，

---

① 李冰，《莫言：〈生死疲劳〉发酵43年出锅》，《北京娱乐信报》2006年1月15日。

② 马李灵珊、陈彦炜，《血红：一直以来我都是浑浑噩噩过日子》，《南方人物周刊》2009年第33期。

不少网友也颇为不满。被网友封为“起点第一神书”的《异天途》，据说其写作动机源自龙空论坛的一次打赌，作者高度怀疑起点中文网编辑的水平和责任感，认为“脑残”的小说同样能够通过审查甚至被“强推”（强力推荐）。这本书不仅在起点发表，还被“强推”上榜，直到连载至50多万字才被起点删除。这本书的文字完全错乱，譬如第一章有一句不断重复的文字：“恢复爹好看符合好和搞活上可是搞活上可控硅而后外搞活立刻告诉个我个就。”令人忍俊不禁的是，百度贴吧的“《异天途》吧”中还有不少网友热衷于破解这本天书，不断推出搞笑的解读文字。被一些网友誉为“反意识流”的《网游之少爷天下》是人物沉溺网友的过程记录和对白铺陈的拼凑，时空混乱，人物的语言颠倒无序，像“王小明的父亲说：‘母亲要孝顺我的儿子。’”之类的文字充斥其间。如果从语法角度来考察，称得上是病句连篇。《异天途》《网游之少爷天下》与《九转金身决》一起并称为“起点三大神书”，有网友将其共同的特点概括为“雷、白、脑残无下限”。这种写作不仅失去了写作的深度和难度，简直是在糟蹋文字。

（二）阉割哲思与诗性的配方路线

文学要获得穿透事物的深刻洞察力，离不开哲思的烛照。一方面，超验思维如同驾驭理性之舟的双桨，穿越浑浊的现实河流的羁绊，为文学反复表现的人类动荡不安的感情指明方向，抵达本原与形而上的彼岸。另一方面，哲理思考赋予文学的现实精神以超越向度，在更为广阔的视野中直面社会现实，在历史与现实交会的坐标上思考信仰、伦理、社会、风俗等重大问题。文学的讽刺格调、伦理趣味、怀疑意识和批判精神，都需要哲思的内在支撑。而诗性意味着对神秘的敬畏以及面对未知世界所迸发出来的持久的探索激情，它能够凝聚事物的理想品格和美的元素，并且深入生命与灵魂的深处，通过体验的纽带将事物融合成有意味的审美形式。诗性的语言重视对意思背后隐藏的朴素之美和深刻意蕴的发现，捍卫语言的纯净，拒绝陈词滥调带来的意义污染。在维科看来，诗性智慧的源头是原始人身上“强烈的感觉力和广阔的想象力"①，在啄穿昏暗和笨拙的本能状态后，在自然的深处和现实的远方还原心灵的赤子状态，清除现实功利和具体目标对心智的蒙蔽。昆德拉在谈到卡夫卡的小说时，认为其作品中揭示的无法生存的绝望发现了"一种奇异的黑色的美"，"美，不再有希望的人的最后可能的胜利"②。这种在绝望中对美的信念，正是诗性的最高体现。

尴尬的是，在技术性、商业化的语境中，实用主义和工具思维折断了哲思的双翼，无限膨胀的功利性诉求遮蔽了诗性的眼睛，类型化的文学模式和格式化的文学语言如同可口可乐的神秘配方，可以调配出大批量能够暂时解除精神饥渴的文化饮料。青春文学《我为歌狂》《爱的魔咒》的作者解嬿嬿认为："我给青少年的青春配方很简单，就是年轻和梦想。没有梦想的人生不是真正的人生，人一生必须追求一些东西，一些可能得不到的却美好的东西。"③ 颇有反讽意味的是，当青春文学的配方中注入了迷惘、阴郁，那种罂粟式的美丽具有了更强的诱惑力。而郭敬明正是制造这种配方的"大神"。《幻城》中的樱空释最爱同父异母的哥哥卡索，他甘愿放弃一切，以成全卡索毕生追求的自由，但樱空释毫无抗拒地惨死于卡索的剑下，在他复活后又逼得卡索自杀。他们苦苦期待的重逢在即将实现的瞬间灰飞烟灭。卡索与梨落的爱情以梨落的死亡而告终。亦敌亦友、亦爱亦恨的戏剧化情节与极端化叙述，正是郭敬明俘虏青少年读者的撒手锏。《悲伤逆流成河》中易遥和齐铭虽比邻而居，身世却有天壤之别，前者为孤僻叛逆的单亲女孩，后者为养尊处优的乖宝贝。两人的生命、情感和顾森湘、顾森西姐弟纠结在一起，易遥演绎的是一个伤心人错投怀抱的故事，因出轨而受伤，因被误会而报复。作品可以概括为"一条短信引发的血案"，顾森湘因为易遥转发的一条神秘短信而自杀，失去了母亲的易遥为齐铭和顾森西的敌视而跳楼自杀，被绝望和自责所围困的

① ［意］维柯，《新科学》，朱光潜译，人民文学出版社1985年版，第6页。

② ［捷克］米兰·昆德拉，《小说的艺术》，孟湄译，三联书店1992年版，第118页。

③ 秋歌，《青春文学配方何在?》，《中国图书商报》2004年4月16日。

齐铭最终也选择了自杀。这种如同多米诺骨牌效应的连环自杀游戏，居然成了打动读者的“催泪弹”，真是引人深思。与《悲伤逆流成河》中不择手段的唐小米一样，《梦里花落知多少》中的李茉莉指使流氓强暴闻婧，作品的氛围从此由晴朗转为雷雨，阴霾弥漫，悲剧拉开了大幕。《小时代》对奢侈品牌的罗列和对拜金逻辑的臣服，无异于一出玩转资本时代的魔方游戏。评论家安东尼·伯吉斯在《当今的小说》中提出：“最好的书和畅销书两相巧合的事是极少见的。一般说来，最赚钱的书是那些既无风格又很粗糙，平庸而又过分简单化描写现实生活的书。”① 郭敬明的这些“最赚钱的书”，正是“既无风格又很粗糙”的样板。

20 世纪 90 年代以来，配方文学的蔓延根源于写作者完全认同生活现实的态度。当写作者逆来顺受地接受生活的安排，在琐细的旋涡中沉醉、沉溺甚至沉没，作品就难免不成为逃避现实或顺应现实的路线图。譬如近几年四处泛滥的官场文学，几乎都在官阶的等级框架中演绎权力、金钱、美色的“三角演义”。这类作品的写手把打造“公务员的阅读圣经”作为目标，在丧失批判性和责任感的渲染中，将反腐文学改造成了腐败文学和升官地图。像聂昱冰的《官场女人》、王京的《官方女人》、范家庆的《组织部长家的小保姆》、宛如歌的《大领导的小妻子》、岩波的《女市委书记的男秘书》、唐达天的《官太太》等，其书名本身就隐含着不良暗示。在北京磨铁图书公司专门推出的“名利场系列”中，闻雨的《省长亲信》封面有一个红红的官印图案，里面有“顶级官场权谋小说”和“亲信必读书”的字样。郭小三的《关系伞》的封面和书脊上都有这样的字眼：“宁打一口井，不挖十个坑，关系是熬出来的。”当厚黑学风格的内幕揭秘成为招徕围观的必杀技，哲思和诗性早已被市侩式的想象碾得粉碎。在散文写作领域，想象力和创造力的枯竭，使“悠闲”成为矫情的表演，不再有超越“忙碌”的世俗境界的审美意义，写作者只满足于发掘一些廉价的哲理，假扮天真的外表下包藏着世故和狡黠，故作惊奇的表情背

① ［美］约翰·苏特兰，《畅销书》，何文安译，上海文化出版社 1988 年版，原著序言第 4 页。

后闪露出疲惫和冷漠。所谓的“小女人散文”更是沦落成了一种典型的“配方散文”：“三分聪颖，三分感觉，三分真情，还加上一分尚不让人生厌的虚荣心。”① 重复而单调的生存空间、紧张的生活节奏和冷漠的人际关系使人们感到压抑，于是，人们的好奇和逆反心理在一种不信任感的怂恿下，极度膨胀起来，对那些曾经独领风骚的、大而无当的文艺产生本能的厌倦。因此，诸如小女人散文等闲适散文是社会现实土壤和文化心理土壤共同催生的风景，排斥个人、排斥轻松的历史传统恰恰为之积蓄了物极必反的反弹力。被长期拒斥的性灵以拒斥沉重的面孔登台亮相，不幸的是，这种反叛最终被传媒的商业意志所利用，性灵沦落为时尚化、格式化的小资情调，沦落为一种商业品牌。当个人世界代替了一切，日常生活的吃喝玩乐成为百咏不厌的话题时，真正的悠闲和旷达就消失了。

（三）丧失语言独立性的脚本式写作

在视觉文化日见其盛的环境中，文学的“触电”潮流催生出影视同期书或影视小说的繁荣。作为影视剧的副产品，其故事、人物和对话完全一致，文字文本成为观赏指南，语言自身的魅力完全被阉割了。譬如电视读本《闯关东》，由于电视剧在拍摄时随时都在改动剧本，同期书的编辑制作也就相应地做出改动，以免图书和电视剧反差太大。剧本原稿中传文为了掩护他爹被森田打死了，后来又变成传文没死。因小说《激情燃烧的岁月》和《军歌嘹亮》被改编为电视连续剧而一炮走红的石钟山认为：“小说创作与影视剧创作有相同的地方，当然也有不同的地方。相同的是都在讲人物的命运，不同的是小说向内走，影视则是向外走。表现手法上也不尽相同，小说靠叙述，影视靠画面。”② 小说创作的剧本化倾向驱使作家突出作品的视觉效果，强化动作描写的造型感，苦心经营人物对话，并把人物语言作为推动情节发展的枢纽，同时相应地削弱作品的内心描摹和场景描写。有趣的是，作家在追求人物对话的口语化、戏剧化效果时，作品整体的语言风格却变得破碎而聒噪，作者成为人物对白的旁观者，小说叙

① 《编者按》，《广州文艺》1996年第3期“小女人散文特辑”。

② 陈学建，《我愿意做的还是写小说》（石钟山访谈），《中国图书商报》2003年8月29日。

述的主体性也就丧失殆尽。像刘震云《手机》中直接从电影剧本移植过来的第二章，其过火的戏剧性、戏谑的台词和围绕“欺骗”兜圈子的重复，在语言文本中就显得苍白而单调。当作家以影视艺术中镜头切换和场景转换的逻辑来串联小说叙述，这在以语言为介质的线性叙述中，就必然导致情节和故事的跳跃乃至断裂，叙事视角往往只能采取单一的第三人称叙事，叙事风格也显得刻板而僵硬。因为剧本只能靠动作和台词塑造人物性格，人物关系存在环环相扣的戏剧冲突，而小说塑造人物性格还可以调用白描手法、心理开掘、抒情描述等艺术手段，成功的小说叙述要求作者感同身受地体验笔下人物的喜怒哀乐，犹如分裂的自我与另一个自我进行心灵交流。所以“影视小说”中的人物往往在高度紧凑的结构中左冲右突，表现出木偶化的特征。尤其值得注意的是，在连续剧框架中结撰故事的“电视小说”枝节丛生，篇幅拖沓，这也造成了向电视连续剧脚本靠拢的长篇小说普遍的“口水化”趋向。曾经写过电视剧本《红树林》《梦断情楼》的莫言深有感触地说：“我觉得每次写电视剧本都是对我很大的人格侮辱。每次都会被电视剧导演横挑鼻子竖挑眼，很多很好的艺术想法都被改掉。刚开始的时候，我觉得很委屈，后来我明白了：电视剧就是一种大众的通俗的艺术，不要在里面寄托太多思想。”[①] 对故事性、通俗性的刻意追求，降低了小说写作的艺术难度和思想内涵，使这种剧本化的写作成为一种类型化的浅写作。

另一个值得注意的新趋势是网络类型小说向网络游戏脚本的靠拢。随着《诛仙》《鬼吹灯》《星辰变》《盘龙》《神墓》《斗罗大陆》《兽血沸腾》等玄幻小说被改编成同名网络游戏，高额的版权利润成为助推网络小说的游戏化倾向的巨大动力。在网络角色扮演游戏（RPG）中，游戏主角的成长通过升级和获取装备来完成，接二连三的搏杀与战斗成为玩家充实装备的动力，也是游戏运营商通过出卖装备获得超额利润的有效渠道。恃强凌弱的丛林法则在本土出产的网络游戏中横行无阻，为了维持虚拟的权力、荣誉和快感，玩家就必须花费实打实的金钱去购买装备。在游戏空间中，英雄与侠客只是一种伪

① 莫言，《小说创作与影视表现》，《文史哲》2004 年第 2 期。

装的面具，装备等级最高的人可以凭借自己的虚拟战力乱开杀戒，获得在现实空间中不可能存在的魔法、复活、飞行等超人本领，这必然导致暴力崇拜在游戏空间中弥散开来。网络游戏中的人物、动作和语言都有明显的类型化、程式化特征，游戏中女性角色的形象是毫无例外的三点式装扮的妙龄女郎，其性感的躯体符号包含着鲜明的性感诱惑的意味，打斗的动作都是由程序控制的重复性行为，而游戏指令和角色对话也都是预制的文字模板。静官的《兽血沸腾》中的男主角刘震撼的前身是南疆战场上阵亡的侦察兵，在异时空中复活后意外地成为兽人王国的萨满祭祀，而且是千年一遇的龙祭祀，作为其成长历程中障碍的是身中了最恶毒的魔宠的血之祭奠的诅咒。他和狐族美女、人鱼公主、蚌女、天鹅武姬发生情感纠葛，先后遭遇魔狼、怪龙、猛禽德鲁伊、牛头人、熊猫武士、美女蛇、龟人、鳄鱼武士等等，其精灵族群和魔法框架都有明显抄袭网络游戏“魔兽争霸”的痕迹。《盘龙》《星辰变》和《斗罗大陆》都对主人公从凡界进入神界的进程采取等级化和阶段化的叙述模式，无休止的恶战如同滚滚的车轮一样循环往复，这些超长篇幅的文字后半部都显露出难以为继的疲态，但其套路化叙述为游戏改编带来很大的便利。《斗罗大陆》的作者唐家三少坦承：“我们这种小说不存在任何文学性，没有任何文学价值。只是让大家在一天工作之后，看一下放松自己。我只是要娱乐大家。我很清楚自己的定位。”① 也正是在娱人娱己的目标的指引下，这类文字普遍存在情节上机械重复、语言上千篇一律、趣味上低俗浅薄、文风上抄袭模仿的特点。

三、重构深度模式

从阅读生态与文学生态的角度来看，浅阅读与浅写作都有其存在的合法性。而且，深阅读与浅阅读、深写作与浅写作的并存和互动，

① 程绮瑾，《“他们用网络炒作，我们用网络写作”》，《南方周末》2005年11月17日。

能够共同构筑阅读与文学的多样性，满足接受者的多元需求。但是，当浅阅读与浅写作大行其道，深阅读与深写作逐渐消逝时，知识的创新和文化的传承都将面临危机。对于文学创作而言，重振深写作的雄风的前提是在深度阅读中重新发现和激活伟大的文学传统。苏珊·桑塔格认为："作家首先是读者。通过阅读我才获取了衡量自己的创作的标准；根据这个标准，我不幸地发现自己还有明显的不足；而正是通过在创作之前的阅读，我才成为一个共同体——文学共同体中的成员，其中故去的作家远远多于在世的作家。"① 也就是说，只有通过阅读，才能使自己的创作得到伟大的文学传统的滋养，与大师们进行深度对话，并且在文学传承的链条上、在自由交流的空间里衡量自己的创作的价值。多丽丝·莱辛在诺贝尔文学奖的获奖感言中深入讨论了电视和互联网时代严峻的阅读问题，一方面是像津巴布韦这样的贫穷国家的年轻人无书可读，另一方面是像英国这样的富裕国家的年轻人"根本不读书"，她说："写作，作家，不会来自没有书的房子……要想写作，要想创作文学，我们必须要与图书馆、书籍有着密切的联系。这就是我所说的传统。"② 作家放弃阅读，类似于农民失去土地，就意味着成为失去精神家园的码字工匠。对文学传统的重新寻找与再次发现，如同在暗夜中寻找被遮蔽的火光，它的光芒会点燃想象的灵感，点燃漆黑如煤块一样的现实，让我们在被恐怖、伤痛、疲惫包围时获得心灵的抚慰和不灭的希望。在激活传统进而摆脱布鲁姆所言的"影响的焦虑"的进程中，重构深度模式应当具备以下要素。

挑战写作的难度。作家要保持与现实之间的紧张感，也要保持与写作之间的紧张感，而不是随波逐流。托马斯·曼在 1903 年创作的中篇小说《特里斯坦》中塑造了一个作家史平奈尔的形象，针对这一形象作家道出了写作的真谛："作家是这样一种人，写作对于他比对任何人都来得艰巨。"③ 充满讽刺意味的是，时下沉迷于速成写作的写

---

① Susan Sontag. At the Same Time. London：Hamish Hamilton，2007，P. 179.

② ［英］多丽丝·莱辛，《关于拿不到诺贝尔奖的人们》，孔雁译，《译林》2008 年第 2 期。

③ ［德］托马斯·曼，《托马斯·曼中短篇小说选》，钱鸿嘉、刘德中译，上海译文出版社 1986 年版，第 146 页。

手们不再流汗水，更不会流血水，流的只是口水。尽管从流行文字中随处可见泛滥的情绪和情欲，但搅浑的只是我们难以直面的内心。真正的作家必须自觉探索人的内心世界，关注人性的深层冲突，揭示灵魂深处的痛楚与挣扎，通过审视生命在现实冲突与文化矛盾中的碰撞和逃避，表现外部现实的挤压与内心宇宙的反弹之间的张力，充分展示灵魂的复杂性和丰富性。文学要获得塑造社会的新力量，就必须正视现实中人们内心的挣扎，让人们可以更为深入地剖视自己的灵魂，看到隐藏在现实表象之下的隐秘。在先锋文学之后，当代作家似乎已经普遍放弃了对于文学新形式的探索，转而将注意力聚焦于写作的题材选择。像历史题材的写作一直是长篇小说的主攻领域，为了吸引外界的关注，作家往往施展煽情和煽动之能事，比谁的声音高，比谁的胆子大，将历史改写得面目全非，题材撞车、艺术形式缺乏创新等弊端可谓积重难返。像《启蒙时代》《后悔录》《兄弟》《蛙》等以“文革”为背景的长篇，就难以为后续的写作提供新的标杆。为了强化作品的娱乐性，不少作家对戏仿、荒诞、黑色幽默乃至恶搞式的写法趋之若鹜，由于缺乏独立的价值支撑，往往以推倒一切为唯一目的。卡尔维诺在《美国讲稿》中这样阐述自己的创作理念：“我的工作常常是为了减轻分量，有时尽力减轻人物的分量，有时尽力减轻天体的分量，有时尽力减轻城市的分量，首先是尽力减轻小说结构和语言的分量。”① 值得肯定的是，卡尔维诺在追求轻逸的美学风格时，并不是放弃沉重的反省和独立的思考，而是在沉重枷锁的压迫下寻求灵思的飞升与超越。

个人本位的公共写作。从意识形态化的宏大叙事过渡到消费化的配方写作，中国当代文学的一个突出问题是创作个性的缺失。20世纪90年代前期，“个人化”一度成为文学界的热词，它一方面反映出新一代作家对文学自由的自觉，另一方面也不幸地成为掩护迎合低级趣味的“躯体写作”的幌子。或许正是意识到艺术个性的匮乏，新时期以来的作家们普遍被创新焦虑所困扰，不少作家为了追赶潮流，像变

① ［意］伊塔洛·卡尔维诺，《卡尔维诺文集·美国讲稿》，萧天佑译，译林出版社2001年版，第318页。

色龙一样进行不断的自我否定，在唯新是崇的逻辑的统摄之下，“创新”更是成了无视中国文学自身传统和已有资源的另搞一套，割裂传统的“断裂”思维大有市场。文学的代际冲突被放大，一方面是上一代对下一代的轻视与排斥，另一方面是下一代对上一代的蔑视与反叛。而当文学的现代化被等同于西方化，“创新”成了对西方文学的简单模仿与横向移植。回到个人本位，从经验与体验出发，文学才能具备原创性。而且，作家必须秉持公共关怀，个人化的审美追求才不会被个人功利所淹没，才不会沦为谋取私利的工具。恰如康德所言：“一个关于美的判断，只要夹着极少的利害感在里面，就会有偏爱而不是纯粹的欣赏判断了。”① 时下流行的青春文学、官场文学正因为缺少批判现实的公共关怀，它们对现实的描摹也正是对现实的粉饰，“既创造现实的强化形式又创造现实的替代品，但却不能达及现实”②。像卡夫卡，他关注的多是埋藏在个人内心的黑暗，但是他对于非人状态的战栗与恐惧，捍卫了作为普遍的人的尊严。作家的公共关怀，也是作家与读者进行对话的精神通道。至于那些迎合读者趣味的消费性文字，遵循的却是与心灵无涉的交易原则。

回归语言本体。在视觉文化占据主导地位的传播语境中，图像艺术在与语言艺术的竞争中似乎获得了压倒性优势。在此重提语言的优先性，难免有不合时宜甚至哗众取宠的嫌疑。现在我们当然无法闭目塞听，无视新的媒介形式和传播形式，但是在与电影、电视剧、网络游戏的竞争中，文学创作还是要发挥语言媒介的优势，即在发掘人的内心世界，描述人的思想状态和思想内涵，表现人们无法看见的、无法视觉化的世界时的艺术优势。同时，通过吸取其他艺术形式的艺术养料，激活语言的艺术潜能。乔伊斯的《尤利西斯》借鉴了电影的一些手法，发挥了语言艺术在表现回忆、梦境、幻想、意识流动等微妙的内心状态方面的非凡的创造力，却又超越了电影，使《尤利西斯》的电影改编成为难以逾越的雄关险隘。马尔克斯也曾长期介入电影实

---

① ［德］康德，《判断力批判》（上），宗白华译，商务印书馆1964年版，第41页。

② ［美］马克·波斯特，《第二媒介时代》，范静哗译，南京大学出版社2000年版，第20页。

践，他在《百年孤独》之前的“那些作品无限度地追求对人物和场景的视觉，无限度地追求对话和行动时间的精确细腻关系，甚至对视角和取景都死死抓住不放。”但是，最终他还是无法回避这样的现实：“电影是个集体创作问题。我用了一年多的时间写了一部电影，在制片人的办公桌上念了10次，也不得不彻底改了10次。到最后，我原来的故事唯一留下的就是一个持枪强盗织袜子的两分钟的场景了……这些经验向我表明，作家只不过是巨大齿轮上的一个小零件。”[①] 当他意识到“小说的可能性是有限制的”时，他开始在语言介质有限制的空间中发掘小说的可能性，写出了《百年孤独》和《霍乱时期的爱情》，而且其作品中的魔幻氛围也成为考验电影改编者的一道难以破解的难题。正如张新颖所说：“因为存在着不能更改、替代、变换、重写的伟大的书，阅读经验也就没办法被允诺了无限自由幻象的电子设备和超文本系统所取消，阅读因阅读经验的唯一性而存在。”[②] 文学在视觉艺术的包围圈中，其伟大的任务正是写出“人无我有”的独特作品。

（首刊于《文艺研究》2011年第4期，《新华文摘》2011年第18期全文转载）

---

① ［委内瑞拉］阿马多·杜兰，《我的文学创作之路——采访马尔克斯》，尹承东译，《译林》2006年第2期。

② 张新颖，《阅读因阅读经验的唯一性而存在》，《扬子江评论》2007年第5期。

新媒体环境下报纸副刊的变局

伴随着新媒体的迅速崛起，印刷媒体经受着越来越严峻的考验。台湾《中时晚报》于2005年11月1日停刊。2009年2月27日，在经营近150年之后，美国的《落基山新闻报》出版了最后一期报纸后停刊。同年3月17日，《西雅图邮报》发行了最后一期纸质报纸，只保留电子版。1908年创立的《基督教科学箴言报》，也在2009年4月由日报改为周报印刷发行，但仍然以网站和电子邮件的方式为读者提供每日新闻。正如菲利普·迈耶所言："自从电子时代在20世纪20年代开始初露端倪以来，报纸就一直适应一长串的新技术来将其衰退减少到最低程度。"① 在主业呈现萧条之势的大背景下，作为补充与配合的副刊承受着更大的压力。在厚报时代，"翻报"成为普遍的阅读习惯，缺乏实用性、时效性的副刊很容易被忽略，也常常被服务性的专刊所取代。国内的报纸只要改版，往往首先拿副刊开刀，要么停办文学副刊，要么大幅压缩文学副刊的版面。文学副刊在中国曾经辉煌一时，萧乾说："以刊登创作为主的文学副刊，是中国在世界新闻史上一个独有的特色。"② 当副刊的版面不断萎缩时，维持"独有的特色"已经是一项艰难的任务。至于肩负人文使命，推动文学的发展与创新，或许还是个别副刊的抱负，但是，对于大多数苟延残喘的副刊

---

① ［美］菲利普·迈耶，《正在消失的报纸》，张卫平译，新华出版社2007年版，第29页。

② 萧乾，《序言》，王文彬编，《中国报纸的副刊》，中国文史出版社1988年版，第1页。

来说，可能是有心无力，也可能是无暇顾及，属于难以承受之重。

一、大副刊路线与文学性淡化

在对现代文学传媒的研究中，报纸副刊是一个重点，像“五四”时期的“四大副刊”（《晨报》副刊、《上海民国日报》副刊“觉悟”、《时事新报》副刊“学灯”、《京报》副刊）以及《申报·自由谈》《大公报·文艺》，更是焦点所在。鲁迅的《阿Q正传》就是由孙伏园编辑，连载于《晨报》副刊上。鲁迅晚年的杂文集，也几乎都是报纸副刊上的个人专栏的结集。值得注意的是，报人小说家是现代文学史上的一道独特的风景。尤其是张恨水，他的长篇小说连载，成了他所服务的报刊吸引读者的一大法宝。但是，相对而言，当代报纸的文艺副刊却较少有人关注。关于“副刊”的概念，也随着时代的推移而产生变化。在中国报刊史上，曾经出现过四种不同形态，即期刊中的副刊、报纸中的副刊、附属于报纸的一种期刊、期刊社另出的一种副牌刊物；从内容组合的角度来看，副刊又分为综合性副刊和专门性副刊，即专刊。[①]《辞海》这样界定：“一般指报纸上刊登文艺作品或是理论文章的固定版面。每天或是定期出版，多数有专名……报纸的副刊一般要求与新闻、评论起配合的作用。”[②] 随着20世纪90年代以来市民报纸的崛起，周末版、专刊、特刊风行一时，传统副刊的模式不断受到冲击，副刊的理念被市场化策略所改塑，文艺副刊的正统地位摇摇欲坠。

为什么会出现这种情况呢？因为副刊与文学的关系逐渐疏远，新闻性增强，文体从多样走向单一，从“十七年”到“文革”的政治化，以及从20世纪90年代以来的消费化，使得副刊文体的篇幅、格局和气度都比较狭小，缺乏必要的包容性。在“十七年”与“文革”期间，副刊文学紧跟政治潮流，口号和标语泛滥，缺乏独立的声音与

① 姚福申、管志华，《中国报纸副刊学》，上海人民出版社2007年版，第11—18页。

② 《辞海》（缩印本），上海辞书出版社1980年版，第190页。

艺术个性。“双百”时期，郭沫若署名龙子在1956年7月18日《人民日报》上发表《发辫的争论》，用戏谑的笔调写姑娘头上的两根发辫的争论，“右派”批评对方得了“左倾幼稚病”，“左派”则指责对方是“右倾保守主义”患者。编辑袁鹰在回忆文章中谈到，胡乔木当年曾亲自为此文给郭沫若写信，建议“作一些文字修改”，并特别强调“他用的是假名，除我们编辑以外，谁也不知道这篇有趣的文章作者是谁”①。值得注意的是，郭沫若在1957年3月亲自选编的《郭沫若文集》中，并没收入此文和发表于1956年8月4日《人民日报》的《乌鸦的独白》（署名克拉克），从1982年到2002年间陆续出版的《郭沫若全集》也遗漏了这两篇文章。从这一细节可以看出，真实表达在当时仍有顾忌。“文革”结束以后，报纸副刊对于文坛的思想解冻起到了积极的推动作用。譬如《文汇报》的“笔会”副刊，巴金复出文坛的第一篇作品《一封信》发表于1977年5月25日的“笔会”，卢新华的《伤痕》（《文汇报》1978年8月11日）、宗福先的《于无声处》（1978年10月28、29、30日）等更是领一时风气之先，拉开了“伤痕文学”的序幕。在1979年全国优秀短篇小说获奖作品中，有发表于《工人日报》1979年7月15日的张洁的《谁生活得更美好》和发表于《陕西日报》1979年6月3日的陈忠实的《信任》。在全国中、青年诗人优秀新诗奖（1979—1980）获奖作品中，有发表于1979年3月17日《人民日报》的白桦的《春潮在望》。在第一届全国优秀报告文学获奖作品（1977—1980）中，有柯岩的《特邀代表》（《人民日报》1980年4月26日），陈祖芬的《祖国高于一切》（《人民日报》1980年10月2日），穆青、陆拂为、廖由滨的《为了周总理的嘱托》（《人民日报》1978年3月14日），韩少华的《勇士：历史的新时期需要你》（《人民日报》1980年11月1日），王晨、张天来的《划破夜幕的陨星》（《光明日报》1980年7月21、22日），艾蒲、向明、郭光豹的《爱情的凯歌》（《解放军报》1979年4月12日）。在第二届全国优秀报告文学奖获奖作品（1981—1982）中，有陈祖芬的《共产党人》（《人民日报》1982年6月28日），刘真的

① 袁鹰，《秋风背影》，河南人民出版社1999年版，第311页。

《一片叶子》(《人民日报》1981 年 5 月 4 日)，孟晓云、丛林中的《还是那双眼睛》(《人民日报》1982 年 9 月 13 日)，刘宾雁的《艰难的起飞》(《人民日报》1981 年 1 月 3 日)。在第三届全国优秀报告文学奖获奖作品（1983—1984）中，有陈祖芬的《催人复苏的事业》(《人民日报》1983 年 1 月 3 日)。从以上资料可以看出，报纸副刊在新时期初期的文学潮流中，推动了散文、报告文学、短篇小说和诗歌创作的繁荣，报纸副刊的文学文体呈现出多样化的格局。然而，随着文学期刊在 80 年代初期的崛起，报纸副刊对文学的影响力逐渐式微。伴随着文学的边缘化，新兴的影视、网络媒体不断挤压报纸的生存空间，90 年代以来的市场化进程更是将缺乏盈利能力的副刊逼入挣扎境地。正如李辉所言："过去有很多重要作家是在为副刊而写作。重要的作品交副刊发表，然后产生很大影响。现在文学边缘化，副刊也是。文学副刊不能说消亡，但应该说以副刊培养文学、培养作家的功能消失了。新闻对副刊的渗透甚至取代使副刊的文化品位失去。"①

90 年代之后，一方面，传统文艺副刊的界限被突破，新闻广告之外的题材都被纳入副刊的版图，作为综合性副刊的"周末版"更是蔚然成风。文化周刊、美食周刊、旅游周刊、健康周刊、娱乐周刊、汽车周刊等等，名目繁多的周刊迅速膨胀。另一方面，副刊新闻化的趋势也日渐明朗，一些副刊版面甚至同时发表新闻和消闲性随笔，只是新闻正文前面删去了"本报讯"的文体标签，在组版风格上呈现出混杂、拼贴的趋势。除了《人民日报》的"大地"、《光明日报》的"文荟"、《文汇报》的"笔会"、《解放日报》的"朝花"等大型党报的副刊还坚持文艺品格，大副刊路线已经成为报界潮流，不少副刊都是被裹挟着变换妆容。同样值得注意的现象是，在报纸变得越来越厚的"厚报"时代，从比例来看，副刊的版面在萎缩。以《人民日报》为例，它一般由新闻、副刊、专刊、广告 4 个板块组成。1995 年 1 月 1 日由 8 版扩展到 12 版，2003 年 1 月 1 日扩展到 16 版，2009 年 7 月 1 日扩为 20 个版，2010 年 1 月 4 日扩至 24 个版，周六、周日一直维持 8 个版，但在整体版面不断增长下，文艺副刊版面所占

① 夏榆，《纸上的风云：副刊时代的终结》，《南方周末》2004 年 9 月 9 日。

比例却在不断下降。《新民晚报》主任编辑全岳春认为："虽然按版面比例来说，《夜光杯》从《新民晚报》复刊时的'三分天下'到现在的只占十几分之一，有时更少，但由于版面风格基本未变，内容亦有创新发展，其'百花园'的地位依然相当突出。"① 在"但是"风格的表达中，编者不无自豪，只是在文字的背后分明隐含着深深的无奈和怅惘。1999年，一些著名的报纸副刊在"周末版""月末版"的冲击下停刊，韩小蕙认为："文学副刊的增加与减少，是否就一定关乎着文学的生死存亡，暂时还看不清楚，不能贸然断言。"② 但是，副刊的俗化趋势确实推动了文学尤其是散文文体的消费化潮流。

90年代出现了都市报的创刊潮，在办报定位上注重以市场为导向，传播对象从决策部门、生产机构转向作为个体的消费者，满足市民各方面的信息需求。1995年创办《华西都市报》的席文举认为办报宗旨"就是全心全意为市民服务"，在办报思路上"要突出实用性"③。1995年创办的《南方都市报》把娱乐与副刊并列，将"文化报导"、"城市笔记"、地理历史故事、书评和漫画等内容并置于副刊板块，其他服务性、实用性的信息则以各种专刊形式来呈现。1997年底创刊的《楚天都市报》，其创刊之初的专副刊结构注重信息的覆盖面，常规设置为周一的"影视圈"和"都市走笔"，周二的"百姓生活"，周三的"健康是福"，周四的"校园风"，周五的"娱乐天地"，周六的"周末刊"和周日的"时尚快递"，此外有"大特写""市井故事""随笔"等专版，追求新闻性、知识性、实用性的结合，文学性只是点缀的花边。1998年创刊的《新快报》的"新副刊"内容驳杂，包括了"博客文章""娱乐事件""趣味小测试""星座物语""小说连载"和"漫画连载"等专栏，只有周五的"明镜"周刊保留相对浓郁的文学性，而"商业周刊""健康周刊""食品周刊"等更以实用信息为主。2000年，《北京青年报》的文学副刊改版为"天天副刊"，其中除了"专栏作家"栏目还保留了传统文学副刊的味道外，

---

① 全岳春，《如何办好报纸副刊——以〈新民晚报·夜光杯〉为例》，《探索与争鸣》2008年第2期。

② 韩小蕙，《文学副刊缘何日渐"消瘦"》，《光明日报》2000年4月17日。

③ 席文举，《报纸策划艺术》，中国社会科学出版社2000年版，第15页。

像“每日健康”“每日影视”“每日连载”“每日指南”等栏目刊登的都是实用性、娱乐性、新闻性的内容。《北京晚报》的“五色土”副刊有悠久的历史，2012年1月1日进行了一次大幅度的改版，从原来以文史哲为主要内涵的文艺副刊转变为一个综合性的大副刊，体量也扩充到32个版面，新的“五色土”副刊包括“封面”“城中话题”“生活方式”“视窗”等版组。其中，“城中话题”关注北京市休闲、养生、彩票、电视节目表、猜字游戏、编读往来等版面；“视窗”包含摄影纪录、漫画、绘画、书法等，以读图和追求视觉效果为目标。由此可见，“五色土”的改版以大杂烩式的组版方式，突出了新闻性和娱乐性，而被放弃的恰恰是其老版副刊逐渐淡薄的文学性。2013年下半年，《齐鲁晚报》也启动了新一轮改版，动作最大的就是完成了“青未了”副刊“从‘文学副刊’到‘人文副刊’”的转变，“《青未了》把‘随笔’版作为重点打造的板块，内容选择注重综合性、多元性，文学、历史、环境、健康、电影、书法、戏剧等都包容其中”[①]。当文学副刊在前赴后继的改版潮中变得似是而非，文学副刊的逐渐消失已成大势。

大副刊路线的冲击，导致了副刊作品文学性的淡化和泛化。所谓淡化，是指思想内涵的缺失和想象力的贫乏，为了吸引围观，一些副刊通过降低文化品位，热衷于刊登帮闲凑趣、无关痛痒的文字，甚至追新猎奇，以丑为美。至于泛化，是指文学特性借助其他媒介形式扩散开来，新闻和实用信息都越来越习惯于用文学笔法来渲染和煽情，采用软广告的形式来引人入彀，推动消费，像现在盛行于副刊版面的人特写和私人访谈，都有曲折的故事和丰富的悬念，但是写作者太过明确的功利目的，往往以牺牲文学最为本质的属性——审美性为代价。事实上，副刊的版面往往最不稳定，在广告版面拥挤时，做出牺牲的往往是副刊版面。一位杭州读者在评论《扬子晚报》的“繁星”时说：“‘扬子’养育‘繁星’，‘繁星’反哺‘扬子’。很多读者是因为爱‘繁星’，所以爱‘扬子’，‘繁星’本身就是‘扬子’最好的

---

① 张金岭，《从“文学副刊”到“人文副刊”——齐鲁晚报〈青未了〉内容调整的几点考虑》，《青年记者》2013年第19期。

广告……没有‘广告’，也许就没有‘扬子’，这是当前市场的规律，读者是理解的，但是广告也可以整版整版地刊登，不一定非要塞在‘繁星’里，这就像在风景优美的天然公园里，突然出现一个垃圾处理场，那必定是大煞风景的。”① 在文学性淡化和泛化的潮流里，副刊文字具有文学文体的某些外部特征，却偷梁换柱，掏空了其内在的灵魂。正如子川所言：“报人的难处其实更令人可怕，因为一个俗字已经形成了大气候，今天当一个报人，就得‘不怕俗，俗不怕，怕不俗’。”②

二、小资情调的跨界演绎

在文学边缘化的趋势中，副刊的专栏化渐成潮流。专栏一般分为单一专栏和集纳专栏，单一专栏每期只发一两篇文章，在一定的时段内保持连续性；集纳专栏由多篇主题一致的文章组合而成，有连续性的，也有非连续性的。在此重点讨论的个人专栏多为单一专栏，但也有不少报纸副刊将专栏集中在一个版面上，像《广州日报》的《珠江·专栏》和《南方周末》的《左·专栏》就属于这一类型。我们通常谈到的文学专栏多指报纸副刊上的个人专栏，但是也不能忽略主题性的专栏。另外，越来越多的个人专栏和主题性专栏都结集成书，而且不少是畅销书。因此，集束化、系列化的专栏写作从报纸到出版的传播路径本身，也是消闲性随笔生产与传播的重要一环。

20 世纪 90 年代以来，在市民报纸开专栏的作者多为名家，因此有读者感叹：“文学副刊，为何 70%的作者是老面孔？”③ 或许正因为文学在社会生活中的影响力下降了，副刊才更希望借助名家的声望来提升人气。但是，名家制造不一定能带来品质保障，因为名家也难免有平庸之作。而且，当产量没有节制时，就容易陷入泡沫化写作的泥

① 潜海龙，《让广告远离“繁星”的理由》，《扬子晚报》2007 年 6 月 18 日。

② 子川，《报人·传媒时代·文学副刊》，《文学自由谈》2008 年第 3 期。

③ 黄田，《文学副刊，为何 70%的作者是老面孔？》，《文学报》2012 年 10 月 11 日。

淖。尤其是专栏写作都有急迫的时间要求，倚马可待的急就章往往容易犯文字粗疏、想象贫乏、千篇一律的通病，“名家”与“平庸”之间的戏剧性反差会放大负面效果。王彬彬把以名人为主将的“晚报文体”称为“名人打喷嚏”，他说：“大多数名家作品，都乏善可陈，许多文章，则干脆是一种扯淡。”“很大程度上，是名人们齐声‘喷’出了近年的散文热，‘嚏’出了近年的随笔潮。而名人们之所以在近年大打其喷嚏，当然与他们的喷嚏大量地被需要有关。”① 在专业性的受众面前，名人的非专业化的一面容易被识破。但是，在普通受众面前，名人的名声越大，其影响力和吸引力也越大，而其专业性的瑕疵乃至错误往往被忽略不计。市场化潮流中名家路线的盛行，正在于报纸副刊不再以专业评价为核心指标，而是力求提高在普通大众中的受欢迎程度。

新媒体迅速崛起给报业带来的巨大市场压力，迫使副刊改弦易辙，寻找与大众趣味的契合点，譬如转型为市民交流炒股、炒房经验的“茶馆”，或改版为以旅游、美食、健康为主题的专版，否则就只能关门大吉。20 世纪 90 年代中期，台湾《自立晚报》的“时代”副刊和《联合晚报》的“天地”副刊相继停刊。龙应台说：“台湾报纸的副刊一个接一个消失。还没有消失的，承担着市场的压力，而市场意指对最平庸、最流行的所谓大众品味看齐。”② 在报纸副刊逐渐远离文学性和文化性的语境中，对发行量、阅读率和报纸成本的核算，使得副刊不断失去自主性，沦为大众媒介的一个依附性的组成部分。因为在提升发行量和吸引广告客户等利润指标面前，副刊缺乏优势。这种尴尬导致副刊形成一种自卑心理，在新闻版面面前自感低人一等，在强大的改版压力面前容易病急乱投医，从而失去自己的方向。正如台湾学者向阳所言，在副刊迎合大众趣味的模式中，“副刊不再独树一帜，自成天地。副刊也不再‘补’正刊的‘白’，却与新闻部一

---

① 王彬彬，《死在路上》，上海人民出版社 1996 年版，第 66-67 页。

② 龙应台，《脑力激荡的磁场——谈副刊》，《文汇报·笔会》1997 年 9 月 17 日。

样，不能不为大众（市场）所役”①。在90年代以后都市报纸格局的转型中，为市民服务的潜台词是为消费服务，在这样的办报导向的驱动下，新闻版面的任务是提供实用信息，副刊版面的目标是取悦市民。小资情调正是在这样的背景下，在副刊园地里蓬勃生长。小资情调是“有钱又有闲”的自我陶醉，是一种经过修饰的审美化的生活方式，用情趣化的优雅外衣包装商业化的物质享受与内心欲望。矫情和自恋是其核心的情感取向，在表现形式上隐含着哗众取宠的表演性。小资情调具有内在的暧昧性和矛盾性，一方面它以蔑视流俗的姿态进行自我标榜，表现出反叛的弄潮儿姿态；另一方面它又沉迷于顾影自怜的漩涡之中，故作清高地漠视现实，在逃避与妥协中随波逐流。费瑟斯通认为：“当代后现代社会的日常景观是生活的审美化，小资是自私的完美消费者与自恋的精于算计的快乐主义者。”②

进入90年代以后，以市民报纸副刊为阵地的“小女人散文”，在出版界的推波助澜下迅速走红，这是一种耐人寻味的文学现象。这些文章起初散发于各种副刊，或者在一些专栏连载，如黄茵、黄爱东西就在《新民晚报》上分别开设“咸淡人生”和“东张西望”专栏。1995年，黄爱东西、黄茵、张梅、石娃等专栏作家在“南国书香节”联袂签售作品合集《夕阳下的小女人》，她们以集群效应吸引大众的眼光。《广州文艺》在1996年第3期推出“小女人散文特辑”，编者按对“小女人散文”的品质进行了精准的概括：“三分聪颖，三分感觉，三分真情，还加上一分尚不让人生厌的虚荣心。”③“小女人散文”迅速成为流行时尚，离不开出版界的推波助澜。上海人民出版社出版的“都市女性随笔”丛书，每本集子几乎都以副刊专栏文章为主体，1992年出版了素素的《生命是一种缘》，1994年素素的《心安即是家》和黄茵的《咸淡人生》面市。1995年这套丛书在书市刮起一股旋风，在3月和12月各推出了一辑，前一辑的书目为：素素的

① 向阳，《书写与拼图：台湾文学传播现象研究》，台北：麦田出版社2001年版，第94页。

② ［英］迈克·费瑟斯通，《消费文化与后现代主义》，刘精明译，译林出版社2000年版，第23页。

③ 参见《广州文艺》1996年第3期“小女人散文特辑”。

《现在的心情》、黄茵的《闲着也是闲着》、黄爱东西的《花妖》、沫沫的《宽容是一首歌》。后一辑的书目为：黄爱东西的《相忘于江湖》、石娃的《时髦表情》、张梅的《此种风情谁解》、南妮的《随缘不变心》、王璞的《别人的窗口》、周小娅的《清水无虾》、周剑倩的《给太太打分》。随后陆续出版的还有龚静的《城市野望》、宋晓琪的《好好读男人》、南妮的《回家》、黄茵的《拍手无尘》、任思淑的《给我一棵树》、黄爱东西的《誓言》、石娃的《最后的探戈》、马莉的《爱是一件旧衣裳》等。小女人散文的大本营是广州和上海，辐射到北京、杭州、南京、大连等城市，其核心作者也聚集于这些城市，主要受众也是都市白领女性。这类写作放弃了对理性精神和批判意识的承担，以回归红尘俗世和拥抱日常生活的小资情调作为独家法宝，以闲聊的笔触去品味日常情趣。小女人散文沉溺于女性细腻而琐碎的情感，在一地鸡毛中宣泄内心的苦闷，寻找细微的感动与瞬间的陶醉。正如素素在《浅谈“小女人”》中所言：“小女人的文章是淡淡的茉莉花香，太过静恬；像涓涓细流，决不大气。做个傻傻的小女人，虽然我常常渴望摆脱，渴望轰轰烈烈，但终归我还是那个小女人。”值得注意的是，在素素、洁尘、赵波、陈丹燕等女性作者的笔下，咖啡馆、西餐馆、酒吧、高级商场成为反复出现的空间意象，化妆品、香水、时装、美食如同标签一样，成为标记她们的行踪与情绪的物质符号，也是她们与闺蜜或异性朋友交流感情的介质。小女人散文摆脱了空洞的说教，也通过对私人性的张扬，消解了宏大叙事所背负的忧患与责任，但是，当外在的物品成为个体性的附着物时，商品也就成了生命的延伸。正如鲍德里亚所言：“商品的逻辑得到了普及，如今不仅支配着劳动进程和物质产品，而且支配着整个文化、性欲、人际关系，以至个体的幻象和冲动。”①

披露情感隐私，满足猎奇心理，这种编辑策略不仅从副刊版面延烧到图书市场，而且依然在持续升温。1997 年，《北京青年报》记者安顿开办“口述实录”专栏，1998 年结集出版的《绝对隐私》和《回家》成为畅销书，并引爆了书市的“隐私风”，从此情感倾诉栏

---

① ［法］让·波德里亚，《消费社会》，南京大学出版社 2000 年版，第 225 页。

目风靡大江南北，并长盛不衰。可以说，几乎所有市民报纸都有类似栏目，由这类栏目的文章结集而成的图书也有很多。譬如，在南京发行量居于前列的市民报纸中，像《扬子晚报》的“倾诉”、《金陵晚报》的“桥”、《南京晨报》的“非常情感”、《现代快报》的“爱周刊”等，都费尽心思；在武汉的市民报纸中，《武汉晚报》的“百姓讲述”、《武汉晨报》的“倾诉热线”、《楚天都市报》的“讲述”、《楚天金报》的“情感金刊”和“百味人生”专版、《武汉晨报》的“新苹果周刊”等，都以大量版面刊登情感故事。由此也可看出市民报纸在办报路线上的雷同化模式和跟风倾向。情感倾诉栏目一般被归入市民报纸的副刊或专刊板块，其文体包含了新闻要素，但其叙述方式和渲染笔法有鲜明的文学性，表现出准文学或类文学文体的特征。市民报纸的情感倾诉栏目大多以整版篇幅，每期讲述一个小人物的婚姻或爱情故事，情感经历离奇曲折，甚至有畸形与变态的成分，痴情与伤害、追逐与离弃、守候与出逃为其基本的叙述结构，婚外恋的模式最为常见，这些半真半假的情感隐私以当事人倾诉与记者引导的对话交流形式，满足了大众窥探别人隐私的猎奇心理。这些故事的主人公都不具真名，所有的身份信息都以代号的形式出现，这都为记者改编与虚构提供了广阔空间。记者在观察与倾听中往往搁置了价值判断，试图理解与尊重当事人的独特感受，大量运用内心独白和心理描写等文学手法，以增强感染力和可读性。而且，记者通过不完整的记录和选择性的烘托，刻意强化当事人戏剧化的遭遇和进退两难的内心冲突，以制造悬念，然后层层剥笋地揭开难言之隐。一方面是情感倾诉类栏目在报纸副刊和专刊板块的风行，另一方面是报纸较为纯粹的文学副刊的急剧萎缩，这典型地反映出 20 世纪 90 年代以来消费文化对文学空间的深度渗透。也就是说，读者趣味与市场目标成为左右文学副刊走向与命运的决定性力量，文学性的消退使得副刊转变为通俗化、娱乐化的大众文化舞台。

好的专栏是强化副刊个性的重要途径，个性也是专栏的生命。《南方周末》的“百姓茶坊”与“百姓记事”专栏，让草根阶层参与舆论，描述自身的生存状态，通过记录老百姓的喜怒哀乐来保存历史，将发言权还给平头百姓。类似的有《南方都市报》的“城市笔记”专栏，贯彻“老百姓写，写老百姓，老百姓读”的理念，文章短小精悍，语言完全口语化，就事论事，有感而发。这些栏目与名家路线背道而驰，大受欢迎，栏目文章曾多次结集出版。遗憾的是，这样的专栏毕竟少见，而且同样难掩衰退之势。至于具有批判性的专栏作家，更是稀有品种。在消费文化横行无阻的语境里，王小波所推崇的“特立独行的猪”已经膘肥体壮，在媚俗中随波逐流。被专栏所圈养，作者就难以保持自由自在的野性，“找食”与“长肉”才是正题。现在不少专栏作者同时开多个专栏，老猫说：“最多的时候 15 家，现在因为主要精力并不在写作上，只接了 8 家专栏。开过专栏的包括《新快报》《郑州晚报》《重庆晚报》等，现在侧重于比较专一化的专栏创作，已经放弃了开始时的遍地开花、满处下笔的写作方式。”韩浩月说：“一天要写几篇稿的事情也经常出现。对于职业写作者来说，如果靠灵感吃饭，早饿得肚皮贴脊梁了。有灵感是好事情，手到擒来，一气呵成，完成得文章自己看着也比较满意。但没有灵感也不能混吃等死，这个时候自己的生活经历或者自己对事物的悟性就显现出来了，也就是说，如果没有灵感，写不出来，只能凭着对文字的熟练操作程度耍点小聪明。”① 批量生产的模式必然会损伤文章的质量，难以保证每篇文章具有个性色彩。从专栏作者根据专栏文章结集而成的图书来看，模式化和同质化是其致命伤。

写专栏就是戴着镣铐跳舞。首先，篇幅必须短；其次，文字必须俏皮；再次，不能深沉地思考，但可以玩深沉，最重要的是必须学会肤浅。正如专栏作者小熬浆糊所言：“为文而文那得是多高的境界啊，码字这行怕是不多见了，可不敢说是应景，应景那是为钱而文、为权而文、为文之外的一切而文，咱码字儿这行，虽说是个苦活，但还不至于到应景的那份儿上，要不，都去写房地产广告词了，来钱多快啊。”② 专栏作家连岳也是一个典型个案，他成名于《南方周末》的个人专栏“连城诀”，文字中可以看到王小波的遗风流韵，有麻辣烫一样的激越，又有一种荒诞的虚无感，偶尔闪耀的赤子之心更是难能

① 王立纲，《专栏写作：有话好好说》，《青年记者》2004 年第 10 期。

② 横行青海夜带刀，《对三专栏作家的同题调查》，《青年记者》2004 年第 10 期。

可贵，这个专栏的文章被收入他的第一本书《来去自由》中。有趣的是，以《南方周末》的“我是鸡汤”专栏为起点，他关注现实的公共情怀逐渐消退。他后来最为用心的是《上海壹周》的情感问答专栏，已经陆续结集成《我爱问连岳》四册，用尖锐而诙谐的语风给人指点情感迷津，见招拆招地给迷惘者以当头棒喝，爱情、婚姻、性、时尚、人性的阴暗面等元素的混合，显得斑驳而离奇。作者既提供智慧套餐和心灵鸡汤，也耐心经营互动的时尚游戏。连岳的转型印证了批判性易脆的命运，折射出专栏写作难以挣脱消费文化的强大向心力。关于专栏作家与编辑的关系，韩松落在接受采访时这样回答：“如同《海上花》里的妓女和老鸨，你需要，我供给，但有时也和老鸨中聪明世故重情谊的发展出一丝淡淡的感情，帮助照顾生意，介绍更多的嫖客。”① 透过这种戏谑的说法，也可窥见副刊专栏的尴尬状态，在生意的逼迫下，文学成了任人打扮的舞娘。

三、报网融合与副刊的博客化

1997年被称为“中国互联网元年”，此后迅速崛起的网络媒介攻城拔寨，挤占传统媒体的空间，并向其内部渗透。现在，但凡报纸基本上都有自己的网站，报网融合已是大势所趋，并且花样不断翻新。2009年9月10日，浙江日报报业集团和淘宝网联办的《淘宝天下》面市，其内容源自网民，采取互联网式广告模式，在网络和线下同步发行，网络发行为主导模式。2013年4月7日，《今晚报》社会、国内和国际三块新闻版二维码视频新闻上线，这种新颖的读报方式引发关注，报纸新闻与二维码视频新闻的联动，给受众带来全新的视觉体验。网络技术不仅改变了新闻的传播方式，也重新塑造了新闻内容的结构方式。时任天津日报社长、总编辑的张建星说：“可以这样讲，仅就新闻信息而言，面对网络，传统媒体并没有失去什么；而网络文

---

① 横行青海夜带刀，《对三专栏作家的同题调查》，《青年记者》2004年第10期。

学至少对我们的副刊形成了冲击和影响。”①

在报网融合的潮流中，各地副刊各显其能。从 2003 年 4 月开始，《北京青年报》的“天天副刊”在北青网论坛上建立投稿专区，既拓展了稿源，也调动了作者的积极性，还促进了编者、作者、读者之间的三边互动，论坛的即时性交流有利于强化稿件的时效性，读者的反馈意见可以让编者及时调整编辑策略。《扬子晚报》也把网络社区的“扬子文苑”作为选稿平台，并与作者、读者进行及时的交流。《文汇报》的“笔会”副刊在文汇网专门开辟有“笔会在线”，主要包括“延伸阅读”“笔会作者群”“文汇讲堂”“博客部落”等板块。《新民晚报》曾在“新民网”上开设“夜光杯博客”板块，邀请高水平的名家加盟，实现网络与印刷版面的互动。不过，副刊与网络的互动效果有限，在各大报纸网站的结构中，要么根本就没有副刊的位置，要么作为“文化”或“娱乐”板块的下设栏目，要么处于极度边缘的位置，陌生的网友往往不得其门而入。注册和帖子审核的烦琐，使得其网络社区的人气大多呈现出下降的趋势。一些副刊的博客版，在微博出现之后，已经被迅速取代。

就网络技术对副刊的影响而言，博客在中国的推广具有更为重要的意义。自从方东兴 2002 年 8 月创立博客中国网以来，越来越多的报纸副刊开设了与博客有关的版面，副刊的博客化渐成风尚。在网络和博客逐渐普及之后，各地的晚报和都市报迅速跟进，推出了相关版面。以广州的报纸为例，《新快报》2005 年 3 月 1 日推出“热辣网事”版，追踪热点炒作话题，极具煽情效应；《信息时报》2006 年 3 月 21 推出“网事”版，并在 2008 年 5 月 15 日扩版，擅长于关注争议性话题，剖析网络流行文化；《南方都市报》2006 年 10 月 10 日推出“网眼”版，其特点为深入审视网络公共话题，引导网络舆论。《黑龙江晨报》在黑龙江省内率先推出“网事”版面，及时发布网上热点事件，链接网友酷评，精选写作风格特异的博客，甚至精彩幽默的网络段子，很快从一周一期增加到一周四期。报纸的网络版以网络

① 张建星，《市场化与报纸文艺副刊》，《天津日报·文艺周刊》2002 年 8 月 8 日。

信息为源头，其独特价值在于深度开掘，对一些网络流言进行澄清，维护公信力。但是，报纸为了吸引眼球，有时也难免推波助澜。对网络新闻的重视，使得副刊在开辟与网络有关的版面时，也呈现出新闻与文学混合的特征。《北京晚报》的“五色土”副刊和《齐鲁晚报》的“青未了”副刊曾分别开设“网络文学”和“网文”专版，更多的副刊是设立网络文学的栏目，关注博客文化是其核心内容。在2004年之后，副刊的博客版遍地开花。以江苏省的地市级报纸为例，南通的《江海晚报》副刊2004年开辟“博客链接”版，突出时效性和趣味性；《徐州日报》副刊2007年推出“博客秀”专版，展现博主的观察与思考，展示私人化、个人化的情感与爱好；2006年，《扬州晚报》在开辟“博客”专版的同时，还建立了“扬州晚报博客网”，作为联系扬州读者和身在异乡的扬州人的网络平台。2008年，《西安日报》的副刊开辟“精彩博客”版，以“报网互动”的形式来扩展视野，吸引读者。编辑从影响广泛的门户网站的博客中选稿，根据博文的特点进行分类，编发在“社会漫笔”“生活时代”“人生在线”“微博轻声”“博海拾珠”“博图欣赏”等栏目中。早在2001年10月，《杭州日报·下午版》就推出了“E副刊”，刊载流行的网络文学作品，《杭州日报·下午版》在2002年9月停刊后，“西湖副刊”保留了网络文学专栏，随后又开辟了汇聚博客精华的“博乐”专栏，2009年3月在“杭州日报网”建设西湖副刊的网络平台“西湖@”，推动报网交流。此外，《宁夏日报》还办了《博客天下》杂志，这份在2008年10月由《理财世界》改版而成的杂志，倡导“人人都是记录者”的理念，是一份博客文章的选刊。网络和博客的纸质化，显然无法移植在线传播的现场感，因此其主要传播对象是那些年龄偏大、对网络流行元素反应较慢的受众。在微博流行之后，微博、微群的面貌与信息也在副刊版面上得到呈现，尤其是副刊板块的文化娱乐版面，更是通过对微博的追踪来“追星”，羊城晚报报业集团的副总编辑周建平宣称：“公众从《羊城晚报》娱乐版中及时了解明星讯息背后的思考与行动，这些报道又转而在网络乃至微博广为传播，最大限度调动起明星转发动力、发挥明星效应，收到了良好的互动效果。”① 可以说，从微博借力，极大地推动了副刊娱乐化的进程。

博客文化对报纸副刊的深入渗透，最为典型的表现是大批博客写手成为专栏作者的主力军。博客写手挟其网络人气，转战副刊阵地，而且副刊文体的风格也日益受到博客文体的熏染。2003 年 6 月 19 日在博客中国因发表私人日记《遗情书》而爆红网络的木子美，以其出位的自曝，为博客的普及做出了贡献，后来又以“不加 V”混战于新浪微博，通过反复的刷屏积攒人气。如今其身影频繁出没于报刊，并在《南都周刊》《城市画报》开设谈性的专栏。从 BBS 起家，又游走于几家博客网站的和菜头，曾担任腾讯博客频道的副总监，在《中国青年报》《青年参考》分别开设专栏“对面的一半看过来”和“生活小事”，其文风将无厘头的恶搞和抒情的倾诉掺杂在一起，时而辛辣、犀利，时而温和、感伤。成名于天涯社区的十年砍柴，其《闲看水浒》曾经畅销一时，后来在《南方都市报》《新京报》《钱江晚报》等报纸开设时评或文化专栏，时政记者的背景使其为文视野开阔，有世情练达的通透，也有针砭时局的犀利，但有时也难免草率和武断。专写时评的五岳散人早年混迹于网络江湖，后被《南方都市报》发掘，在《南方都市报》《新京报》等报刊开设专栏，如今他的文字优先发表于平面媒体，博客成了他批量生产的文稿的存储基地，另一重功能是可以复原被报刊编辑删除的部分。其文风有鲜明的网络掐架的印痕，时见脏话和狠话。诗人胡续冬曾经为推广博客摇旗呐喊，他于2005 年 6 月 9 日发表在《新京报》“每日专栏”上的《芙蓉姐姐与“喜剧暴力”》，是芙蓉姐姐首次进入平面媒体的视野，也开启了她爆红一时的狂欢游行。胡旭东说：“这堵自恋和起哄之间的看不见的‘墙’，造就了当代中国的一个又一个的亚文化奇观。”② 有趣的是，“自恋”和“起哄”也恰恰是大多数博客写手获取高点击率的必杀秘籍。

影视评论或影视随笔是时下副刊专栏的宠儿，明星文化与前卫时

---

① 周建平，《新媒体环境下报纸副刊的实践与探索——以〈羊城晚报〉为例》，《新闻研究导刊》2013 年第 2 期。

② 胡续冬，《芙蓉姐姐与“喜剧暴力”》，《新京报》2005 年 6 月 9 日。

尚是其得以流行的底牌。从《人民日报》“大地副刊”的“影视窗”等小专栏到《陕西日报》“秦岭周末”副刊里的“影视闲话”“新片剪影”栏目，从《新民晚报》“夜光杯”的“影视地带”到《北京青年报》“天天副刊”的“今日电视”，不管是娱乐资讯还是观众意见，影视栏目已经成为副刊版面的重要拼图。20 世纪 90 年代末，网络成为大众影评的主阵地，因此，副刊上有不少成名于网络的影评专栏的作者，其为文既有嬉笑怒骂的率真，也有剑走偏锋的片面。他们在网上都有大量追捧者，其观点往往激起激烈争议，支持者和反对者形成水火不容的对垒。1998 年 12 月，卫西谛在“西祠胡同”创建了最早的一个电影论坛，在此成长起来的一批写手成了网络影评的中坚，卫西谛在《都市快报》等报刊主持专栏，2012 年还受邀为台湾金马奖的初评评委。影评人顾小白最早受到关注，是因为 2000 年在“西祠胡同”的“后窗看电影”论坛上传的第一篇影评帖子《等待是一生最初的苍老》，后来成为《21 世纪环球报道》《信息时报》《青年时报》和一些杂志的专栏作家，在厌倦了专栏写作之后，又转身为电影编剧。李霄峰（liar）也是因网络影评受到关注，曾在网易电影频道开设个人电影专栏“浮世恋曲”，后来自编自演了张元导演的《达达》，2009 年之后成为《新京报》《南方都市报》《新周刊》等报刊的专栏作家。其他影响较大的网络影评人还有周黎明、cinekino（杜庆春）、肥内、黄小邪、张小北、关雅荻、妖灵妖、图宾根木匠（虞昕）、魏君子（魏海军）、言小夫等。网络影评的文字口语化，作者口无遮拦，形式五花八门，喜好标新立异，酷评之风盛行，质量良莠不齐，泥沙俱下。新生的网络影评带来新的活力，但其话语暴力的倾向也值得警惕：“网络影评的话语暴力，是指在当今中国较为严重的权力寻租与话语暴力氛围下，通过网络媒介得以生存和发展，并对电影作品或电影人采取僭越一般价值尺度、道德底线、法律基准的评判、指责甚或辱骂的各种言论。”① 值得注意的是，网络影评人向副刊阵地的跨越，也将网络上流行的文风渗透到副刊文体之中。同时，中国电

① 李道新，《网络影评的话语暴力及其权力运作的生产机制》，《浙江传媒学院学报》2010 年第 4 期。

影生产与发行的急剧的商业化转型，使得艺术元素日益稀薄，随波逐流的影评陷入精神失守和文化失语的状态，而影视记者和影评人以红包的大小来决定自己的评价，更使影评圈弥漫暧昧的气息。

博客文体简单随性，这和荧屏阅读的特性有关，一个滚动条翻动三次，就应当可以浏览全文，否则网民往往会失去耐心，而且缺乏互动的空间。博客文章的字数大多在 500 字到 1500 字之间，这和副刊文章的篇幅基本一致。博客文章往往随心所至，想到什么写什么，有鲜明的日记体或笔记体的特征，是一种公开的私人记录，这又和风靡全国各地副刊的“纪事体”不谋而合，博客的推波助澜，使得副刊版面充斥着“一地鸡毛”的流水账。日常生活具有重复性和同质化的特征，博客写手和专栏作者们要在日常题材中显示自己的独特性，往往只能玩文字游戏。博客写作的连续性与集合性，也与副刊的专栏写作极为相似。但是，博客写作的互动性与可链接性，也提升了其传播效能，使得一些著名的写手成为明星或意见领袖，而追捧的粉丝则从个体转化为群体，“一方面，它们是冲动的，公开接纳所有的建议；另一方面，从本质上说，他们又是极端主义者。他们对建议的公开化意味着他们受内在冲动、本能反应甚至外部的刺激所支配，没有任何自控能力。他们这种永久性的接纳意味着他们置身于外部世界所发生的一切事件中，他们的反应也将是过分的”①。临时舆论群的形成，往往会对外部刺激形成过度反应，催生信息热点，其负面效应是理性的普遍缺失。网络海量信息的蜂拥而入，也容易导致接受者注意力的分裂，失去持续关注的能力和反省能力，在潮流的裹挟下随声附和。副刊对热门话题和新兴时尚的关注，同样难以摆脱浮光掠影的弊病。低门槛的博客，使得写作成为全民的狂欢，草根力量的立体展示是其独特风景。引入草根写手，以通俗的姿态取悦市民阶层，这与 20 世纪 90 年代以来市民报纸的大众化趋向，称得上是“志同道合”。博客写作上天入地，无所不包，文体随意，文字混杂，时评占据主流，具有大杂烩的特征，偏重文学性的文字稀少。为了不冷场，博客写手和专

① ［法］塞奇·莫斯科维奇，《群氓的时代》，许列民等译，江苏人民出版社 2003 年版，第 140 页。

栏作家都会信马由缰，没话找话，有“把一些风马牛的题目搭在一起”的本领，毛尖说：“诚实地说，作为一个专栏作家，天天要写稿，你没有东拉西扯的本领，你还活得下来？所以，这是专栏这种文体决定的。”① 一些博客写手为了吸引眼球，总是乐此不疲地追逐时尚热点，在写法上往往会起一个耸人听闻的标题，玩“标题党”的把戏，行文也习惯夸大其词。在厚报时代，一些副刊为了改变被无视的命运，也常常会借鉴网上的炒作策略，在标题和行文上下功夫，扮酷耍宝，哗众取宠。这些文字表面上绚丽多姿，让人眼花缭乱，实则内容空洞，思想肤浅。正因如此，副刊的博客化加速了文学性的退场，副刊逐渐演变为一个纸面上的综艺舞台和娱乐秀场。

文学副刊日新月异，文学副刊面目全非。丛维熙曾经撰文，宣称“保卫‘文化副刊’”，在回眸了民国时期文学副刊的辉煌之后，他充满无奈地说：“随着科学技术的飞跃，进入21世纪的报纸，无论在各个方面，都与民国年代不能同日而语了。但是仅仅科学的单翼升腾，而无相应的精品文化与之媲美，让人感到的是天缺一角，日失其圆。而能弥补这一缺憾的东西中，就有每天与亿万读者快捷对话的报纸；而恰恰在今天的报界中的部分报人，割舍掉了守望文化田园的纯净精神，而附庸于脂粉、红唇和肉色的展览。”② 但是，在媒体技术革新和强势商业话语的冲击之下，“保卫”的声音显得太过寂寥，太过无力。或许，文化界努力的目标，仅仅是延缓文学副刊逐渐消失的进程。当新生的代群不再有阅读报纸的习惯时，文学副刊的话题也将成为历史中淡薄的云烟。龙应台说：“副刊不只是一面反映文化的镜子，更可以是，且应该是文化的标杆，一大步跨在社会的前面。倒过来说，副刊有多么成熟深刻，社会就有多么成熟深刻。一个社会要从原有的轨迹上冲刺跃进，得依靠杰出脑力的激荡，刺激社会前进。副刊，可以是一个脑力激荡的磁场，迸发一个民族文化的最大潜能。”③ 在当前的时代情景中，像龙应台所说的那样坚守副刊的人文理想和文

① 傅小平、毛尖，《文学就是故乡》，《作家》2012年第2期。

② 丛维熙，《保卫“文化副刊”》，《北京日报》2001年2月5日。

③ 龙应台，《脑力激荡的磁场——谈副刊》，《文汇报·笔会》1997年9月17日。

学梦想，是网络时代堂·吉诃德式的“逆袭”，以理想主义的情怀进行悲壮的抵抗，但注定要在坚硬的现实面前碰壁。可是，在媚俗成为主流之际，为了守护文化的复杂性和多样性，需要这样的堂·吉诃德，他们的努力是值得尊敬的！

（首刊于《中国现代文学研究丛刊》2015 年第 2 期，原题为《正在消失的文学副刊——新媒体环境下报纸副刊的变局》）

媒介互动格局中的文学期刊

进入20世纪90年代，在商业化的氛围中，文学期刊的生存状态渐趋严峻。“1992年底，赵本夫受命兼任《钟山》主编，他曾做了一个调查，从刊物订数上看，读者减少了95%。”① 在《大家》创刊的1994年，主编李巍认为：“《大家》筹办伊始，纯文学几乎溃不成军，惨得不能再惨。”② 应该注意的是，主编的表达难免有情绪化的夸张倾向。1998年，《昆仑》《漓江》《峨眉》《小说》的相继停刊，被称为“天鹅之死”。根据《中国出版年鉴》统计的相关数据，从1990年到1999年，文艺期刊在期刊总量中所占比例分别为9.00%、8.57%、8.53%、8.14%、7.74%、7.40%、6.18%、6.92%、6.71%、6.18%，除了1997年的数据逆势反弹，在总体轨迹上呈现出持续下降的趋势。我个人认为，90年代以来，文学期刊经历着双重边缘化的考验，一方面是文学在社会生活中的边缘化，另一方面随着新媒体影响力的日益扩张，期刊在媒体格局中的边缘化。为了改变这种颓势，文学期刊越来越重视与出版、影视、网络媒介的互动。

---

① 舒晋瑜，《赵本夫：迫切地想解脱，专门写东西》，《中华读书报》，2005年7月13日。

② 李巍，《主编絮语》，《大家》1994年第9期。

一、书刊联动

要讨论以文学期刊为中心的媒介互动，书刊互动是最为重要的形式。对于出版社主办的文学期刊来说，本身就是面向文学现场的一扇窗口，发挥着为出版社遴选作者、拓展稿源、搜集信息的功能。《当代》《十月》在创办初期，都是启动全社办刊的模式。朱盛昌回忆："可以说，那时是全社办《当代》。参与办刊的不仅是编辑部门，出版部、发行科、美编室也都各有任务，真正是全社一盘棋。总编辑韦君宜几次讲到，《当代》是人民文学出版社的一面旗帜，大家要齐心合力把它办好，副总编辑兼《当代》主编秦兆阳也说，大家都来关心这个刊物，因为这个刊物是我们出版社的门面。"① 在《当代》《十月》发表的重要作品几乎都由人民文学出版社、十月文艺出版社结集成书，或出版单行本。从"十七年"到20世纪80年代，作家们只有在报刊上尤其是有重大影响的文学期刊上发表了一定数量的高水平作品时，才能进入出版社的视野。也就是说，不是谁都能出书的，出版作品集或长篇小说是一种荣誉，也是对作者的文学业绩的认可。这样，在文学的传播方式上，不同形式的媒体形成了一种相对固定的分工协作模式，文学期刊是文学出版的作者培训基地，而文学出版对文学期刊发表的作品进行进一步的筛选与审查，是文学期刊的试金石。进入90年代以后，这种出版思路受到商业化潮流和媒体变革进程的冲击，出版机构为了提高对市场动向迅速作出反应的灵活性，寻找作者和稿源的方式走向多样化，网络文学成为重要的题材库，发掘并包装少年写手成为青春文学出版市场赚取快钱的捷径。畅销书路线的风行，使得速成思维在出版圈弥散开来。作为储备文学人才的训练基地，文学期刊在文学出版界的视野中逐渐被冷落。

大型文学期刊选载的长篇小说作品，在"十七年"时期往往要广泛征求意见，作家在汇聚意见后进行修改，然后出版单行本，像柳青

---

① 朱盛昌，《全社办〈当代〉》，《当代》2009年第4期。

的《创业史》、周立波的《山乡巨变》分别在《延河》《人民文学》连载后，都有一个打磨的过程。这样，文学期刊就可以第一时间呈现作家的最新创作成果，让读者一睹为快。期刊发表的版本和单行本的版本往往有较大差异，普通读者和研究者都可以通过版本的比较了解作家的创作过程。在 80 年代，文学期刊发表的长篇小说往往较为完整和精炼，一是当时作家还不过分追求鸿篇巨制；二是期刊编辑对文字有比较严格的要求，删除了臃肿和拖沓的部分，又对文字进行必要的润色；三是受特殊的传播环境的限制，作家在各种压力下，也往往会对作品中犯忌的内容进行大刀阔斧的改写。像《沉重的翅膀》最早连载于《十月》1981 年第 4 期、第 5 期，发表后受到各方面的批评压力。《文艺报》在 1981 年 11 月 27 日下午举办讨论会，与会批评家充分肯定这部作品的长处，并对各种上纲上线的批评意见进行反驳。不过，陈骏涛也认为："把国家的一个重工业部描写得非常灰暗，尽管有郑子云、陈咏明这样好的铁肩膀干部，但是，相当多的干部，是保守的，反改革的，甚至怀着一种阴暗的心理。"[①] 面对社会各界的舆论，张洁在进行针对性修改后，于 1981 年 12 月在人民文学出版社出版了初版本，在经过重大修改后又于 1984 年 7 月出版了修订本。进入 90 年代后，长篇小说的创作进入井喷状态，而且写长之风愈演愈烈。文学期刊迫于容量的限制，必须进行较大幅度的删改与压缩。在 90 年代以后，长篇小说的期刊版本和单行本几乎同时推出，这就使文学期刊在和出版机构的竞争中处于下风。由于完整性受损，期刊版本的艺术性也不能不受到伤害。正如周新顺所言："如果把面向市场的文学作品表述为中性意义上的文学'产品'的话，那么相对于单行本而言，文学期刊过去奉献给读者的更多是一些文学'精品'，而现在奉献给读者的上述作品，则只能称得上是一些文学'残品'了。"[②]

值得注意的是，期刊的版本并不注定残缺，尤其是中篇或小长篇，出版社在出版单行本时往往要求作家进行扩充。就我的判断而言，扩充本并没有改变小说的基本框架和叙事的主线，而是在细节的

---

① 《长篇小说〈沉重的翅膀〉讨论会纪实》，《文艺情况》1981 年第 20 期。

② 周新顺，《在边缘中沦落——从近期几部长篇小说的书刊互动看文学期刊的危机》，《扬子江评论》2007 年第 4 期。

丰富和场景的渲染上做文章。在艺术性上，期刊版本显得更为精粹。譬如，池莉的《来来往往》发表于《十月》1997 年第 2 期，当时是一个 7 万多字的中篇，但在出版单行本时，应编辑林金荣的要求扩充到了 11 万字。池莉在单行本的“后记”中说：“对于写了十几年的专业作家，按照预计的篇幅去写当然已经不是问题。问题在于总是这么职业化地赶写小说使我留下了很多的遗憾。最大的遗憾就是我不能自由地去写，舒展地去写，或者不想写的时候不写，去玩。现在我认识到，不能自由地舒展地写作会给作品带来极大的甚至是致命的伤害。艺术作品都是需要精雕细刻的，哪怕一挥而就的作品也存在一个精雕细刻的过程。”又称：“《来来往往》本来就应该是现在的长度和容量，从容地很有激情地恢复了它使我感到由衷的高兴。以后，我也许会写得更慢一些了。”① 类似的情况是余华的《活着》，发表在《收获》时只有 7 万多字，但 1993 年由长江文艺出版社出版单行本时，版权页的标注是 15 万字。为了不让单行本显得太薄而添加内容，这种注水式的写作方式，留有较为鲜明的消费文化的烙印。

在书刊互动的模式中，以刊代书是一种新现象。由于受到刊号严格管制的限制，以书代刊的现象较为普遍，而以刊代书，则是文学期刊抢夺市场份额的举措。90 年代中期以来，越来越多的文学期刊以出版增刊的形式进军书市。《收获》2001 年推出一期增刊“长篇小说专号”，2003 年改为两期；《十月》2003 年推出长篇小说增刊，2005 年改为月刊，每年出版 6 期正刊和 6 期长篇小说版；《当代》2004 年改为月刊，每年出版 6 期正刊和 6 期长篇小说选刊；《钟山》2003 年出版一期长篇小说增刊，2004 年推出两期长篇小说增刊；《小说月报》的选刊版和原创版，也都把中长篇小说增刊作为常规武器。《作家》在 1998 年的改版中增加了中篇小说的分量，在 2000 年的改版中又把长篇小说作为重点。《作家》2000 年改版，每年推出两个“长篇专号”，2003 年又把这个长篇专号的容量加厚了，在正常刊之内，又由原来的两个专号改成 2004 年的四个专号。对于发行量，宗仁发说：“正常版是一万多一点点，长篇专号比它多五六千册，一万五左右吧！

① 池莉，《来来往往》“后记”，作家出版社 1998 年版。

而且还有增大的可能性。如果出版环境没有大变化的话，可能也会走一刊多版的道路。”① 文学期刊推出的长篇小说增刊，以批发零售和网店销售为主轴，基本上都走图书发行的渠道。而《十月·长篇小说》和《当代》的长篇小说选刊，既通过邮局征订发行，也走批销零售的渠道。这些长篇小说增刊和选刊与小说单行本相比，其优势在于一本增刊或选刊往往容纳了两至四部长篇小说，定价往往比一本单行本还要便宜。就版本差异来看，期刊版本多有删改，改得好的会更为浓缩，改得草率的难免会伤文害意。2005 年第 3 期的《小说界》以“三八”节为契机，推出面向女性读者的一本 96 页的别册，这是一部由上海女作家张黎创作的长篇小说《和伊人跳舞》。该刊还在季风书店淮海路店举行签名促销活动，便是将图书行销手段引入期刊发行活动的尝试。

文学期刊介入出版领域的方式，当然应该包括将期刊资源优化、重组为系列图书的行为。譬如《收获》杂志和云南人民出版社联手，在 2000 年推出“金收获丛书”，利用杂志在作者和作品资源方面的优势，出版了池莉的《怀念声名狼藉的日子》、皮皮的《所谓先生》、张欣的《浮华背后》、陈丹燕的《慢船去中国》、洪峰的《生死约会》等名家作品，产生了较好的市场反响。2009 年中国文联出版公司的“《收获》50 年精选系列”共 12 卷，其中，散文 2 卷，短篇小说 2 卷，中篇小说 4 卷，长篇小说 4 卷，蔚为大观。2010 年上海文艺出版社出版的“收获人文丛书”，包括《一个人的电影》《西部地理》《好说歹说》和张承志的《匈奴的谶歌》，这都是《收获》散文和对话栏目相关作品的结集。社办文学期刊在书刊互动方面的工作，更是轻车熟路，期刊的编辑往往同时承担着编书的任务。人民文学出版社的“《当代》文学丛书”，十月文艺出版社的“《十月》丛书”，上海文艺出版社的“小说界文库”都久负盛名。郑宗培在《小说界》创刊二十年之际，充满自豪地说：“‘小说界文库’是《小说界》发挥社刊优势的一大努力，至今已出版的长篇小说系列将近一百种，有李锐的

① 宗仁发、黄发有，《站在作家与读者中间》，《当代作家评论》2005 年第 2 期。

《旧址》、黎汝清的《皖南事变》、高晓声的《陈奂生上城出国记》、谌容的《人到老年》、张炜的《九月寓言》和《家族》、刘心武的《四牌楼》、朱苏进的《醉太平》、王周生的《陪读夫人》、史铁生的《务虚笔记》、陈村的《鲜花和》、陈世旭的《将军镇》、尤凤伟的《中国1957》、钟道新的《非常档案》等。这套'文库'被评论界誉为'当代最整齐、最富水平的文学创作丛书之一'。"① 《小说月报》也常规化地出版年度精选作品集，并根据不同的主题类型，将刊载的作品编选成系列图书。《萌芽》在"新概念作文大赛"走红之后，也与多家出版社合作出版了多套丛书。

良性的书刊互动可以盘活资源，为文学期刊带来一定的经济效益，扩大文学期刊的影响力，从而提升刊物的质量和品位，吸引好的作者，拓宽稿源和渠道。但是，文学期刊对出版市场的过度介入，难免越俎代庖，带来一些负面效应。一是对作者版权的代理行为，容易引起一些纠纷，甚至侵犯作者的权益，失去作者的信任；二是过分看重出版市场，难免把商业利益作为优先考虑的指标，忽视对作品的艺术性的考量，推出一些作者具有市场号召力但文字较为粗糙的作品；三是竭泽而渔，必然使文学期刊失去自己的特色和个性，在风格上也缺乏对艺术多样性的包容，为了追赶市场热点和流行风尚而随波逐流。

二、视觉转向

在中国当代电影史上，文学电影占据着独特地位。恰如张艺谋所说："中国有好电影，首先要感谢作家们的好小说为电影提供了再创造的可能性，如果拿掉这些小说，中国电影的大部分作品都不会存在。"② 在当代文学期刊中，《收获》《当代》《小说月报》《人民文学》《十月》《作家》等杂志都不断有刊发的作品被改编成影视剧，

① 郏宗培，《风雨兼程二十载——〈小说界〉创刊20周年感言》，《小说界》2001年第3期。

② 李尔葳，《张艺谋说》，春风文艺出版社1998年版，第10页。

这确实会扩大期刊的影响力，但并不能给期刊带来经济效益，而且在版权交易中，期刊只是一个局外的旁观者。在1990年颁布的《中华人民共和国著作权法》中，第十四条对编辑的著作权作出规定："编辑作品由编辑人享有著作权，但行使著作权时，不得侵犯原作品的著作权。编辑作品中可以单独使用的作品的作者有权单独行使其著作权。"① 但是，在2001年的修改版本中，第十四条的内容修改为："汇编若干作品、作品的片段或者不构成作品的数据或者其他材料，对其内容的选择或者编排体现独创性的作品，为汇编作品，其著作权由汇编人享有，但行使著作权时，不得侵犯原作品的著作权。"② 将"编辑"改成"汇编"，以及对相关内容更为精准的表述，排除了歧义。也就是说，在法律层面，在发表的作品被转载或改编时，文学期刊处于极为被动的位置。基于此，《作家》主编宗仁发感叹："如今的文学期刊还能体现出哪些'剩余价值'呢？不可否认的是文学期刊处于精神产品的上游，属于二度传播或创作的源头。不论是各类选刊、文摘，还是影视改编，文学期刊是一主要来源。但是由文学期刊花很大气力组织到作品，在被转载和改编时，文学期刊的权益却得不到应有的保护。"他提议："因为选刊和影视改编都是商业行为，不属于公益性的传播，理应对它的原材料组织买单。也就是说除了应向著作权人付酬外，也应在一定条件下向原创刊物付酬。这才不失公平。尤其是影视改编过程中，这种状态从某种意义上说等于是制片商将本应付出的成本又放回到自己的腰包。"③

文学期刊要提高所刊发的作品被改编成影视作品的概率，应该说有规律可循。故事性强、可读性强的作品，被改编成影视的概率比较大。小说、戏剧文体与影视叙事较为贴近，散文、诗歌基本上不可能被改编成影视作品。就小说文体而言，中篇小说、长篇小说被改编成影视的可能性，要远远大于短篇小说。被改编成电视连续剧的，往往是长篇小说。这些年，文学期刊之所以越来越重视中长篇小说，在某

---

① 《中华人民共和国著作权法》，《中华人民共和国国务院公报》1990年第20期。

② 《中华人民共和国著作权法》，《光明日报》2001年10月28日。

③ 宗仁发，《困惑与追问》，《扬子江评论》2007年第2期。

种程度上也是受影视趣味影响的选择。但是，故事性强、可读性强的作品也并不一定被改编成影视作品。鉴于此，为了提高所发作品的改编概率，不少文学期刊都对影视脚本或金牌编剧的小说情有独钟。20世纪90年代以来剧作家小说之所以走红，其根源正是影视趣味在创作界和媒体圈的流行。随着刘恒、朱苏进、王朔、王海鸰、石钟山、都梁、万方、徐贵祥、张欣等逐渐将工作重心转向编剧，他们的小说创作都预设着影视脚本的框架，或者先写剧本，再将剧本改编成小说。就《当代》杂志刊发的作品而言，21世纪以来被改编成影视剧并产生较大影响的作品有：徐贵祥的《八月桂花遍地开》（《当代·长篇小说选刊》2005年第3期）、《高地》（《当代·长篇小说选刊》2006年第2期）、《特务连》（《当代·长篇小说选刊》2007年第5期）、《四面八方》（《当代·长篇小说选刊》2008年第2期）和《马上天下》（2009年第6期），严歌苓的《小姨多鹤》（2008年第4、5期连载）、《金陵十三钗》（《当代·长篇小说选刊》2011年第4期）、《陆犯焉识》（《当代·长篇小说选刊》2012年第1期）和《补玉山居》（《当代·长篇小说选刊》2012年第5期），王海鸰的《中国式离婚》（2004年第4期）和《新结婚时代》（2006年第5期），张者的《零炮楼》（《当代·长篇小说选刊》2005年第6期）和《老风口》（《当代·长篇小说选刊》2009年第2期），阎真的《沧浪之水》（2001年第4期，改编成电视连续剧《岁月》）和《曾在天涯》（《当代·长篇小说选刊》2004年第3期，改编成电视连续剧《夫妻时差》）；毕淑敏的《血玲珑》（2001年第1期），方方的《落日》（《当代·长篇小说选刊》2004年第2期，改编成电视连续剧《日出日落》），柯云路的《龙年档案》（2002年第4、5期连载），张欣的《浮华城市》（《当代·长篇小说选刊》2004年第5期），都梁的《血色浪漫》（《当代·长篇小说选刊》2005年第2期），池莉的《所以》（《当代·长篇小说选刊》2007年第1期）；王秀梅的《幸福秀》（《当代·长篇小说选刊》2009年4期），刘震云的《一句顶一万句》（《当代·长篇小说选刊》2009年第3期），等等。从以上名单可以看出，涉猎编剧的作家的作品被改编的概率极高，曾有作品被改编成影视的作家也容易再度“触电”，通过重点关注这些作家和作品，是文学期刊提高刊载作品的改编比例的捷径。在《当代》的视野中，徐贵祥、严歌苓、王海鸰、阎真、张者等人的作品，也备受推崇，基本上都被刊发在重要位置。从小说的题材类型来看，多为都市言情小说、历史小说或反腐小说，这是大众阅读的热点，也是影视改编所偏爱的题材。莫言2002年在山东大学的一次演讲中认为：新都市言情小说"主人公大多为白领丽人，多具有小资情调，有别墅，出入高级娱乐场所，多有婚外恋情，也是电视热门题材"；反腐败小说"是当前的主旋律的小说，也是最易受到表彰的小说。这类小说最易与影视相连"；历史小说"几百年前就有，现在的更多了主观臆断和戏说的成分，也易为影视所青睐"①。

重视电影文学是《收获》的传统，1957年的创刊号就在"电影文学剧本"栏目发表了柯灵的《不夜城》。"十七年"时期，在这一栏目陆续发表了李准的《老兵新传》(1958年第1期)，柯蓝的《铁窗烈火》(1958年第3期)，刘大为的《水库上的歌声》(1958年第4期)，黄宗英、顾锡东的《你追我赶》(1958年第6期)，鲁彦周的《三八河边》(1959年第1期)、郑君里的《林则徐》(1959年第2期)，东海舰队307、314舰创作组的《十级浪》(1959年第3期)，柯灵、谢俊峰、桑弧的《春满人间》(1959年第5期)，费礼文、艾明之的《风流人物数今朝》(1960年第3期)等。在1979年第1期的复刊号，在"电影文学剧本"栏目同时刊发陈白尘的《大风歌》和彭宁、何孔周、宋戈的《瞬间》，此后陆续刊发的有柳城的《我在海上》(1979年第4期)，曹宏慈、文达的《凤归来》和田遨、冰夫的《郑和下西洋》(1979年第5期)，谢洪、张华勋的《这不是传说》和汪遵熹、严明邦、史蜀君的《女友》(1979年第6期)，颜开的《诗人郁达夫》(1980年第2期)，蒋晓松、李志良的《流水经过这里》(1980年第5期)，苏叔阳的《密林中的小木屋》和白桦的《芳草青青》(1981年第1期)，丁隆炎的《布衣老帅》(1981年第2期)，严歌苓、李克威的《七个战士和一个零》(1981年第3期)，秦培春的《逆光》(1981年第5期)，王芝瑜的《人·猴》(1982年第2

① 莫言，《作家和他的文学创作》，《文史哲》2003年第2期。

期），萧马、彭宁的《初夏的风》（1982 年第 3 期），李平分、卢伟、于本正的《秋天的旅程》（1982 年第 6 期），杨村彬的《垂帘听政》（1983 年第 1 期），汪海涛、崔京生的《野草籽》（1983 年第 6 期），曹禺、万方的《日出》（1984 年第 3 期），秦培春、马中骏的《海滩》（1984 年第 5 期），彭小连的《在夏天里归来》（1985 年第 2 期），傅晓明、江海洋的《最后的太阳》（1985 年第 4 期），张弦的《湘女萧萧》（1985 年第 6 期），肖矛的《女人的故事》（1986 年第 1 期）等。1986 年之后取消了“电影文学剧本”栏目，仅在 1989 年第 4 期和 1990 年第 3 期的“电影剧本”栏目中分别发表了秦培春的《风骚老镇》和白桦的《西楚霸王》。除此之外，《收获》还有大量的小说和一些话剧作品被改编成影视作品，20 世纪 80 年代产生重大影响的有谌容的《人到中年》（1980 年第 1 期）、叶辛的《蹉跎岁月》（1980 年第 5 期）、水运宪的《祸起萧墙》（1981 年第 1 期）、路遥的《人生》（1982 年第 3 期）、张一弓的《流泪的红蜡烛》（1982 年第 4 期）、陆文夫的《美食家》（1983 年第 1 期）、邓友梅的《烟壶》（1984 年第 1 期）、王朔的《顽主》（1987 年第 6 期）、苏童的《妻妾成群》（1989 年第 6 期）等。在 90 年代，王朔的《我是你爸爸》（1991 年第 3 期）被改编为同名电视连续剧，《动物凶猛》（1991 年第 6 期）被改编成电影《阳光灿烂的日子》，《你不是一个俗人》（1992 年第 2 期）被改编为电影《甲方乙方》；余华的《活着》（1992 年第 6 期）和冯骥才的《炮打双灯》（1991 年第 5 期）都被改编为同名电影；东西的《没有语言的生活》（1996 年第 1 期）被改编为《天上的恋人》；莫言的《师傅越来越幽默》（1999 年第 2 期）被改编为《幸福时光》；刘恒的《苍河白日梦》（1993 年第 1 期）被改编为电视连续剧《中国往事》，何顿的《我们像葵花》（1995 年第 4 期）和张欣的《今生有约》（1997 年第 2 期）被改编为同名电视连续剧。从以上资料可见，《收获》确实是当代中国最有“影视缘”的文学期刊之一。

进入 21 世纪以后，《收获》一方面依然显示出为影视界牵线搭桥的优势，并借此维持自己在读者中的影响力。值得注意的是，《收获》一度对官场小说表现出浓厚兴趣。根据陆天明《苍天在上》改编的电视连续剧风靡全国之后，同类题材的电视连续剧炙手可热。周梅森的《中国制造》（1999 年第 1、2 期，改编为电视连续剧《忠诚》）、《国家公诉》（2003 年第 1、2 期）、《我主沉浮》（2004 年第 2、3 期），张欣的《浮华背后》（2001 年 3 期）和《深喉》（2004 年第 1 期，改编为电视连续剧《浪淘沙》），尤凤伟的《色》（2004 年第 6 期，改编为电视连续剧《幸福陷阱》）等，显示出《收获》在把握文学市场和把握读者心态上的敏锐。官场和商场、权力与情色、利益与风险的复杂交织，使得这些作品点燃了大众热切关注的兴奋点，但其风格与《收获》的传统还是有一些冲突。另一方面，《收获》在 2006 年设立新栏目“一个人的电影”，通过访谈、对话的形式呈现电影人的酸甜苦辣，并揭示他们的思考和困惑。在某种意义上，这一栏目是《收获》主动出击的结果。尽管《收获》也曾主动向导演推荐作品，但选择权还是掌握在导演手中。而且，作品被改编成影视的效果，也很难在《收获》中得到展示。“一个人的电影”重点展示导演的人生命运与心路历程，同时也关注与影视结缘的作家、影评人的故事，这就打开了与电影圈对话的一扇窗口。对话文体的活泼与自由，既可以丰富《收获》的文体结构，通过披露鲜为人知的影视圈秘闻和受访者隐秘的人生经历，也能够以其娱乐性元素，吸引更多以消遣为目的的读者。而且，这个栏目也给编者创造了一个相对灵活的空间，譬如《收获》在多年没发电影剧本和话剧剧本之后，在 2006 年第 5 期的“一个人的电影”栏目中，发表了王朔的电影剧本《梦想照进现实》。应该承认，《收获》与影视的联姻是通过长期的办刊实践确立的特色，在某种程度上成为中国当代影视的资源库，以源源不断的文学活水激荡影视的长流。但是，对影视趣味的过度阐扬，也会带来一些误区。刘晓南认为：“近年来，它越来越倚重于写实性而不太注重对其他风格的发掘和培养，显示出一种单调、平庸的主流趣味。在许多篇目的选择上，艺术性让位于内容，深刻让位于好看，虚构让位于写实，挑战让位于平庸，与独立性和先锋性渐行渐远。”①

---

① 刘晓南，《从〈收获〉五十周年纪念刊看〈收获〉的危机》，《扬子江评论》2008 年第 1 期。

关于影视与文学的差异，以及纸质媒体在面对影视时的抉择，《收获》执行主编程永新说过这样一席话："影视跟文学的关系是非常密切的，比如说有一段时间很多人是不看小说的，图省事，就看一些碟，甚至有些人写小说都套用国外电影的故事框架，比较容易。我不完全反对看碟，国外那些好的影片确实对激发人的灵感是很有用的，因为西方影视业很发达，已经嫁接了一些文学成果。特别是欧洲电影，本身文学性、艺术性都很高，所以不是完全对立的。但我要强调的是另外一个方面，文字叙述的一些特性还是需要从文字中去寻找，它是画面等影视手段所不能提供的，比如所谓的语感，你是无法从影视作品中体悟的。如果你放弃了写作，去做一个导演的话，可以运用人物表演、画面、色彩、音乐等很多技术手段，但你假如还选择写作的话，你就只能用文字来表达，你只能用母语来叙述故事，你的手段比较单一，在这种情况下，你要借鉴世界上优秀的大作家，他们怎样运用简单的语言手段表达丰富的精神世界，表达一些超越时空的东西，你还是要研究最基本的东西。"① 确实，探索语言的丰富性与可能性，正是作家和文学期刊应该不断掘进的方向。

文学期刊对影视改编的热忱，以及提高刊载作品改编率的举措，能够借风行船，一定程度上改变期刊边缘化的劣势。《小说月报》编选过一本书《小说月报：从小说到影视》，萃选了 20 世纪 90 年代以来被改编成影视剧的十三篇小说，当然，这些作品都曾被《小说月报》转载，编者为此专门撰写了一篇编后语《为小说与影视牵红线》，其中有言："出于对《小说月报》的喜爱与信任，不少影视圈中人每月都会认真品读，从中寻找灵感和线索，有时发现心仪的作品也会经由《小说月报》寻找联络作者，这样的事例曾多次引起媒体的关注。有人说，《小说月报》是中国文学期刊界的一种'现象'，而由《小说月报》转载的小说纷纷被拍摄成影视剧，一份刊物促进了小说界与影视界的良性互动，频频为双方牵起红线，这本身也构成了一种独特的'文化现象'。"② 但是，以语言为介质的文学艺术毕竟与影视存在

① 程永新，《一个人的文学史》，天津人民出版社 2007 年版，第 203—204 页。

② 《小说月报》编辑部编，《小说月报：从小说到影视》，百花文艺出版社 2009 年版，第 531 页。

根本性的区别，语言的优势在于表现深刻的思想，在于挖掘视觉无法触及的灵魂的复杂幽深与内心的百转千回。正如莫言所言：“我认为，写小说的人如果千方百计地想去迎合电视剧或者电影导演的趣味的话，未必能吸引观众的目光，而恰好会与小说的原则相悖。我想一个聪明的有才华的导演感兴趣的还是小说的纯正的艺术性、思想性，小说所表现的作家的思想是他缺乏的，故事是他不缺乏的。”① 如果小说为了向影视靠拢，极力强调故事性与画面感，这无异于以语言艺术最不擅长的短处去和影视艺术的特长较量。而且，当小说文体的多样性被分镜头剧本的格式化所取代时，场次的分割也将阅读过程切割得支离破碎。最为关键的是，作家的想象力在视觉逻辑的抑制下，显得贫乏而破碎。正如周根红所言：“文学期刊对影视小说的关注，从一个侧面反映出自身生存的尴尬。它们试图借助影视剧的热播，借助电视传媒制造的影视风暴，来带动文学期刊的市场注意力。”② 文学期刊还是应该坚持自己的独立性，而不是为了搭影视的顺风车，使得刊物和刊发的作品成为一种依附性存在。在某种程度上，当文学期刊和叙事文体通过自己独立的探索，确立无可替代的独特价值时，影视与文学的结合才不至于在烂俗的套路中不能自拔，在缺乏创造性的循环中随俗浮沉。当文学期刊与文学创作能够不断提供新的思想资源与艺术养料时，就会在相互激发中推动影视的创新，生发出新的艺术可能性。

三、触网新潮

网络的出现对于文学期刊的冲击，比影视的冲击更大，也更为直接。因为，文学处于影视的上游，仅仅为影视提供素材和养料。而且，影视以动态图像为介质，和以语言为介质的文学并不形成直接的竞争。网络为原创文学提供了新的发表阵地，其多介质融合的优势、良好的互动性、突破审查壁垒的开放性，确实对文学期刊形成了巨大

① 莫言，《小说创作与影视表现》，《文史哲》2004 年第 2 期。

② 周根红，《媒介互动与〈当代〉的转型》，《扬子江评论》2008 年第 2 期。

冲击，并动摇了文学期刊作为当代中国原创文学首发园地的稳固地位。

1998年被称作中国大陆的“网络文学元年”，榕树下网站捧红了安妮宝贝和“三驾马车”（邢育森、李寻欢、宁财神）。邢育森的网络小说《活得像个人样》最初上传到网上时，署名为“涅磐”，后来有推荐者将作品推荐到《天涯》，发表于1998年第6期，因不知作者是何许人，就注了“佚名”，谁知发表后，一夜之间竟冒出一群作者，争其名分。从1995年开始，由《山花》《大家》《作家》《钟山》联手举办的“联网四重奏”，在2000年联袂推举网络写手心乱、朱珐、张虎生、邢育森、早早等人的作品。《当代》2000年第1期的“新民间文学”栏目下设一个子栏目“网事随笔”，并在2000年第3期成为一个独立栏目。到了2001年第1期，“网事随笔”栏目改名为“网络文学”，刊登了宁肯的长篇小说《蒙面之城》，并且以“编者按”的形式进行重点推介：“去年栏目创建时，我们自以为先锋，已经想到‘网络文学’的发展速度会如此迅猛，会超越了‘文学’所能涵盖的空间，但我们没有想到，‘网络文学’水平提高的速度也会如此迅猛。仅仅年余，我们惊讶地发现，宁肯的《蒙面之城》不仅完全超越了痞子蔡为龙头的‘亲密接触’阶段，就是与成熟的文学载体登载的成熟作家的成熟佳作相比，也毫不逊色。”该刊以两期篇幅完整地刊登了这一作品。值得注意的是，《蒙面之城》虽然首先在网上发布，但是其写法还是遵循纯文学的套路。在2002年第3期选载了蒋方舟的《青春前期》之后，这一栏目寿终正寝。耐人寻味的是，2002年第2期这一栏目选登的四篇作品居然源于三期内部期刊——《万科》周刊（2001年9月、11月、12月号）。这表明编辑依然受制于惯性思维，偏爱纯文学风格的网上作品，对网络文学缺乏必要的敏感，并潜在地表现出对网络类型小说的排斥心理。2005年，《十月》推出了由陈村主持的新栏目“网络先锋”，每期选发两篇互联网上受到追捧并具有较强艺术性的网络小说作品。当年选发的盛可以、舒飞廉、古清生、孙甘露、小饭、陆离等12位作者大都是陈村主持的“小众菜园”的注册会员，具有鲜明的小圈子色彩。《北京文学》2001年第1期也增设了“网络奇文”栏目。

《芳草》杂志从2005年1月开始推出《芳草网络文学选刊》，其办刊历程耐人寻味。从2007年6月开始改为《芳草小说月刊》，“网络版”3个字字体偏小，在封面上极不醒目，差不多可以被忽略。到了2011年，连“网络版”3个字也消失了，改为“下旬刊”，该刊成为兼发原创小说和选载网络文学作品的混合园地。从突出网络概念到淡化网络概念，从脱去网络外衣到回归传统文学，《芳草网络文学选刊》的行程折射出文学期刊涉足网络文学领域的曲折与尴尬。

在文学期刊介入网络文学潮流的编辑实践中，诗歌刊物最为活跃而持久。时任《星星》执行主编的梁平早在2002年就撰文宣告“网络诗歌已成半壁江山”，“在短短几年里，网络诗歌以其迅猛发展之势，在国内已经有了成千上万的诗歌站点，注册人数和点击率超出国内正式出版的诗歌刊物发行总量。而活跃在网络上的诗人，有相当人数至今还没有向刊物投寄过一首诗，但他们的名字和他们的诗却早已通过网络广为流传，有的已经成为网络上的知名诗人，甚至成为偶像（网络话语方式）。而且，早已在中国诗坛颇负盛名的一部分诗人，也纷纷潜入网海，有的开办诗歌论坛，有的开办诗歌网站，有的应邀成为版主或驻站诗人，其乐融融。”[①] 为了因应网络诗歌的迅速崛起，《星星》诗歌月刊从2002年8月改版为半月刊，《星星》下半月刊就是一份中国网络诗歌的完全版本，与刊物同时创办的还有“星星诗歌网站”（www. xxsk. net）和“星星诗歌论坛”，刊物和网站互动，网站成为刊物的稿源基地。遗憾的是，《星星》下半月刊2004年又将其改为面对时尚女性、关注诗意生活的刊物，从2007年第10期再度改版为诗歌理论与诗歌批评专业刊物，其网站和论坛也成为过眼云烟。《诗选刊》经常推出“网络诗歌联展”，《绿风》诗刊不定期推出“网络诗歌精品”专号，《诗刊》《扬子江诗刊》《诗歌月刊》也不时选发网络诗人的作品，对网络诗歌现象展开理论研讨。及时呈现网络诗歌的新探索与新进展，已经成为纸质诗歌刊物的常态。尽管诗歌刊物的编辑策略也跳跃不定，但其对网络诗歌不间断的关注，成了沟通传统诗坛和网络诗坛的桥梁。它们兼容并蓄地呈现不同背景的诗人的文体

① 梁平，《网络诗歌已成半壁江山》，《文学报》2002年8月22日。

追求，展示丰富多彩的繁茂景致，推动了不同诗歌话语、诗歌思维的碰撞与交融。

文学期刊网络版的建设也曾经热闹过一阵，随后转入沉寂。2000年7月，由《人民文学》《北京文学》《作家》《上海文学》《花城》《钟山》等数十家杂志加盟的“中国文学期刊网络联盟”（www.nethong.com或www.nethong.cn）开通，加盟期刊的所有内容全部上网，并辟出版面发表网站提供的网络文学作品。始料未及的是，这家旨在“阅尽天下汉语语言最纯美的华章”① 的网站很快就不了了之。如今，国内重要文学期刊要么没有自己的独立网站；要么挂靠在其他网站，开辟一个相关的专栏或主页，或者开通一个实名博客，发布期刊目录和刊物信息；要么名存实亡，长时间不更新，访客寥寥。对传统期刊资源的整合与优化，是推动网络出版的重要动力。但是，在文学期刊主业凋零的背景下，无暇他顾，而且顾虑到网络版的正常运转可能会降低纸质期刊的阅读率与发行量，所以，文学期刊的网络版也就明显滞后。

由于文学期刊和文学网站在信息内容、受众群体、传播方式等方面都有鲜明差异，所以文学期刊跟风式地移植网上文本，往往会产生不兼容的现象。网络社区中写手与网民即时互动的模式，在纸面传播中很难得到体现。而且，网络文学俏皮、简洁的语言风格与文学期刊讲求规范的语言要求，也常常会产生冲突。尤其是符号图形型、谐音替代型、拆字型、叠音型、乱码型的网络语汇，会让一些偏好纸面阅读的年长读者一片茫然。如果对这些网络流行语进行规范化处理，其韵味也就丧失殆尽。此外，文学期刊的编辑也大都形成了较为稳定的审美趣味与接受习惯，对于网络文学的艺术水准怀着潜在的怀疑与抵制心理，以雾里看花的姿态审视网络文学，也难免在选择和判断上产生偏差。当网络文本以补丁式的形式出现在文学期刊上时，很难形成新的阅读兴奋点，也无法将年轻网民的视线拉过来，只会造成编辑风格的混杂，而且缺乏可持续性，往往变成一阵风的短期行为。

---

① 《“中国文学期刊网络联盟”网站开通》，《作家》2000年第9期。

四、坚持深度

在所有的媒介形式中，文学期刊是当代文学史上最为纯粹的文学媒介，尤其在印刷媒介主导的时代环境中，文学期刊是忠实记录当代文学进程的文学编年史，保留了鲜活的文学史料，为发掘一些被长期遮蔽的文学创作和文学现象提供了隐秘通道。通过对文学期刊原刊的阅读与分析，还原文学的历史现场，有利于促进文学的内部研究与外部研究的融通，推动文学史考察的阶段性与连续性的有机结合，摆脱一些历史盲点和思维惯性的负面影响。

媒体环境的变化，也不断改变着文学期刊的传播策略。要深化文学史研究，应当避免把文学期刊作为静态的研究对象，而对文学期刊在调节和配置文学资源的流程、功能和基本规律进行动态考察。期刊趣味与期刊策划既受到文艺政策、文学制度的控制与调节，又会根据读者与市场的反馈不断地进行调整。文学期刊作为当代文学重要的传播中介，通过对文学信息的选择、组合与改写，引导着文学的发展趋向，而作家与读者的趣味又影响着期刊的编辑方针与传播策略，作者、编者、读者在复杂的三边互动中构成了一个独特的文学场域。政治、经济、文化、社会、历史所形成的合力制约着文学传播的组织结构与精神生态，不同形态的媒体在文学传播中构成共生互动的格局，在影像与网络传播的冲击下，印刷传播的地位被逐渐削弱，传播结构的变化导致了文学生产格局的重组。当代文学的传播接受在总体上呈现出由封闭走向开放、由依附走向独立、由政治主导走向商业主导、由一元化走向多层面的历史轨迹，文学传播接受的多元化推动了文学创造的多元化，文学的功能结构产生了重大的文化转换。

在新的媒体环境中，媒介融合渐成趋势。如果文学期刊放弃自身优势，在内容和表达方式上都向影视艺术、网络文学靠拢，这必然会造成信息和产品的相似与雷同，使得读者无法从阅读文学期刊中得到独特的体会，满足其深度阅读的需求。也就是说，文学期刊成为影像、网络的注释，它仅仅是一种附属产品，是一种完全可以被替代的选择，失去了核心竞争力。文学期刊在与新兴媒体的共存和竞争中，不应画地为牢，应该在开放性的视野中吸纳新媒体的新思维，拓展传播空间，同时应该放弃依附性的策略，不能满足于向读者提供影视、网络媒体的延伸性的信息，或者通过文图结合的方式把影像、网络表达移植到纸面上，这样的选择只能是自我阉割，必然遭到读者的抛弃。不少文学期刊在纷纷设置网络文学栏目后，之所以半途而废，就在于缺乏清晰定位，跟风式的草率决策不仅无法吸引网民的青睐，还将一些老读者推出了自己的怀抱。

媒体疆域的拓展，对于印刷媒体的生存和发展构成了严峻的挑战。在传播速度、信息的直观性、制造时尚热点等方面，文学期刊不具备任何优势。但是，即使融合新闻学的倡导者也承认印刷媒体的独特优势："印刷媒介提供了便携性、持久性。而且到目前为止，它的暂停、思考和回复阅读的能力超过了电子媒介版本。具有标题、图片、文字布局和设计元素的索引和背景创建功能的报纸及类似的印刷品仍然是呈现信息的最有效、有力的方法之一。"① 印刷传媒最为重要的优势，在于信息的深度呈现。因此，中国当代文学期刊的发展策略应该是首先充分发挥印刷媒介自身的优势，尤其在传播内容方面，应该结合语言艺术的基本特征，一方面密切关注现实生活，深入挖掘时代精神的复杂内涵，另一方面激发文学语言的艺术潜能，探索新的艺术领地。面对瞬息万变的媒体风尚，坚持深度路线是文学期刊以不变应万变的发展战略。更为关键的是，向受众提供的，必须是真正的"深度"。当然，"深度"也绝不意味着故弄玄虚，故作高深，故意让人看不懂。文学的"深度"，不是干巴巴的道理，而是潜入生活的深处，用一种带着体温的生命语言，解释历史、现实和人生。

（首刊于《当代作家评论》2014 年第 1 期，《中国社会科学文摘》2014 年第 7 期主体转载）

---

① ［美］杰弗瑞·S. 威尔克森、奥古斯特·E. 格兰特、道格拉斯·J. 费舍尔，《融合新闻学原理》，郭媛媛、贺心颖译，中国时代经济出版社 2011 年版，第 122 页。

答《中华读书报》舒晋瑜问（代后记）

读博期间就关注网络文学的黄发有，已追随中国网络文学进程20年。

真正进入研究则是在2009年。在哈佛大学做访问学者期间，他研读了不少网络文化研究方面的英文著作，旁听了一些课程，网络社会学和媒介环境学的研究方法与学术观点带给黄发有很多启发。他曾经计划主编一套“网络文化研究译丛”，选好书目并准备组织翻译，却因各种原因搁置，但是对网络文学的关注延续下来，即便是2019年的今天，他已担任山东省作协主席、山东大学博导，对网络文学的热情一直没有减少。

在最近几年的网络文学创作中，他敏锐地发现，现实题材的作品显示出日益强劲的发展态势，现实主义题材创作的强化与升级成为网络文学发展的新潮流和新机会。作为影响网络文学未来走势的审美选择，网络作家聚焦现实题材，寻求新的挑战，成为一种战略性的观念调整和美学转向。

温和敦厚的背后，黄发有不失青年学者的锐气方刚。当年报考李新宇的研究生时，他坦言自己并没打算毕业后从事文学研究，“我喜爱文学，但不喜欢文学学术”。他一门心思要搞文学创作，原以为读现当代文学的研究生就是以创作为主要任务，入学后才发现要专注于文学史研究或文学评论，为此消沉了一段时间，还盘算过退学，最后坚持下来了。黄发有也没想到，一开始并不喜欢的文学研究成了平生志业。

成为批评家

中华读书报：是什么机缘让您改变了初衷？从经济学到文学，这种转变又是因为什么？

黄发有：读硕士一年级时，写过小说和散文，也发表过一些。既然不打算退学了，课程还得上，作业还得做，于是开始写一些评论，参加了几个杂志举办的影视评论征文，居然还多次得奖。慢慢地，觉得文学评论也不是那么无趣，就正儿八经地写起了论文，居然发表了近20篇文章，其中短文居多，也有5篇万字左右的长文。到了三年级上半期，福建师大同意录用我。当时我想，反正要在高校里当老师了，博士迟早要读，就临时决定报考复旦大学的博士。

我的博士生导师潘旭澜先生和硕士生导师李新宇先生都是一边搞研究一边搞创作，他们多次和我商谈过如何处理文学研究与文学创作的关系，两人的意见惊人的一致。他们说要把主要精力放在研究上，也可以抽空写点散文，调节情志，涵养性情，但不要花费太多心思去搞大部头的创作，尤其是长篇小说；等年龄大一点时，你愿意做什么就做什么。

之所以从经济学转向文学，当年确实是因为文学梦。记得离职读研时，一位送行的高中同学调侃我是“理想主义的赌徒”，另一位朋友直接说我“糊里糊涂”。

中华读书报：《诗性的燃烧》是您研究张承志的一本专著。为什么选择张承志？您认为自己在研究张承志作品的过程中，最大的发现是什么？和其他评论家的研究有何不同？

黄发有：从1993年到1995年，人文精神讨论成为学术界的一个焦点，张承志也是一个话题人物，他在《北方的河》中宣扬的理想主义确实打动过我。我当时的考虑是把张承志放在思想史和文学史的脉络中进行考察，既发掘其独特性，也不回避其局限性。我清醒地意识到自己确实想通过个案分析折射普遍的时代问题，就完成度而言，离“成功”还有很大差距。

中华读书报：谈谈您对于作家作品的研究方法？

黄发有：我写过不少作家论，对丰子恺、林海音、莫言、张炜、余华、叶兆言、朱文、白先勇等作家的创作都发表过自己的看法。最近十年因为研究重点的转移，作家论写得少了。作家作品研究要以文本细读为基础，偏离文本容易导致误读和过度阐释。我写过一篇文章《当代文学批评的方法论思考》，文中主张当代文学批评应当注意以下三点：一是将批评对象放在文学史视野中进行价值评估，二是把审美分析与文化研究有机地融合起来，三是注意接受美学与创造美学的双向互动。

成为真正的批评家

中华读书报：对于当代文学中的精神问题，您也曾做过很多正面且直接的讨论，《文化民族主义与新时期文学》《审美理想主义与中国当代文学》《虚无主义与中国当代文学》《虚伪的个人与迷惘的代群》等提出了很多实质性的问题。关注“精神问题”的起源是什么？为此您做了怎样的准备工作？

黄发有：勃兰兑斯认为文学是时代精神的体现。从精神现象学的角度来看，中国当代文学会有形形色色的精神侧面，其中有勇敢的精神揭示，也有一些自欺欺人的假面狂欢。以虚无主义为例，它在现象层面有复杂的表现形式，但在内在根源上又有一致之处。文学如果缺乏精神的力量，逃避对内在精神的追问，就容易随波逐流。之所以对这个问题感兴趣，在某种意义上也是试图解除自我内心的困惑，抵挡那些不断迷惑、诱惑、控制我们的消极力量，呼唤一种有活力、有理想、有担当的文学。

中华读书报：在关注和研究的过程中，您有怎样的收获？

黄发有：研究文学背后的时代精神症候，让我明白了作为人的内在的脆弱。而文学与个体生命的价值，或许正在于理解了这种人性的脆弱之后，能够直面并超越这种脆弱。

中华读书报：非常赞同您的主张“真正的批评家所扮演的角色应

该是安徒生《皇帝的新装》中那个道破真相的孩子”，既要有无所顾忌的勇气，还要有透亮澄明的坦诚，只有这样才能和作家建立真诚的对话关系。但是，在中国的人情社会，您认为做那个道破真相的孩子是否很难？

黄发有：肯定有难度！记得1998年我读博士时在《文汇报》发表了一篇批评当时热炒70后女作家现象的短文，题目叫《激素催生的写作》，有作家朋友后来跟我开玩笑，说我是“辣手摧花”，并说像我这种人“要躲得远一点”。作家和评论家的关系一直比较微妙，歌德曾愤怒地说过“打死他，这个狗东西！他是评论家”。评论家和作家之间保持必要的距离，有利于保持评论家和评论的独立性。

中华读书报：评论家吴义勤也发现“黄发有的文学批评有很强的对话性”，您认同吗？如何理解“对话性”？

黄发有：我觉得独立的文学批评就应当是平等的对话，批评家既要尊重自我，也要尊重研究对象。只有这样，文学评论才能不拔高研究对象，也不通过贬损研究对象来显示自己的高明。

中华读书报：您曾多次指出“发现”的热忱对于文学批评的重要意义。您是如何理解“发现”的？

黄发有：发现是文学批评的生命线，文学批评要有创见，研究者要有新思维与新方法，在发掘、选择和组织材料时有自己的眼光，这样才不至于陷入重复劳动和低水平运转的怪圈，才能避免学术研究的同质化。如果运用的史料大同小异，甚至严重雷同，所谓的“创新”也只能是一种表面功夫和形象工程。

在片面追求量化指标的学术大环境中，近年当代文学研究的泡沫化是不争的事实。以作家研究为例，讨论莫言的小说叙事必然提及其儿童视角，源于加西亚·马尔克斯与福克纳的外来影响更是烂熟的话题。研究晚年的郭沫若，他与陈明远的通信尽管充满争议，甚至被视为“伪史料”，但在不少论著中仍然是支撑论证的核心证据。余华、苏童、格非等作家总是被套在“先锋”的框架中进行阐释，他们的个性只是“先锋”的一个侧面。铁凝、王安忆、迟子建等作家创作的独特性，往往被笼统地归结为“女性意识”。“60后”“70后”“80后”“90后”作为代际研究的主流话语，已经逐渐沦落为一种万能的标签，不管遇到什么样的作家，总能找出一款适合的、简便的理论行头。评论家感兴趣的是作家对自己同代人的描述与定位，这些材料被置于放大镜之下反复端详，与此无关或相悖的材料被无情地剔除。

不少评论刊物会发表某一位重要作家的评论小辑甚至专号，我多次通读这些集束性文章，发现重点解读的作品高度相似，观点也大同小异。这究竟是英雄所见略同，还是一种惯性的撞车？

还有一个现象耐人寻味，作家的创作谈或访谈录在文学评论中有极高的引用率，作家的意见甚至成了一些评论者的阅读指南。以作家自己的意见为指挥棒，文学评论的独立性何在？作家的意见有参考价值，但是，如果评论者耗尽自身的学养，抵达的目标仅仅是对作家的意见进行更为细致的学理化解释，这样的评论注定只是过眼云烟。

成为网络文学的批评家

中华读书报：在海量的网络文学中，如何才能准确迅速地“发现”优秀的作者和作品？

黄发有：前些年，大学里不少研究现当代文学的学者看不上网络文学，甚至将网络文学和垃圾画等号。我个人关注网络文学，一是觉得网络媒介对文学的影响一定会越来越大，二是网络文学不会长期处于边缘状态。要从总体质量不高的海量作品中发现好作品，首先阅读量一定要大，有比较才能看出质量的高低；其次是关注高人气作品、进入网站榜单的作品，尤其是强推的作品，当然这些作品质量可能有问题，但艺术品质有缺陷还能火起来，这恰恰能反映出网络文学的特殊性及其文化症候；再次是征求学生的意见，网络文学在某种意义上是青年文化的表现形式，作者和读者的主体都是年轻人，我教过的学生中有不少是网络写手，他们贴近网络写作现场，看法更为鲜活，更有包容性，因此我看过的不少网络作品都是学生推荐给我的；最后，对于像我们这样在纸媒主导的环境中成长的“老人”，对网络文学要有一种理解的同情，不能被先入之见所左右，不然所谓的“发现”只能是傲慢的偏见。

中华读书报： 您从很早就关注网络文学，浏览榕树下等网站，那么您对早期的网络文学作何评价？一路跟踪过来，您认为网络文学的发展经历了怎样的变化？

黄发有： 网络文学一开始处于一种野生野长的状态，最早的一批写作者纯粹是为了内心需要，像图雅的文字在艺术性上不算突出，但那种直抵内心的写作状态有特殊的感染力。从榕树下的网络沙龙到天涯社区文学板块的啸聚江湖，再到起点中文网的娱乐资本模式，网络文学在类型化、商业化的道路上快速生长。

为了突出特色，发挥网络媒介的传播优势，填补纯文学创作长期忽视通俗性和娱乐性的市场缺口，网络作者以类型小说为突破口，通过影视改编、游戏改编等跨媒介运营方式兑现类型文学的商业价值。应当重视的是，过度的商业开发会伤害网络文学，以创作数量取胜的粗放模式抑制了创新的活力。玄幻小说、穿越小说一度以陌生化的想象令网友耳目一新，但最近几年创新乏力，让网友产生餍足心理。随着抖音、微视等网络新玩法的走红，网络文学如果缺乏难以取代的特质，其可持续发展将面临多重挑战。

中华读书报： 您对网络文学的研究是否也随之变化？您认为网络文学研究的挑战性和学术难度体现在哪些方面？

黄发有： 研究对象变了，研究本身肯定要随之变化。网络文学研究的挑战性和学术难度体现在三个方面。首先，阅读的挑战。不仅要有巨大的阅读量，而且要调整阅读方式，关注以网络文学作品为脚本的大量改编作品，如电影、电视剧、网络游戏、动漫等。其次，知识结构的挑战。网络文学作为一种新生的文学现象，其生产方式、传播方式都有别于以印刷媒体为核心介质的文学创作，这就要求研究者必须更新自己的知识结构。再次，观念与方法的挑战。在文学研究和文学评论领域，一直有一种潜在的规则，那就是重视对经典作家和经典作品的研究，退一步来讲，也得研究那种具有经典品质的作家或作品，即“准经典”。研究网络文学，要具备从不完美甚至残缺的作品中发现有价值的元素或有意义的问题的眼光。研究网络文学需要具备审美的眼光，还需要研究者具有一种文化的视野，通过网络文学观察文化潮流的转换，体悟世道人心的波动。

中华读书报： 在近几年的网络文学创作中，现实题材的作品显示出日益强劲的发展态势。您如何看待这种变化，是必然的吗？

黄发有：这是网络文学突破发展瓶颈的有益探索，是作者创新求变和制度引导的综合效果，也是网络文学主流化的必由之路。现实转向给网络文学注入了新的艺术活力。

中华读书报：现实题材的网络文学创作应该注意哪些方面的问题？可否为网络作家提些建议？

黄发有：我在今年4月19日的《人民日报》发表了《现实题材成为网络文学新亮点》，文中指出了现实题材的网络文学存在的不足，只有避免题材撞车、文字粗糙、艺术同质化的通病，才能突破瓶颈。在这几年的网络文学征文活动中，有一些"冲奖文"主题先行，拼凑成文，缺乏对现实的深入接触与深刻理解。

总体而言，近年现实题材的网络文学作品在反映现实的广度上不断有拓展，广泛涉猎不同阶层、不同行业的现实生活，但在表现现实的深度上亟待加强，有一些作品仅仅是对新闻报道的组合与改写，文字比较潦草，停留于对现象的仓促跟踪和对新人新事的简单铺陈。现实题材的网络文学创作要真正有一番作为，不仅不应该片面追求产量的快速增长，还应该警惕泡沫化的陷阱。现实题材的网文创作已经遍地开花，对于其后续发展而言，质的提升才是真正的考验。

中华读书报：您对网络文学的研究，打通了国内外、网络与传统文学、网文与游戏等多方面的关系，这种开阔的视野和超拔的格局来自什么？

黄发有：目前国内的网络文学研究主要有两种模式，一是在文艺学视野中的理论观察，侧重研究网络文学发展带来的文学格局变化；二是在当代文学视野中的网络作家、网络文学作品研究。我个人在研究网络文学的过程中，一是避免把网络文学从当代文学的整体格局中剥离出来；二是在网络与影视、印刷媒介的多元互动格局中考察网络文学的生产与消费。

也谈"鲁奖"和山东文学

中华读书报：2018年，您的《中国当代文学传媒研究》获第七届鲁迅文学奖文学理论评论奖。您是第一次参评吗？是在什么情况下获得得奖消息的？是在预料之中吗？有何感言？

黄发有：根据“鲁奖”的评审规则，参评作品必须由出版社、杂志社、网站和中国作协各团体会员单位推荐，我应该不是第一次参评。2018 年 8 月 11 日中午，看到学生转来的中国作家网发布的第七届鲁迅文学奖的评奖结果，既高兴又惶恐。作为在鲁迅先生影响下成长起来的文学工作者，能够获得鲁迅文学奖，当然是一件很荣幸的事情。不过，我清醒地意识到自己对文学和文化的贡献微不足道，应当不懈奋进。

中华读书报：担任山东省作协主席至今，您的生活和学术研究发生变化了吗？您对山东文学队伍和当前的创作愿意作何整体评价？

黄发有：我觉得没有明显的变化，生活还是柴米油盐，学术研究该做什么还是做什么。关于对山东文学的整体认识，我去年 12 月 5 日在《人民日报·海外版》发表了一篇《山东文学：有根的灿烂》，文中主要有三层意思。其一，山东是文学大省，在改革开放走过 40 年的今天，回顾山东文学走过的历程，我们不难发现，艺术观念的革新和开放的文学姿态是开启辉煌之门的金钥匙。其二，山东文学是有根的写作。山东作家都深深地植根于脚下的大地，从故乡的自然世界和乡亲的现实生存中获得审美启示，并以故乡为精神根据地，展开与世界、历史和文化的多元对话。其三，山东作家的写作往往有一种特殊的韧性，在时代风尚的流转中表现出一种审美定力，拒绝随波逐流，拒绝轻易转换自己的立场与趣味，在自己的园地深耕不辍，有一种持续的生长性。当然，山东文学要取得新的突破，需要更多具有冲击力的新生力量，以无所畏惧的青春活力摆脱成规，推动文学的不断创新。

（首刊于《中华读书报》2019 年 5 月 22 日第 18 版，原题为《黄发有：警惕现实题材网络文学走向泡沫化》。作者署名：舒晋瑜）